中國學術思想 研究輯刊

二六編
林慶彰 主編

第 5 冊

《管子》中所見政治思想新論
張軍 著

花木蘭文化事業有限公司

國家圖書館出版品預行編目資料

《管子》中所見政治思想新論／張軍 著—初版—新北市：
花木蘭文化事業有限公司，2017〔民 106〕
目 4+228 面；19×26 公分
（中國學術思想研究輯刊 二六編；第 5 冊）
ISBN 978-986-485-176-8（精裝）
1. 管子 2. 研究考訂
030.8　　　　　　　　　　　　　　　　106014203

ISBN-978-986-485-176-8

中國學術思想研究輯刊
二六編　第 五 冊　　　　　　ISBN：978-986-485-176-8

《管子》中所見政治思想新論

作　　　者	張軍
主　　　編	林慶彰
總 編 輯	杜潔祥
副總編輯	楊嘉樂
編　　　輯	許郁翎、王 筑　美術編輯　陳逸婷
出　　　版	花木蘭文化事業有限公司
社　　　長	高小娟
聯絡地址	235 新北市中和區中安街七二號十三樓
	電話：02-2923-1455 ／傳真：02-2923-1452
網　　　址	http://www.huamulan.tw 信箱 hml810518@gmail.com
印　　　刷	普羅文化出版廣告事業
封面設計	劉開工作室
初　　　版	2017 年 9 月
全書字數	206954 字
定　　　價	二六編 12 冊（精裝）新台幣 22,000 元

《管子》中所見政治思想新論

張 軍 著

作者簡介

張軍（1972～），男，安徽巢湖人，歷史學博士，民革黨員。1996 年畢業於安徽師範大學歷史系，獲歷史學士學位。1996～2006 年任教於黃麓師範。2006～2012 在西北大學中國思想文化研究所跟隨「侯外廬學派」的主要成員，著名思想史專家張豈之、謝揚舉、方光華、張茂澤等學習，分別於 2009 年獲歷史學碩士學位，2012 年獲歷史學博士學位。2012 年至今任教於安徽財經大學馬克思主義學院。主要研究方向：中國傳統文化、中西思想文化比較、環境哲學和馬克思主義等。發表文章十餘篇。

提　要

《管子》有經邦治國的百科全書之稱，相傳爲齊相管仲所著，經西漢劉向編定成型，全書八十六篇，今存七十六篇。在《管子》研究上，學界公認有三難：文中古字較多，流傳中增字、漏字、竄入錯亂嚴重；是何人何時所著；思想內容龐雜，而且許多地方存在一定衝突。

《管子》內容豐富，政治、哲學、經濟、禮法、軍事、外交、科技、教化等均有涉及。目前《管子》研究主要有兩種思路：一種是分類研究，一種是整體性研究。本文在綜合前人分類研究成果的基礎上，試圖從整體性的角度來解讀《管子》，突出它在國家治理方面的「至善」政治思想。

齊文化是管仲其人和《管子》成書的重要地域文化背景。《管子》著者和成書時間上，遵循前人非一時一人之作的定論。在思想歸屬上，通過對歷史上的道家說、法家說、雜家說等爭議的辨析，結合當前《管子》研究中的「管仲學派」的提法，認爲《管子》是一部以治國爲主題的綜合性巨著。

「至善」政治是《管子》的思想主旨。「求善」是中國傳統政治思想的一個核心追求，《管子》在這方面更具代表性。《管子》明確提出了「至善」之國的一些具體標準，並從治國實踐出發，系統、全面地論述了「善政」思路。天道和人情是《管子》治國思考的兩個基本前提。它認爲天道、心性是至善的，人情是自利的，人道要依循天道，順應人情，從有機整體的角度綜合考慮。

「國家本位」是《管子》治國的指導綱領。「國家本位」體現在兩個方面：一是周天子與各諸侯之間，以諸侯國爲本位，由此形成王霸天下的思想；二是在諸侯國內部的政治格局中，主張民爲國本，賢明君主居上無爲，百臣守法具體治理，君、臣、民三者各居其位，各務其事。

在國家治理思路上，《管子》認爲要道德、禮法綜合運用。道德是內在心性修養，禮法是外在制度規範，二者共同致力於社會秩序的維護和穩定。在道德和禮法之間，以道德爲禮法終始，禮法爲治國的首選。在禮與法之間，認爲禮、法同源於道，法是禮的進一步發展，重法但不棄禮。

在具體治國方略上，《管子》認識到財富對國家強大的重要意義，因此將發展經濟擺在國家治理諸多層面的首要位置，充分利用人情的自利性，來促使國家經濟的整體多元發展。經濟繁榮，爲《管子》的「至善」政治提供堅實的物質基礎，使民眾和國家共同富裕得以可能。在行政區劃、官制、外交、軍事、國防、科技、人文等方面，《管子》都提出了切實的治國措施。

目次

緒　論

一、問題提出

　　政治（Politics），源於古希臘的「*polis*」（城邦或城市國家）。「*polis*」指古希臘時期人們聚居生活的共同體，而由「*polis*」衍生而來的「Politics」是指有關城邦的事物，後來這個詞就進一步演化為有關國家（State）的事物，即 What concerns the state〔註1〕。在愛奧尼亞，哲學家們在探索宇宙自然法則的同時，發現人類能根據一些非人格的、統一的、必要的和希望是正義的城邦法則來調整、支配行為活動，並且這些城邦法則是有跡可尋的。於是，他們根據宇宙現象對繁忙且有序的城邦世界進行了一種樸實且富有成效的構想。這些非人格的、統一的、必要的和希望是正義的城邦法則以及自然哲學家們對此的思考就蘊育、產生了「政治思想」。在這些思考的奠基下，西方古代的政治理論開始萌芽，到柏拉圖、亞里士多德時期開始系統地思考一些基本政治理論問題：何謂至善的國家以及如何治理國家等，可以說大多數現代政治理想，如正義、自由、憲政、法制、民主等都源自於古希臘、羅馬時期哲學家們的實踐與反思。

　　中文「政治」一詞是在近代通過日文回饋的方式對譯而來。馮天瑜在《新語探源》中說：「明治間日本學者以『政治』為基軸組成的學科名詞『政治學』，與英語 Politics 所包含的學科內容（研究國家學說、政治理論、政治制度和政治思想史的科學）大體吻合，誠如梁啟超《西政叢書敘》開宗明義所說：『政

〔註1〕〔英〕Andrew Heywood. Politics〔M〕，New York: Palgrave, 2002: 5～12。

無所謂中西也。』日本人著譯的政治學書籍20世紀初也譯介到中國，如英國威爾遜原著、高田早苗日譯、章起意中譯的《政治泛論》1903年印行；檜前保人著、出洋學生編譯所譯的《政治一斑》1903年印行。自此，現代義的『政治』一詞在中國逐漸流行。」〔註2〕由於是「大體吻合」，詞義內涵自然難與西方的一一對應。不過，近代中國雖然流行「拿來主義」，需要什麼，就拿什麼，但「政治」一詞的對譯使用可以說既反映了學習引入西方先進性內涵，又保持並發揚了中國傳統。單從語形上來看，我國最早的政事史料文獻《尚書》中就已經出現「政治」一詞，「道洽政治，澤潤生民」（《尚書·畢命》），《周禮·遂人》中有「掌其政治禁令」〔註3〕，西漢賈誼的《新書·大政下》篇中有「有教，然後政也，政治，然後民勸也」〔註4〕，本文所著重研究的典籍《管子》也有「政治不悔」（《宙合》）的說法。不過，從語義、語用角度來看，中國古代的「政」與「治」是分開、并列使用的。「政」，最初指「政事」管理，此與古希臘時期的「Politics」相近；後來逐漸凸現「政務」中的「正」的理念，即「匡正」的行為和狀態，《說文解字》中謂：「政，正也」〔註5〕；最後進一步升凝為「居上」的典章、訓化、秩序之用，比如《詩·大雅·皇矣》中「其政不獲」中「政」被釋作「政教也」〔註6〕，《周禮》、《尚書》所述意圖也都屬於此類性質。「治」有兩層含義：一層是指「治」術，另一層是指善「政」的結果，表達國泰民安、「天下大同」的一種社會理想。《周禮·遂人》中有「掌其政治禁令」，其中「政」、「治」就分別是原初的「政事」、「治術」之意。近代孫中山先生在《三民主義》的演講中給「政治」一詞作了通俗且回歸本意的解讀：「政就是眾人的事，治就是管理，管理眾人的事，便是政治。」〔註7〕

中國現代政治思想研究始於梁啓超先生的《先秦政治思想史》，他在書中將中國先秦的一些政治歷史材料用西方現代政治思想、觀念加以比衡，總結出中國傳統政治思想的一些特色與缺陷。這種研究方法在近代具有典型性，

〔註2〕 馮天瑜，新語探源——中西日文化互動與近代漢字術語生成〔M〕，北京：中華書局，2004：355。

〔註3〕 〔清〕阮元，十三經注疏附校勘記〔M〕，北京：中華書局，1980：741。

〔註4〕 閻振益，鍾夏，新書校注〔M〕，北京：中華書局，2000：349。

〔註5〕 〔漢〕許慎撰，〔清〕段玉裁注，說文解字注〔M〕，上海：上海書店，1992：123。

〔註6〕 〔清〕阮元，十三經注疏附校勘記〔M〕，北京：中華書局，1980：251。

〔註7〕 中國社科院近代史研究所，孫中山全集（第九卷）〔M〕，北京：中華書局，1986：254。

由於西方話語及其學術的強勢性，向西方尋求先進眞理的歷史習慣性，以及現代性思維理念的注入擴展，「論述中國政治思想問題的學者，大都習慣於將中國政治思想放置到西學的框架中加以品評，並在這種品評中爲中國政治思想確立其思想品格與歷史定位。」〔註8〕這就產生了一個自梁先生以來一直困擾著中國傳統政治思想研究者的問題：用西方現代政治學說去品評中國，是否妥當適宜？一般來說，政治思想經常主要以權力、政體、國體等作爲自己討論的對象，而在中國古代治國思想中，這類政治術語基本沒有。不過，這並不能說明中國古代沒有政治思想，政治的內涵並非僅爲一兩個術語所能標記限定的。英國政治學家安德魯·海伍德認爲「從最廣泛的意義上講，政治就是人們爲制定、維持和修改社會一般規則而進行的活動」〔註9〕，由於不同人的多樣性和資源的稀缺性，人類社會普遍存在著利益上的矛盾和衝突，政治的存在就是爲了解決這些衝突。依據安德魯·海伍德的解釋，國家政府層面上的各種活動，國家共同體中的各種事物，與強制對立的妥協、安撫、談判的政治方法，社會進程中的資源生產、分配、使用都可以納入政治範圍。由此可見，中國古代是有政治思想的，只是與西方的「政治」在內容和表現形式上大有不同。受深厚的哲學思維影響，西方現代政治思想體系嚴密，理智性十分濃厚，更多地關注權力、權利、自由、民主、法制、正義等問題；而中國傳統政治思想受其智慧思維影響，實踐性較強，重視治國的藝術，更多地關注天下、民生、秩序、和諧、人倫等問題。在中國古代，重視大道，講修身、齊家、治國、平天下，將自然、人生與治國聯結在了一起，形成了以道爲基礎的普遍政治倫理思想。因此，在研究中國傳統政治思想時，要如梁啓超先生所言，「畫我須是我」，要採用中國傳統本身的內容和方式加以言說，西方的政治學說只是一個參考而已，況且西方現代政治思想並非是普世的和惟一正當的，其也有理念結構、制度設計等方面的缺陷。

世界各地不同歷史時期出現的各種政治思想理論，都具有自身的時代價值，只是在形成歷史淵源、結構特質、表達形式、價值取向以及時空背景等方面有所不同。中國傳統的政治思想也有自己的時代性、社會性和文化背景

〔註 8〕任劍濤，中西政治思想比較的正當性問題〔J〕，中山大學學報（社會科學版），
　　　　2004（6）：177～182。
〔註 9〕〔英〕安德魯·海伍德，吳勇 譯，政治學核心概念〔M〕，天津：天津人民出
　　　　版社，2008：39。

（包括宗教、文化、傳統、習俗、教育、歷史等），因此我們的學術研究應該採取一種歷史的、開放的、批判的態度，給其一個合理的定位，既不一味地美化（單純的傳統回歸），也不一概的否定（簡單地比附）；既要堅持不動搖那些已經爲當代人類所共識的現代政治理念，也要對傳統進行理性的認識分析，並從再創造性的角度將其接引入現代政治思想中，給現代政治以糾正和補充；既要「爲自由衛道」（徐復觀語），又要「靈根自植」（唐君毅語）。

　　具體到中國傳統思想史，先秦時期是中國歷史上一劇烈動盪時期，諸夏夷狄，民族混合，「封建」瓦解，土地私有，新興勢力上臺，諸侯國對峙，謀求強大，經濟、人口、交通等日新月異。梁啓超說：「政治上設施，常常取競走態度，經唐虞三代以來一千多年文化的蓄積，根柢已很深厚，到這時候盡情發洩，加以傳播思想的工具日益利便，國民交換智識的機會甚多，言論又極自由。」〔註10〕其時，諸子紛紛爭相發表自己對時勢的看法和治國見解，從而形成百家爭鳴態勢。先秦諸子中，以儒、墨、道、法四家最爲顯著，其中儒家政治模式對後代影響最大、最深遠，導致其他三家只能採取一種融入儒家的辦法發生作用。不過，僅局限於先秦時期而言，四家各自的政治立場、觀點都是很鮮明的。因此，如研究中國傳統政治思想，光研究儒家的模式是不夠的；另外將諸子簡單地劃爲四家，籠統地以「某家」看待也是不妥當的，尤其是本文將要著重研究的《管子》。對中國傳統政治思想研究更應該立足於文本，進行個案研究。

二、研究現狀

　　《管子》，相傳爲齊相管仲所著，經西漢劉向校除重複，定爲八十六篇，今存七十六篇，亡十篇（《王言》、《謀失》、《正言》、《言昭》、《修身》、《問霸》、《牧民解》、《問乘馬》、《輕重丙》、《輕重庚》）。全書分爲八組：經言、外言、內言、短語、區言、雜篇、管子解、輕重。「經言」九篇爲《管子》最早的經典篇章，是全書的綱領性文獻，有學者甚至直接認爲這部分爲管仲遺著；「外言」八篇是對「經言」的闡發；「內言」九篇，以記敘雜事爲主，藏於宮內，不示外人；「短語」十八篇，除《侈靡》篇外，篇幅都比較短，主要論述一些具體細微的問題，《侈靡》則是全書最長的篇章，主張奢侈消費，在文本上，錯誤訛奪嚴重；「區言」五篇，「區」爲何義，未有定論；「雜

〔註10〕梁啓超，先秦政治思想史〔M〕，天津：天津古籍出版社，2003：223。

篇」十三篇，涉及面較廣，可能為無一定旨趣的意思；「管子解」五篇，為解說體裁的文章，當屬後人的研究性質；「輕重」十九篇，以經濟論說為主，常被批為「鄙俗」，被懷疑為漢代作品。

《管子》歷來以難讀著稱，南宋張嵲、張巨山在《讀管子》一文中稱其為「天下之奇文」，為後世諸多文獻來源之本，但「書多古字」，又「雅奧難句」，「舛脫甚眾」，加上「為之注者復繆於訓故」，很難全解其意，這就造成了後人雖極為推崇管仲和《管子》，但又不知其理，更難「切於務」〔註11〕。

《管子》難讀除去上述文本及其流傳的原因外，還有以下幾點原因：

第一，《管子》的著作背景不明。即《管子》到底是出於何人之手，是何時代的作品？這個問題的提出始自魏晉時期的傅玄，自後學界爭論頗大，但至今仍無定論。李學勤先生在給胡家聰的《管子新探》一書作的序言中說：「自清代以至晚近，不少學者曾經試探董理《管子》、成績可觀，《管子集校》以集其成。但從學術史角度來看，《管子》仍然是諸子範圍中有待開拓的園地，許多疑難問題，迄未得到理想的解決」〔註12〕，《管子》產生的歷史情況不明，自然就難以弄清其時代背景、思想源流等有助於理解其思想主旨的因素。

第二，後世學者主觀成見，肆意解讀，越解越亂。在中國古代典籍中，像《論語》、《韓非子》、《淮南子》、《呂氏春秋》、《晏子春秋》、《說苑》、《新序》、《史記》、《漢書》等都有或對《管子》的引述或對管仲的評述，後期的研究學者也有不少研究著作，但由於引述者、評價者和研究者本人的時代背景、個人認識能力和立場、利益等諸多因素干擾，導致對管仲和《管子》的思想理解偏差很大。最具代表的例子就是《管子》的學派劃分問題，有道家說、法家說、雜家說等多種，這種現象在中國古代典籍中是不多見的。

第三，《管子》義理廣博、深奧。《管子》一書涉及內容極廣，涵蓋了政治、哲學、經濟、禮法、軍事、教化、外交、天文、地理、氣候、農學、心理等領域，且彼此之間常有關聯，故若僅從一兩角度去研讀，很難真正弄懂它的主旨。且《管子》某些方面思想極其艱深，尤其經濟、貨幣領域，《輕重》諸篇晦澀難懂，恰可能是認識《管子》的關鍵所在，其整體主義經濟思維，複雜的商品、貨幣數量價值理論，已與現代經濟學奧義不相上下。

上述諸因，加上漢武帝後「獨尊儒術」，思想上的「大一統」，《管子》思

〔註11〕黎翔鳳，管子校注〔M〕，北京：中華書局，2004：1544。
〔註12〕胡家聰，管子新探〔M〕，北京：中國社會科學出版社，2003：6。

想與儒家理論有衝突之處，治《管子》者，相較先秦其他典籍而言，人數及成果均不多。至唐代，始有房玄齡（一說尹知章）爲之作注。北宋時期出於對積貧積弱的社會狀況、以及邊疆夷患的考慮，研讀者逐漸增多，此意在宋楊忱本《管子序》中有所反映。明清之際，伴隨著「經世致用」、博聞求實的「實學」思潮，特別是乾嘉之後，考據之風興起，《管子》在研究方面開始側重於校勘、訓詁、注釋，取得了一系列成果，頗多揭發的有王念孫的《讀書雜誌》、俞樾的《諸子平議》、孫詒讓的《札迻》、戴望的《管子校正》等。1956 年，經由許維遹、聞一多、郭沫若先後校訂整理的《管子集校》出版，該書將前人考據成果大部收錄。1964 年，遼寧大學黎翔鳳又在《管子集校》基礎上作進一步研究，著成《管子校注》一書，旨在求「古人之書，還古人面目」〔註 13〕。

　　近代自梁啓超、胡適開始，《管子》研究出現了向度上的新變化——學術史及思想義理研究。這類作品有：《管子傳》（梁啓超）、《讀〈管子〉》（胡適）、《管子經濟思想》（黃漢）、《管子之統制經濟》（俞寰澄）、《管子探源》（羅根澤）、《管子經濟學說》（胡寄窗）、《管子經濟思想研究》（巫寶三、趙守正）等。近些年來，這類研究更是向縱深方向發展，出現專門和綜合兩個趨向，前者有陳鼓應的《〈管子〉四篇詮釋》、樂愛國的《管子科技思想研究》、張友植的《〈管子〉貨幣思想考釋》、蘇暢的《〈管子〉城市思想研究》等，後者有胡家聰的《管子新探》、張固也的《〈管子〉研究》、池萬興的《〈管子〉研究》等。自 1986 年全國首屆「管子」學術討論會召開，1987 年《管子學刊》創刊，廈門（1984）、山東淄博（1999）、安徽（2008）等分別成立管子或齊文化研究中心，與此同時《管子》研究在組織形式上也有大的突破。

　　梁啓超先生在《管子傳》中首次用近代思維對《管子》的思想義理進行了闡發，之後在《管子》哲學、經濟、政治、法制、倫理、科技、生態、管理等方面均有不少研究成果問世，尤其是經濟思想，一度被當作《管子》唯一主旨。周桂佃在《中國傳統政治思想》中認爲：中國傳統哲學產生於春秋戰國時期，那時的哲學家都以救世濟民作爲自己的歷史使命，提出的問題都是關於社會、國家如何組織、管理以及人際關係的原則等，因此，百家爭鳴中的各家學說實質多是政治哲學，如儒家的「內聖外王」，道家的「南面之術」、無爲而治，墨家的治國十大主張，法家的依法治國，縱橫家的合縱連橫戰略，陰陽家的天人感應等。管仲以輔助齊桓公稱霸諸侯而著稱於世，以其命名的

〔註 13〕黎翔鳳，管子校注〔M〕，北京：中華書局，2004：29。

《管子》更應是一部政治思想專著。《管子》思想內容龐雜，但其主旨只有一個：如何治國。《管子》難讀，與未準確把握《管子》思想主旨很有關係。

從政治思想的角度去宏觀整體地把握並系統地解讀《管子》，學術界一直關注的不夠。其政治思想更多地是在討論哲學、經濟、法制、倫理等方面議題時被包含涉及，很少當作主題來闡發。現將目前能見的關於《管子》政治思想的一些著述概述如下：

首先，傳記類著作。梁啓超先生於 1909 年著有《管子傳》，這是較早的突出《管子》「政術」主題的一本專著。梁先生在「例言」中指出其論述有兩大特徵：一是專論「政術」，「以發明管子政術爲主，其他雜事不備載」；二是「時以東西新學說疏通證明之」，融會中西政治理念。〔註14〕全書六萬餘言，從時代背景、管仲政事、法治主義、經濟政策、官僚政治、軍政外交等角度對管子的主要政治思想給予了勾勒，視角新穎，發明也是頗多。不過，梁先生的缺陷也是明顯的：一是將《管子》與管仲完全混雜論述，並不符合歷史事實；二是受時代的影響，過於強調法治主義和經濟政策，不能從整體的角度全面把握，以及治國各個層面之間的相互關係；三是中西比附色彩較濃，用西方法學、經濟學的範疇、理論闡釋管子思想，確有一種透析明瞭之感，但往往也容易抹去中國傳統政治思想特別之處，比如說「法治」的概念和內涵在中、西方之間是有明顯的區別的。梁先生後寫有《先秦政治思想史》一書，將先秦政治學說分爲儒、墨、道、法分別論說，具體到《管子》，將其歸屬到法家典籍，但只是「拿來參考」，且認爲《管子》並非管仲所作，〔註15〕與《管子傳》中「中國之最大政治家」的定位已有很人不同。

與梁啓超突出「政術」目的不同，近些年來，出現了不少關於管仲事蹟的評傳類著作，如喬長路的《管仲》、戰化軍的《管仲評傳》、陳升的《管仲評傳——中國改革第一人》、張力的《管仲評傳》、程國政的《管子》、胡新生編著的《管子志》等。這類著作多以管仲生平、事蹟爲主線，採用史學的方法來作人物傳記，其中雖也多涉及《管子》或管仲的政治思想，但政治學的意味並不重。

第二，一些通論性的政治思想史著作。對《管子》的政治思想均有所涉

〔註14〕陳引弛，梁啓超學術論著集（傳記卷）〔M〕，上海：華東師範大學出版社，1998：6。
〔註15〕梁啓超，先秦政治思想史〔M〕，天津：天津古籍出版社，2003：225。

及，只是均稍嫌簡略。蕭公權在《中國政治思想史》第一編第六章中對管子的政治思想作有專門論述，主要是從國體即一君專制角度論述其尊君思想，從以法治國角度論述其治術思想以及法治的三個基礎：經俗、經產和經臣。蕭公權首先對儒家和法家的政治理念作了一根本區分：儒家貴民，法家尊君。而導致這種政治理念變故的原因在於歷史環境的變遷，即儒家時代為宗法封建社會之餘風時、法家為宗法封建社會衰微時。《管子》雖為纂集，但內容與管仲並非無絲毫關涉，而且其時代背景是春秋，比如書中所論霸政是封建政治的變態、重視家族宗法、不廢人治、重禮教、尊君而不廢順民。通過上述區分，他認為《管子》「蓋取法家君本位之觀點以論政，而猶未完全脫離封建與宗法歷史背景之影響者」〔註16〕。管子的法治思想與申不害、公孫鞅、韓非、李斯等不盡相同，只能說是商韓學術之先驅，不能說是法家之開宗，如法家不求君有明德，要求藏情隱意，不能窺測，管子則強調君主道德。與儒家相比，儒家是治國以養民，管子則是重民利以遂國力。另外在「嘖室之議」、中西法治、道德教化與法治關係等方面都提出自己的看法。蕭公權將管子與儒法相比較，發現管子與儒、法在政治理念上是有區別的。這一看法，可以提示我們：《管子》並不能簡單地被認為是儒、法等思想的雜湊，而是有自己的治國理念的。當然，蕭公權的一些論述還是有不準確之處，比如說管子是以尊君為目的，這並不符合管子本意，管子當以國家整體為目的。

楊幼炯的《中國政治思想史》將管子列入法家序列，為法家宗世。管子思想是應時代而生，貴族政治崩潰，君主專制興起，禮治開始向法治轉化。他認為管子在政治思想上主張功利主義、干預主義、霸道主義；法治的起源與國家的起源是一體的，法治是治道之本，國家的主要目的是為民興利除害，而達到其目的，惟有法治；政治的目的就是富國強兵，富國強兵有三個綱領：富民、教育民、尊敬神明。〔註17〕楊幼炯對管子政治思想的認識相對簡略，而且將其完全歸法家以及功利主義的劃定，並不準確。但其法治與國家起源的認識、國家目的的認識以及管子「富國強兵」政治目的的認識則是可取的。

國內著名的政治思想史專家劉澤華先生主編有《中國古代政治思想史》、《先秦政治思想史》、《中國傳統政治思維》等著作，對於《管子》，基本將其

〔註16〕蕭公權，中國政治思想史〔M〕，瀋陽：遼寧教育出版社，1998：180。
〔註17〕楊幼炯，中國政治思想史〔M〕，上海：上海書店，1984：133～142。

歸屬到法家政治思想中加以論述。《中國傳統政治思維》是一本綜合、系統的
著作，從四個角度對中國古代政治思想展開論述：1、政治哲學問題，包括天
人關係、古今關係、人際關係等；2、對君、臣、民政治主體的認識；3、國
家體制和基本政策；4、理想政治、理想人格。其中《管子》中的相關內容比
較多，散落在各個篇章中。《中國古代政治思想史》和《先秦政治思想史》論
述基本相類，只是重點論述了《管子・輕重篇》中的商業治國理論，其餘涉
及不多。

　　薩孟武著作的《中國政治思想史》將管仲歸於法家，站在法家的立場對
管子的法治、人治、財富和道德教化思想進行了論述。陶希聖撰寫的《中國
政治思想史》中只提到管仲的一些改革措施，甚是簡略。

　　第三，專著、博士論文。目前明確以《管子》政治思想為題的專著、博
士論文沒有。不過，由於《管子》思想的主題是如何治國，故在《管子》的
一些綜合性研究著作中，政治思想常被論及。1936 年，戴濬著有《管子學案》，
其中政治學一節共分為尚賢、崇禮、貴民、勸孝、重法、無為、官制七個方
面，概括比較全面，但主要只是摘錄《管子》中相關的文本，分析論證的不
多。胡家聰先生經過多年研究，著成《管子新探》一書，其第一編「《管子》
分類研究」於政治思想揭示頗多，但他有個基本立場就是站在「齊法家」的
角度去闡釋、統一《管子》思想，很多地方不免牽強。王德敏、劉斌等在吸
收前人成果的基礎上編著有《管子十日談》，對《管子》中較重要的部分如政
治思想、經濟思想、軍事思想、社會教化思想、科技思想、哲學思想、價值
觀念、思維方式、精神風貌等方面都有涉及，提出管仲是一位經略家，認識
到《管子》中的整體思維方式和變革、創新精神，不過可能由於多人合編的
原因所致，《管子》的主旨並不突出，政治思想也只是作為其一部分而展開論
述。邵先鋒著有《〈管子〉與〈晏子春秋〉治國思想比較研究》，這是一部比
較學方面的著作，其通過比較時代背景、個人生活經歷、執政環境條件、為
政方式方法、治國思想，來揭示晏子實際是對管子思想的繼承發展。池萬興
著有《〈管子〉研究》一書，其初衷本欲在《管子》各篇斷代方面作一貢獻，
但後因感覺困難頗大，遂在結合前人研究成果的基礎上，通過將《管子》與
道家、黃老學說、法家、儒家、陰陽五行學說、兵家等思想比較研究以證明
《管子》一書的性質。與前人一樣，在分類論述《管子》思想時，對其中的
政治成分有不少揭示分析，只是許多地方有衝突悖逆之處，雜家色彩濃重。

張連偉著有《〈管子〉哲學思想研究》，主要運用邏輯分析和歷史敘述相結合的方法，從道、天地、陰陽五行、氣、仁義道德和禮法等方面，對《管子》的哲學思想進行了系統研究，其中不少部分屬於政治哲學層面。曲阜師範大學的尹清忠博士近年也寫有《〈管子〉研究》，其第二部分主要從當代治國思想的角度即國家管理手段、發展經濟、經濟發展動力、市場調控、可持續發展等方面論述了《管子》的治國思想，不過，其經濟層面比重較大，政治層面則較少。

第四，黃老、稷下學的一些論著。戰國後期，一部分熱衷於為政之道的道家學者為適應紛爭的戰爭局面，於是打著黃帝和老子兩面旗幟，將道法結合，以道論法，併兼採儒、墨、名、法、陰陽、兵家思想而形成黃老學派。威宣時期的齊國稷下學宮是黃老思想的一個發源地，《管子》中的許多篇章常被學界定性為黃老學的作品。二十世紀下半葉，伴隨著黃老、稷下思想研究的流行，其中有不少涉及到《管子》的政治思想。呂錫琛在《道家道教與中國古代政治》中認為《管子》修正了老子的忽略制度建設的弊端，將無為而治與制度建設聯繫起來，制度建設是無為而治的重要前提。白奚的《稷下學研究——中國古代的思想自由與百家爭鳴》、劉蔚華和苗潤田著的《稷下學史》、丁原明的《黃老學論綱》、吳光的《黃老之學通論》等著作中都有涉及。不過，這些著作一般將目光鎖定在《管子》四篇以及與道、法有關的篇章中，對其餘基本不涉及。

第五，會議、期刊論文。由於《管子學刊》、《管子研究》的創刊，山東齊文化研究院、安徽管子研究會的成立並定期召開學術研討會，對政治思想某一方面探討的小論文還是比較多的。如翟建宏的《管子「以人為本」思想範式的建構及其治國實踐》、王鳳琴的《論管仲之謀的哲學意義》、張和平的《〈管子〉惠民思想蠡測》等，這裡不一一列舉。這些論文可查閱《管子學刊》、《管子研究》兩種雜誌以及 1987 年由淄博社會科學聯合會編的《〈管子〉研究》（第一輯）、1990 年《管子學刊》編輯部出版的《管子與齊文化》論文集、2010 年安徽省管子研究會出版的《管學論集》（上、中、下）。

綜上可見，《管子》研究的成果是豐富的，政治思想的某一方面也常被涉及，但將政治思想作為主題來全面、系統地把握《管子》思想並不多見。故本文選擇政治思想作為切入口，試圖發現《管子》的真正主旨所在。

三、思路和框架

　　從中國傳統政治思想角度出發，借用政治學的理論、方法去詮釋《管子》，以求能揭示其思想主旨一二，是本文的寫作的初衷。

　　爲此，本文將採取以下研究思路和方法：

　　第一，《管子》政治思想義理要以學術史研究爲前提。《管子》思想絕不是突兀地出現在歷史長河中，而是自有其「源」和「流」，對此考查，屬於學術史研究範圍。這不僅是《管子》研究能否眞正取得突破的關鍵所在，更是對《管子》政治思想合理解讀最有力的證據，如白奚所說：「《管子》的思想史定位是一個不可迴避的問題，否則我們就無法對《管子》在學術思想史上的地位和價值做出恰當的估價。」〔註18〕

　　第二，將《管子》和管仲二者結合起來考查，知管仲不知《管子》不可，知《管子》不知管仲不可。本文將結合《史記·管晏列傳》、《國語》、《左傳》等史籍中的有關管仲史料，但同時強調「欲求眞面目，必於《管子》」〔註19〕，雙管齊下。

　　第三，《管子》研究與齊文化、民族學研究相結合。楊向奎先生提出要以文獻、考古、民族學三者綜合研究《管子》。他說：「《管子》一書來源途多。齊國處於東夷環抱中，而姜齊統治者，本爲周族之姜，姜爲羌之一支，近人頗有謂彝族爲氏羌族的遺裔者。今傳《管子》中之龐雜內容，如不從事於民族學研究，頗有難於索解者，即如《幼官》、《幼官圖》等，雖有近代諸家之攻關，仍無法通讀。」〔註20〕有鑑於此，楊先生特舉劉堯漢等在《彝族天文學史》中取得的成果：用彝曆的十月太陽曆來解讀《幼官》（包括《幼官圖》）篇中的三十節氣說，說明民族學研究對《管子》的研究具有重要價值。

　　第四，採用綜合整體主義的詮釋方法。《管子》「非一時一人之作」已成學術界定論，但並不意味著《管子》研究也需採用割裂、破碎的辦法。中國思維尤其是政治思維的特點之一就是整體性，是一種「天地人整體思考」〔註21〕的

〔註18〕白奚，稷下學研究——中國古代的思想自由與百家爭鳴〔M〕，北京：生活·讀書·新知三聯書店，1998：216。
〔註19〕陳引弛，梁啓超學術論著集（傳記卷）〔M〕，上海：華東師範大學出版社，1998：8。
〔註20〕胡家聰，管子新探〔M〕，北京：中國社會科學出版社，2003：4。
〔註21〕陳鼓應，道家在先秦哲學史上的主幹地位〔J〕，道家文化研究（十），上海：上海古籍出版社，1996：14。

思維方式。用中國傳統的思維方式去詮釋中國傳統經典應是最爲恰當的選擇。李學勤先生認爲「劉向編定《管子》，……其來源甚多，但都原爲《管子》書。以新出簡帛爲證，合編在一起的文字，均有實質聯繫」，「清儒乾嘉學風，在釋讀訓詁及校勘等方面多所貢獻，但對《管子》思想的總體觀察未能多及」，因此，「從總體方面分析《管子》其書，正是當前迫切需要解決的重要課題。」〔註22〕

　　在上述思路的引領下，本文擬從以下幾個部分來論述《管子》的政治思想。

　　首先對管仲、《管子》和齊文化背景作一介紹。在介紹管仲時，將在前人研究的基礎上，對管仲的生平略作考證。至於《管子》，將從學術史的角度，對歷史上關於《管子》的著者、成書時間和學派歸屬作一梳理，肯定《管子》爲非一時一人之作。「管仲學派」是當前《管子》研究中比較主流的一種提法，本文將遵從這一提法，並對此內涵作一辨析。在尚沒有新的、比較明確的《管子》學術史資料情形下，將其定性爲以治國管理爲主旨的「管仲學派」的作品，有利於從整體、系統的角度闡發其思想價值。管仲生活於齊文化下，《管子》也可以說是齊文化背景下的產物，因此齊地的一些特有的地方文化品質在《管子》研究中應具有重要揭示價值。

　　在第三章，將提出本文的核心論點：《管子》是一本以「至善」政治理想爲主旨百科全書式的治國經典。一開始將對倫理學中的「善」和「至善」的要義作一闡釋，並對一般的「善」和政治的「善」作區別分析。隨後，將結合《管子》文本，來論述《管子》中「至善」之國的一些標準以及其現實主義的「善政」思維。在這一部分，還將對《管子》的「至善」政治理想的哲學基石作一剖析，主要包括三個方面：天道論、心術論和有機整體論。

　　在《管子》治國理念中，國家整體利益是其核心考慮，中國傳統政治格局中的四個層面（天、君、臣、民）只是國家的一組成部分。在第四章，將從「民體以爲國，賞罰以爲君」的國家起源理論出發，重點闡釋其「國家本位」理念。在《管子》看來，自然之天已不在現實政治格局之中，民眾是構成國家的主體，君主爲國家政治的核心，百官是國家治理的具體實施者，國家的理想政體是賢明君主體制。爲維護政治格局的秩序穩定，《管子》提出了以禮治國、以法治國。在《管子》看來，禮、法是同源的，法則是禮在新形勢下的進一步發展，要重法但不棄禮。因此，在第五章將對《管子》的禮、

〔註22〕胡家聰，管子新探〔M〕，北京：中國社會科學出版社，2003：7～8。

法思想作專門論述，闡述其禮治和法治是如何構建的。在這一部分，還將對其「不慕古，不留今」的先進社會歷史觀作出分析。

　　《管子》治國是務實的，提出了諸多有效的治國方略。發展經濟是其治國首務，在第六章將從政治與經濟關係的角度論述其「慎富」以立國的思想。《管子》認為人性有兩個層面：心性和人情。心性是至善的，而人情是自利的。由於人情自利，使經濟的發展有了內在動力。正是對自利人情的洞見，《管子》構建了整體多元的國家經濟發展體系。人道要參效至善的天道，由此產生了財富要正義分配的理念。除去經濟首務外，《管子》還提出了「國」、「鄙」分治和四民分居的行政區劃組織體系，「朝有經臣」的理想行政官制；在外交方面，主張霸王外交，提出以德為本、以親為體的整體多元外交策略；在軍事上，重視軍政建設但反對戰爭；在科技方面，主張科技治國；在社會教化方面，主張「德以合人」，提出了「和合偕習」的社會道德理想境界。這些都將作為治國方略的一部分在最後一章一併論述。

　　《管子》一書，思想宏大、精深，本文只是從政治思想角度，略作窺視。

第一章　管仲和齊文化

　　戴濬在《管子學案》開始謂：「歷來治《管子》者，往往不考其事蹟，不詳其生平」[註1]，這實際是《管子》研究一通病，原因在於《管子》與管仲關係不明，不敢輕易以二者互論。但《管子》既以管仲命名，定與管仲難脫干係，故研究《管子》而不論管仲是不妥當的，況二者之間確有很多能對應之處，管仲的生平事蹟應作爲《管子》一背景來考慮。管仲、《管子》又都是齊文化背景下的產物，因此，對齊文化的淵源、形成、特點的認識是有利於研究《管子》思想的。

1.1 管仲其人

　　管仲（？～前645年）是春秋前期一位傑出的政治家、思想家，相傳《管子》爲其所著。孔子在《論語・憲問》中如是評價：「管仲相桓公，霸諸侯，一匡天下，民到於今受其賜。微管仲，吾其被髮左衽矣。」[註2] 司馬遷說：「管仲既任政相齊，以區區之齊在海濱，通貨積財，富國強兵，……管仲卒，齊國遵其政，常強於諸侯。」[註3] 中國近代啓蒙思想家梁啓超給予了更高度的定位，「管子者，中國之最大政治家，而亦學術思想界一鉅子也」[註4]。

〔註1〕戴濬，管子學案〔M〕，上海：學林出版社，1994：1。

〔註2〕程樹德，論語集釋〔M〕，北京：中華書局，1990：989。

〔註3〕〔漢〕司馬遷，史記〔M〕，北京：中華書局，1959：2133～2134。

〔註4〕陳引弛，梁啓超學術論著集（傳記卷）〔M〕，上海：華東師範大學出版社，1998：7。

管仲的功業是後代極爲推崇的，但管仲個人的歷史生平卻一直爲學術界所爭
「疑」，尤其在出生地和家世方面。

1.1.1 管仲生平

司馬遷最先爲管仲作傳，著有《管晏列傳》；在司馬遷之前，《左傳》、《國
語》及先秦諸子典籍如《論語》、《孟子》、《荀子》、《韓非子》、《晏子春秋》
等也散落的記載著不少關於管仲的事蹟；漢代除司馬遷外，劉向是使管仲生
平事蹟得以保存、流傳的另一重要人物，編定《管子》八十六篇，其中有些
篇章如《大匡》、《中匡》、《小匡》等基本是桓管歷史記述，另劉向編寫的《說
苑》、《新序》中也存有不少。這些早期的史料是目前研究管仲生平的主要參
考，一些地方志如安徽《潁上縣志》、山東《臨淄縣志》等和管氏的一些譜牒
資料也可作參考，但其傳說、編造成分較多，必須辨眞去僞方能使用。

管仲（？～公元前 645），姬姓之後，名夷吾，字仲，諡號敬，故又被稱
爲管敬仲，齊桓公感其功業，以「仲父」尊稱，潁上人。依《史記・齊太公
世家》記載，桓公元年（公元前 685 年）始任政於齊，輔佐齊桓公，經年努
力，直致「齊桓公以霸，九合諸侯，一匡天下」〔註5〕。

管仲生年雖史無記載，但近些年有學者依據有關資料作有大致推斷，主
要有以下幾種。一是張玉書、王偉先生的觀點。他們依據《禮記・內則》和
《管子・戒》中所記載的「七十致政」（即七十歲退休）說，並結合《戒》中
記載的管仲未致政而卒（未到退休年齡已死）這一事實和《樞言》中「吾畏
言，不欲爲言，故行年六十而老吃也」一語，綜合推定判斷管仲的最終年紀
當在六十歲和七十歲之間，約活六十五歲左右，由此，其出生年則約爲公元
前 710 年左右。〔註6〕二是戰化軍先生推斷約生於公元前 728 年，他認爲「七
十致政」說只是一種理想的禮制，另管仲早年經過商、入過伍、又多次入仕
被逐，經歷豐富，故爲公子糾傅的時候不可能小於三十歲。〔註7〕三是 2007
年山東理工大學齊文化研究院的邵先鋒和王京龍教授在北京發現了清代浙江
青溪崇本堂本《管氏族譜》，譜中對管仲的出生時間有明確記載，生於周桓王
乙丑年三月初三日巳時〔註8〕，即公元前 716 年。四是依據安徽潁上縣管谷村

〔註5〕〔漢〕司馬遷，史記〔M〕，北京：中華書局，1959：2131。
〔註6〕張玉書，王偉，管仲事蹟繫年簡編〔J〕，管子學刊，1999（2）：17～27。
〔註7〕戰化軍，管仲評傳〔M〕，濟南：齊魯書社，2001：19。
〔註8〕邵先鋒，王京龍，青溪《管氏族譜》的發現與價值〔J〕，社會科學論壇，2009

民間流傳的管仲生於「戊午年、戊午月、戊午日、戊午時、五月初五正午時」、「夷吾」乃「一五（午）」之謂和乳名叫「芒種」等口碑資料，採用干支紀年法加以推演，並結合史書中管仲有關活動記錄加以核驗，龔武先生將其生年定爲公元前 723 年〔註 9〕，陳慶照、陳書儀等定爲公元前 735 年〔註 10〕。

　　管仲曾如是敘述自己早年困頓的人生經歷：「吾始困時，嘗與鮑叔賈，分財利多自與，鮑叔不以我爲貪，知我貧也。吾嘗爲鮑叔謀事而更窮困，鮑叔不以我爲愚，知時有利不利也。吾嘗三仕三見逐於君，鮑叔不以我爲不肖，知我不遭時也。吾嘗三戰三走，鮑叔不以我怯，知我有老母也」〔註 11〕（《史記・管晏列傳》），由此可知管仲早年喪父，與母爲生，家境貧寒，爲生計到處奔波，經商、謀事、入仕、入伍，皆不順。《管子・小問》篇管仲還自稱曾做過「圉人」，即養馬者。《說苑・尊賢》鄒子說梁王曰：「管仲故成陰之狗盜也。」〔註 12〕司馬貞《史記索隱》引《呂氏春秋》曰：「管仲與鮑叔同賈南陽。」〔註 13〕《戰國策・秦策五》曰：「管仲其鄙人之賈人也，南陽之弊幽，魯之免囚。」〔註 14〕上述「成陰」、「南陽」、「鄙人」三個可能是管仲早年活動的地名，「成陰」、「鄙人」二處現均不可考，「南陽」大致指今泰山以南，汶水以北一帶，屬春秋初齊、魯二國交界地域，管仲早年應在此處活動謀生。總之，管仲早年經歷是坎坷的，同時也造就了他豐富的閱歷，開闊的視野，堅忍的個性，以及捨小求大的志向。

　　齊釐公（公元前 730 年～公元前 698）時，使管仲、召忽傅公子糾，鮑叔牙傅公子小白，此應是管仲正式涉足政壇之初始，《史記・齊太公世家》、《管子・大匡》中均有記述。《韓非子・說林下》、《呂氏春秋・不廣》則有管仲、召忽、鮑叔牙三人「相與定齊國」〔註 15〕、「先達者相收」〔註 16〕之言，與前述有異，當是後人以己意揣度、私議之語。

　　（2）：122～126。

〔註 9〕龔武，論管仲出生於公元前 723 年〔J〕，管子學刊，2007（1）：13～17。

〔註 10〕陳慶照，陳書儀等，管仲生年考〔J〕，管子學刊，2006（2）：18～21。

〔註 11〕〔漢〕司馬遷，史記〔M〕，北京：中華書局，1959：2131～2132。

〔註 12〕〔漢〕劉向撰，向宗魯校證，說苑校證〔M〕，北京：中華書局，1987：177。

〔註 13〕〔漢〕司馬遷，史記〔M〕，北京：中華書局，1959：2131。

〔註 14〕〔漢〕劉向集錄，范祥雍箋證，戰國策箋證〔M〕，上海：上海古籍出版社，2006：477。

〔註 15〕許維遹，呂氏春秋集釋〔M〕，北京：中華書局，2009：383。

〔註 16〕〔清〕王先愼，韓非子集解〔M〕，北京：中華書局，1998：192。

公元前 685 年，齊桓公（小白）立爲齊國國君，在鮑叔牙的推薦下，管仲任齊相，從此開始了執齊國政四十餘年的生涯，輔佐齊桓公「兵車之會三，乘車之會六，九合諸侯」〔註17〕，爲春秋首霸。所歷大事有：公元前 681 年，與魯盟之柯；公元前 679 年，會諸侯於甄，桓公始霸；公元前 664 年，聯燕伐山戎；公元前 663 年，命燕君復修召公之政；公元前 661 年～公元前 658 年，擊狄救邢、衛，並遷邢封衛；公元前 656 年，召陵之盟；公元前 653 年，寧母會盟；公元前 651 年，葵丘之會，桓管功業至顚峰；公元前 648 年，平戎於王。據《國語・齊語》、《管子》等記載，管仲任齊相後，在齊國進行了多方面的改革：經濟上，士、農、工、商四民分居、分業，推行「相地而衰徵」的徵賦政策，「官山海」，設鹽官、鐵官，發展煮鹽業、鑄造業，鼓勵商業貿易活動，「皮幣玩好，使民鬻之四方」、「通齊國之魚鹽於東萊」、「關市幾而不徵」；政治上，實行「國」、「野」分治，「三其國而五其鄙」，形成一套嚴密的行政區劃，設各級官吏管理，主張「賦祿以粟」，改食邑制爲俸祿制，「察能授官」，「刑罰省數」；軍事上，「作政而寄軍令」，軍政合一；外交上：「善鄰」、「尊王」、「攘夷」。

公元前 645 年，管仲病卒。《史記・齊太公世家》、《管子・戒》、《管子・小稱》、《韓非子・十過》均記有管仲病重期間，齊桓公問其繼任者之事。《史記・秦本紀》記載：秦繆公「十二年，齊管仲、隰朋死」〔註18〕，秦繆公十二年，當爲公元前 648 年，其記載可能有誤。唐張守節《史記正義》引《括地志》云：「管仲冢在青州臨淄縣南二十一里牛山之阿」〔註19〕，《太平御覽》卷五百五十七引王隱《晉書》曰：「（晉）愍帝建興中，曹嶷發景公及管仲墓，屍並不朽，繒帛可服，珍寶鉅萬」〔註20〕，今山東臨淄齊陵鎮北山莊西有管仲墓。《禮記・雜記》記載管仲死後，齊桓公讓兩個本是管仲私臣後升爲國家公臣的大夫給管仲服喪，「官於大夫者之爲之服也，自管仲始也」〔註21〕，這種打破古禮的行爲足見齊桓公對管仲的肯定。管仲謚號爲「敬」，《逸周書・謚法解》曰：「謚者，行之跡」，「夙夜警戒曰敬，夙夜恭事曰敬，象方益平曰

〔註17〕〔漢〕司馬遷，史記〔M〕，北京：中華書局，1959：1491。
〔註18〕〔漢〕司馬遷，史記〔M〕，北京：中華書局，1982：188。
〔註19〕〔漢〕司馬遷，史記〔M〕，北京：中華書局，1982：2134。
〔註20〕〔宋〕李昉等編纂，夏劍欽等點校，太平御覽（五）〔M〕，石家莊：河北人民教育出版社，1994：404。
〔註21〕〔清〕阮元，十三經注疏附校勘記〔M〕，北京：中華書局，1980：1568。

敬，合善法典曰敬」〔註22〕，敬身思戒，敬以蒞事，法常道，行易途，至善典法確是管仲一生的最好總結。

另《鹽鐵論・相刺篇》中「大夫」與「文學」相辯，大夫曰：「越人子臧、戎人有餘，待譯而後通，而並顯齊、秦，人之心於善惡同也」〔註23〕，文學曰：「故不患無由於、子臧之論，患無桓、穆之聽耳」〔註24〕，其兩句中的大夫子臧原文作「夷吾」，後恰又有「桓、穆之聽」，致後人以爲此「夷吾」乃齊相管仲，並出現管仲爲越人論。對此，清人張敦仁在《〈鹽鐵論〉考證》中已有相當清楚詳細的辨析，認爲「夷吾」實爲越人「蒙（字子臧）」之誤，與春秋初齊相管仲無關〔註25〕。

1.1.2 管仲出生地望考

《史記・管晏列傳》記載管仲爲「穎上人也」，司馬遷似乎明確但卻簡約的筆墨導致了後人對管仲出生地望的質疑，爭論聚焦於「穎上」是確指今安徽的穎上縣還是泛指穎水的上游及其他地方，順帶還出現了「穎上」是管仲的祖籍地還是出生地的懷疑。唐朝司馬貞在爲《史記》「索隱」時，只是對「穎」字作了解釋，「穎」即穎水，並列舉了與「穎」有關的四個地名：陽城、穎陽、臨穎、穎上縣〔註26〕，而對司馬遷所謂的「穎上」並未敢明確斷定地望，語氣含糊。

「穎上」具體何指，歸納古今大概有以下幾種主要說法：

1、安徽穎上縣說。此說本是自古以來似乎無需質疑的一種主流觀點，如宋初的《太平寰宇記》就將管仲列爲河南道穎州府穎上縣人物〔註27〕，並明確指出穎上乃「本漢慎縣地，屬汝南郡。吳、魏之際設關防，莫謹於此。隋大業二年於今縣南故鄭城置穎上縣，以地枕穎水上游爲名，仍隸穎州府。唐武德元年移於今理」〔註28〕，持此說比較著名的人物還有馮友蘭、王德敏等，《辭海》、《辭源》、《淄博市志》等也主此說。目前對此說提出懷疑的理由爲穎上縣在秦

〔註22〕黃懷信等，逸周書匯校集注〔M〕，上海：上海古籍出版社，2007：625：670～671。
〔註23〕王利器，鹽鐵論校注〔M〕，北京：中華書局，1992：254。
〔註24〕王利器，鹽鐵論校注〔M〕，北京：中華書局，1992：255。
〔註25〕王利器，鹽鐵論校注〔M〕，北京：中華書局，1992：262。
〔註26〕〔漢〕司馬遷，史記〔M〕，北京：中華書局，1982：2131。
〔註27〕〔宋〕樂史撰，王文楚等點校，太平寰宇記〔M〕，北京：中華書局，2007：208。
〔註28〕〔宋〕樂史撰，王文楚等點校，太平寰宇記〔M〕，北京：中華書局，2007：210。

漢時爲愼邑，隋大業二年時才始置穎上縣，如清代著名經學家江永在《春秋地理考實》一書中就說：「今江南穎州府有穎上縣，隋置。」〔註 29〕今天在安徽穎上縣北外 10 公里處有管谷村，相傳爲管仲出生地。

2、河南鄭州以南穎水上游說。此說將「穎上」視爲一個泛指的地域概念，認爲管仲的祖先是受封於「管」地（今河南鄭州管城區）的周文王之子叔鮮，穎水發源地是陽城（今河南登封），正好位於鄭州以南。齊文化研究專家戰化軍先生認爲《管晏列傳》中的「穎上」並非是某一具體地名，而是一種籠統的稱謂，穎水之濱之意，「大概司馬遷作《史記》時，由於管氏滅國已久，已不能確切指出管氏始祖的居住地，所以只能籠統地稱爲穎水之濱。」〔註 30〕不過他認爲「穎上」也只是管仲的祖籍地，「管仲祖籍應在鄭州以南、穎水上游。但是至管仲時，其一支早已遷移至齊。……從這一意義上來說管仲早已成爲齊人。」〔註 31〕

3、河南禹州說。《左傳·宣公十年》中記載：「晉士會救鄭，逐楚師於穎北。」〔註 32〕《水經注》：「穎水出穎川陽城縣西北少室山，東南過其縣南，又東南過陽翟縣北。」〔註 33〕清顧棟高在《春秋大事表·春秋列國山川表·鄭》中結合《左傳》和《水經注》的記載認爲由於「陽翟」就是指禹州，故穎北也就是指禹州之北，他還認爲成公十五年的「諸侯師於穎上」（注：顧棟高引述有誤，時間當是成公十六年，原文是「諸侯遷於穎上」）的「穎上」也是指此處，襄公十年的「晉師與楚夾穎而軍，鄭人宵涉穎與楚盟」中的「穎」也是指禹州之穎。〔註 34〕楊伯峻也以爲：「此穎上意即穎水之北，當在今禹縣境。」〔註 35〕綜上述史料，劉明芝認爲後人基本沿用《左傳》中「穎上」一詞的所指；司馬遷在作《史記》時是參考過《左傳》的，故也就承用了這一地名。〔註 36〕不過，這裡要注意顧棟高注解標的是「穎」，而非「穎上」，意圖是要表達相關歷史事件的發生之地是「禹州之穎」，並非確斷「穎上」爲何

〔註 29〕〔清〕阮元，清經解（第二冊）253 卷〔M〕，上海：上海書店，1998：248。
〔註 30〕戰化軍，管仲評傳〔M〕，濟南：齊魯書社，2001：20。
〔註 31〕戰化軍，管仲評傳〔M〕，濟南：齊魯書社，2001：21。
〔註 32〕楊伯峻，春秋左傳注〔M〕，北京：中華書局，1990：709。
〔註 33〕〔北魏〕酈道元，陳橋驛 校證，水經注校證〔M〕，北京：中華書局，2007：511～512。
〔註 34〕〔清〕顧棟高，春秋大事表〔M〕，北京：中華書局，1993：925。
〔註 35〕楊伯峻，春秋左傳注〔M〕，北京：中華書局，1990：892。
〔註 36〕劉明芝，管子家世淺說〔J〕，管子學刊，2002（3）：5～10。

地，而且其還明確指出禹州在《水經注》中爲陽翟，只是潁水流經禹州，「潁北」自然指的就是禹州之北。因此，這種觀點對顧棟高的注解可能有誤讀，將本是表達地理狀態的「潁上」（潁水之旁或潁水之上）概念，通過與歷史事件相比對，而變爲地理位置比較確定的「潁上」。

　　4、先秦齊國潁上說。此說所依據的材料來自兩處，一是梁啓超的《管子傳》，另一是《管氏宗譜》。梁啓超在《管子傳》中認爲管仲是「齊之潁上人」〔註37〕，但梁先生爲什麼這麼提，原因不明。今安徽潁上縣距離曾爲齊都的淄博較遠，而且中間還間隔有魯等諸侯國，給人感覺管仲爲安徽潁上人的可能性不大。劉明芝認爲梁先生可能出於這一感覺遂「將『潁上』視爲齊國的一個地名」，不過，「潁上」應與「潁水」相關聯，事實卻是自古至今齊地境內並沒有用「潁」來命名的河流。〔註38〕本人認爲，梁先生之所以這麼提還有種可能，即一種習慣性地歷史認知或書寫表達，因爲既然管仲爲齊國人，潁上自然也就屬於齊國，這句話的本意只是爲了表達管仲是齊國人，出生地在潁上，倒並非有意於提出什麼「齊國潁上」說。青溪崇本堂本、錦川本《管氏族譜》的《管氏源流引》中則明確出現了「齊國之潁上」說，青溪本曰：「吾管氏得姓於叔鮮，厥後成王以二叔之畔削其爵，故《史記·管蔡世家》管叔子孫莫考。論者遂以蔡有後而管不傳，不知去其封邑以昭先王之法而存其後以敦親親之誼。子孫散在列國，不爲大夫者不得通顯於世，居齊國之潁上。後有管嚴者，實生夷吾。《史記正義》曰：『管仲，姬姓之後，管嚴之子敬仲也』按《括地志》云管仲家在青州臨淄縣南二十一里牛山之阿。」〔註39〕邵先鋒依《族譜》認爲：「管仲的故里潁上應該在現高密之西、臨淄以東這一範圍內，似應與潁水無關，只不過一地名而已。」〔註40〕家譜資料是否可信依舊有待證實，且如前所述，「齊國之潁上」有歧義的可能。另司馬琪《管子評傳》中稱管仲是「齊國臨淄（今山東臨淄市齊國古城）人」〔註41〕，此說可能是對「齊國潁上」說的延伸。

〔註37〕梁啓超，飲冰室合集之二十八·管子傳〔M〕，北京：中華書局，1989：5。

〔註38〕劉明芝，管子家世淺說〔J〕，管子學刊，2002（3）：5～10。

〔註39〕邵先鋒，王京龍，青溪《管氏族譜》的發現與價值〔J〕，社會科學論壇，2009（2）：122～126。

〔註40〕邵先鋒，《管子》與《晏子春秋》治國思想比較研究〔M〕，濟南：齊魯書社，2008：10～11。

〔註41〕司馬琪，十家論管〔M〕，上海：上海人民出版社，2008：512。

　　5、其他雜說。穎上的地望還有些比較零散、未有系統論證的說法，如河南臨潁縣說、上蔡說、新蔡說、四川說、河南登封說等，其中河南臨潁縣說依據的是民國年間謝壽昌等編撰的《中國古今地名大辭典・各縣異名表》，其表列穎上縣曾爲河南省臨潁縣異名〔註42〕。

　　綜上所說，首先齊國穎上說應可以排除，「穎上」與穎水有關是無須置疑的，有人認爲《列子・力命》中管、鮑二人「相友甚戚，同處於齊」〔註43〕之語有二人非齊人而在齊爲官之意，有臆斷之嫌。其次上蔡、臨潁等雜說，論據均不系統，也無須細究。所剩下的「安徽穎上縣說」、「穎水上游說」和「河南禹州說」之爭實際上可歸結爲「穎上」一詞是地名還是行政區域名還是地貌狀態的指稱。

　　安徽穎上縣夏商時屬豫州；周時爲「慎」邑，屬楚國，《左傳・哀公十六年》記有「吳人伐慎，白公敗之」〔註44〕，這是目前能見到的「慎」邑最早記載，王先謙在《漢書地理志補注》認爲「慎」即「今安徽穎上縣北江口集即古慎城」〔註45〕；秦設「慎縣」，屬泗水郡；漢高祖初，「慎」屬楚王韓信封邑，信被誅，置汝南郡；隋大業二年（公元606年）始設穎上縣。

　　地名應是一確指概念，其來源可能依於地貌狀態，但絕不是所有同一地貌狀態的地方都可謂同一名稱，否則，「地名」的存在就無意義了。司馬遷心目中的「穎上」應該是明確的，無須特意說明的，也絕不是一個什麼泛指的概念，否則其就不是一個合格的「太史令」，也有背於他考察風俗、採集傳聞、探訪尋古之好。司馬遷「二十而南遊江、淮，上會稽，探禹穴，窺九疑，浮於沅、湘；北涉汶、泗，講業齊魯之都，觀孔子之遺風，鄉射鄒、嶧；厄困蕃、薛、彭城，過梁、楚以歸」〔註46〕，而上述三地中，惟有安徽穎上縣現流傳有大量管鮑傳說及有關遺址、遺跡。作爲嚴謹的歷史寫作手法，一般也很少採用時名，而竟可能追溯使用古名，因此，在《史記》的書寫中，不用「慎縣」應是合理的，更況「慎縣」是一行政區域名，是無法替代地名的。在與河流有關的以「上」命名的地名中，可以發現，「上」是命名處與河流之

〔註42〕謝壽昌等，中國古今地名大辭典・各縣異名表〔M〕，上海：商務印書館，1936：20。
〔註43〕楊伯峻，列子集釋〔M〕，北京：中華書局，1979：196～197。
〔註44〕楊伯峻，春秋左傳注〔M〕，北京：中華書局，1990：1702。
〔註45〕楊伯峻，春秋左傳注〔M〕，北京：中華書局，1990：1702。
〔註46〕〔漢〕司馬遷，史記〔M〕，北京：中華書局，1982：3293。

間位置關係的方位表達，而非指是否位於河流的上游，一般來說指河水之濱的某個地方，在地形地貌上要麼是相對河床位置較高的河邊高地，如陝西的灞上，要麼是河水衝擊而成一開闊的平原，相對於蜿蜒而去的河流形成一種平原之「上」的位置感，如江蘇的泗上、安徽的潁上。《左傳・成公十六年》的「諸侯遷於潁上」，是否爲「禹州之潁」，也非定論，也有許多學者將其位置定位於安徽潁上，清代史學家高澤生就說：「鹿邑至上蔡，潁上在其間，是此地未名慎已名潁也。隋以慎名潁，蓋因史稱『管子潁上人』（而）因而復其初」〔註 47〕，這個判斷還是有一定道理的。總之，相較而言，安徽潁上應更符合司馬遷的「潁上」之謂，「潁上」本是一地名，「慎邑」、「慎縣」是行政區域名，二者並不衝突，至於是否確爲管仲的出生地或祖籍地，則無從考證。

1.1.3　管仲家世

司馬遷在《管晏列傳》中只記述了管仲夷吾是潁上人氏，並未涉及其先祖。三國時人韋昭爲《國語》作注時如是介紹：「管夷吾，齊卿，姬姓之後，管嚴仲之子敬仲也。」〔註 48〕韋昭的注來源依據爲何處，目前不知。《世本》中一段關於管仲前後家世的記載被唐司馬貞在《史記索隱》中保存了下來，「莊仲山產敬仲夷吾，夷吾產武子鳴，鳴產桓子啓方，啓方產成子孺，孺產莊子盧，盧產悼子其夷，其夷產襄子武，武產景子耐涉，耐涉產微，凡十代。《系譜》同。」〔註 49〕《系譜》和《世本》本都爲先秦時期的史籍，但至南宋末年基本全部丟失，今本《世本》乃清以後學者依據他書輯佚而成，此可靠性可能略帶瑕疵，但基本還是可信的。目前所發現的《管氏族譜》中一般有比較詳細的管仲家世記載，如青溪崇本堂本就以管叔鮮爲管氏始祖，二世承流（隱跡於潁上），三世既，四世昺，五世錡，六世瓊，七世茂榮，八世明（官平昌侯以平昌爲郡），九世麟，十世龍芝，十一世嚴，十二世敬仲，管仲之後，與《世本》所記相同。《世本》上啓管仲父親，前輩再無有，可推斷《族譜》可能依《世本》所記而修，管父前世系可能有杜撰成份。「攀宗附祖，誇大、編造本族的顯赫歷史」〔註50〕，特別是關於世系源流方面的內容，以提高本家族的社會地位，

〔註47〕高澤生，潁上風物紀〔M〕，合肥：黃山書社，2009：6。
〔註48〕徐元誥，國語集解〔M〕，北京：中華書局，2002：216。
〔註49〕〔漢〕司馬遷，史記〔M〕，北京：中華書局，1959：2132。
〔註50〕鄔華享，使用家譜資料應注意的幾個問題（上）〔J〕，圖書館，2006（5）：45～48。

被認爲是「天下最不可信之文籍」﹝註51﹞，這是族譜資料的通病。

綜合來看，管仲的父親依《世本》說應叫管山，字仲，諡莊。諡法中「莊」，一般與戰爭兵戈有關，故管父早死的原因可能爲作戰而亡。韋昭在《國語》注中稱此爲嚴仲，當是「東漢明帝劉莊以後，世人諱『莊』稱『嚴』」﹝註52﹞而致。張守節對《諡法解》頗有研究，受記載中管仲少時貧寒影響，於是在《史記正義》中可能懷疑管父的稱「諡」資格，故引韋昭注時將「嚴仲」改爲「嚴」，模糊待之。稍後於張守節的青溪本《管氏族譜》依用了張守節的說法，可能爲明《管氏源流引》中「子孫散在列國不爲大夫者不得通顯於世」。由於史料的缺乏及不一致，導致了後人對管仲家世的「爭議」。

爭議之一，管仲的先祖爲誰。第一種說法爲管叔鮮。唐林寶《元和姓纂》卷七「管」姓條目中認爲：「文王子叔鮮封於管，因氏焉。管夷吾字敬仲，仕齊。」﹝註53﹞這裡將管仲的始祖追溯到周文王之子管叔鮮，與青溪崇本堂本等《管氏族譜》資料一致。宋本《廣韻・上聲・緩韻》、羅泌的《路史・後紀十》也同此說。周武王滅商後，封其弟叔鮮于管國（今河南省鄭州市管城區），後叔鮮叛亂，爲周公旦所殺，「管叔鮮作亂誅死，無後」﹝註54﹞，但「管國亡後，其國人遂以原國名『管』爲氏」﹝註55﹞。第二種說法爲周穆王。晉人杜預所修的《世族譜》曰：「管氏出自周穆王」﹝註56﹞，認爲管姓是周穆王的後代。劉明芝認爲晉人杜預所撰《世族譜》尚能引用很多後世佚失的先秦族譜資料，他對管仲族源的說明當有依據，後世學者如宋人鄭樵、清人閻若璩、顧棟高、梁玉繩等也均信從杜預說﹝註57﹞。宋人鄭樵著有《通志・氏族略》，在其《同名異實》篇曰：「管氏有二，叔鮮之後，以國爲氏，出自文王；又齊管仲出自穆王」﹝註58﹞，指出管姓有文王和穆王兩個來源。第三種說法爲源自錫伯族瓜爾佳氏，改姓而來，漢姓爲管，管仲爲漢姓得姓始祖﹝註59﹞。西

﹝註51﹞ 譚其驤，長水集（上）﹝M﹞，北京：人民出版社，1987：356。

﹝註52﹞ 胡新生，管子志（附晏子志）﹝M﹞，濟南：山東人民出版社，2009：12。

﹝註53﹞﹝唐﹞林寶，元和姓纂﹝M﹞，北京：中華書局，1994：988。

﹝註54﹞﹝漢﹞司馬遷，史記﹝M﹞，北京：中華書局，1959：1570。

﹝註55﹞ 陳明遠，汪宗虎，中國姓氏辭典﹝M﹞，北京：北京出版社，1995：142。

﹝註56﹞﹝清﹞阮元，十三經注疏附校勘記﹝M﹞，北京：中華書局，1980：1802。

﹝註57﹞ 劉明芝，管子家世淺說﹝J﹞，管子學刊，2002（3）：5～10。

﹝註58﹞﹝宋﹞鄭樵，通志﹝M﹞，北京：中華書局，1995：209。

﹝註59﹞ 邵先鋒，《管子》與《晏子春秋》治國思想比較研究﹝M﹞，濟南：齊魯書社，2008：2。

晉時人傅玄也認爲「管姓爲管仲之後」〔註60〕，但未明依據。

《漢書·藝文志·諸子略》中著錄有《筦子》八十六篇，此處「筦」應即「管」。《呂氏春秋·長見》有「莧譆數犯我以義，違我以禮」〔註61〕，「莧譆」爲春秋楚人，此人在《說苑·君道》篇中作「筦饒」〔註62〕，《新序》中作「筦蘇」。王念孫認爲「莧」即「筦」之訛，「饒」與「譆」形相近。西漢元帝時史游作《急就章》，「筦」爲漢代常見姓氏，顏師古在注《漢書·藝文志》時曰：「筦讀曰與管同」〔註63〕，唐《元和姓纂》已不見此姓，宋《廣韻》認爲「筦」同「管」，《中國姓氏辭典》認爲「後世已將『筦』氏歸爲『管』氏」〔註64〕。從上述資料來看，「筦」和「管」本應不同源，但至《漢書·藝文志》著述時也應已與「管」通用。管仲的家世與此姓應並無關聯。

總之，管仲爲姬姓之後，或爲管叔鮮之後，或爲周穆王之後，或由他族改姓而來，但均缺乏足夠信史資料，目前學術界主流爲前兩種。

爭議之二，管仲是否爲貴族出身。有兩種觀點：一是以梁啓超、關鋒、林聿時爲代表非貴族說，一是以劉明芝、胡新生等爲代表的貴族說。

梁啓超謂：「管子實起於微賤，非齊貴族」。〔註65〕關鋒、林聿時認爲管仲即使如韋昭所注乃姬姓之後，恐怕也早已苗裔疏遠，至管仲時已失掉了貴族身份。其論據材料有三：

> 吾始困時，嘗與鮑叔賈，分財利多自與，鮑叔不以我爲貪，知我貧也。〔註66〕（《史記·管晏列傳》）

> 齊桓公使管仲治國，管仲對曰：「賤不能臨貴。」桓公以爲上卿，而國不治，桓公曰：「何故？」管仲對曰：「貧不能使富。」桓公賜之齊國市租一年，而國不治，桓公曰：「何故？」對曰：「疏不能制親。」桓公立以爲仲父。齊國大安，而遂霸天下。〔註67〕（《說苑·尊賢》）

〔註60〕戴濬，筦子學案〔M〕，上海：學林出版社，1994：1。
〔註61〕許維遹，呂氏春秋集釋〔M〕，北京：中華書局，2009：254。
〔註62〕〔漢〕劉向撰，向宗魯校證，說苑校證〔M〕，北京：中華書局，1987：25。
〔註63〕〔漢〕班固，漢書〔M〕，北京：中華書局，1962：1733。
〔註64〕陳明遠，汪宗虎，中國姓氏辭典〔M〕，北京：北京出版社，1995：143。
〔註65〕陳引弛，梁啓超學術論著集（傳記卷）〔M〕，上海：華東師範大學出版社，1998：11。
〔註66〕〔漢〕司馬遷，史記〔M〕，北京：中華書局，1959：2131。
〔註67〕〔漢〕劉向撰，向宗魯校證，說苑校證〔M〕，北京：中華書局，1987：198。

> 齊桓公使管仲平戎於周，使隰朋平戎於晉。王以上卿禮管仲。
>
> 管仲辭曰：「臣賤有司也，有天子之二守國、高在。若節春秋來承王命，何以禮焉。陪臣敢辭。」王曰：「舅氏，余嘉乃勳，毋逆朕命。」
>
> 管仲卒受下卿之禮而還。〔註68〕（《史記·周本紀》）

他們認為按西周的制度和觀念，「富」與「貴」是和「貴族」分不開的，上述材料中的「貧」、「賤」、「疏」、「臣」、「陪臣」等，均能證明管仲非貴族出身，貴族的後裔、失掉貴族身份、降為平民，當時是很常見的事，如《管子·問》中的「國之棄人」、「鄉之貧人」等〔註69〕。與上相反，劉明芝、胡新生等認為：1、管仲的父親「莊仲山」，《世本》諡號「莊」，春秋時期，只有大夫以上的貴族才會有諡號，而且某位卿大夫死後，要馬上「請諡」，當時還沒有為祖先追諡的現象，因此管山的諡號應是管仲發跡之前齊國國君所賜；2、管仲之前，該家族在齊國已具有相當的實力地位，《左傳·莊公八年》在葵丘發生叛亂的管至父與管仲是同一家族，後來管仲能輔佐齊國公子並最終成為執政大臣，與齊國管氏家族原本有一定勢力密不可分；3、據楊樹達考證，傳世銅器素命（讀 ling）鎛中反映出鮑叔牙父母是鮑氏與姜姓的聯姻關係，說明其家族地位是較高的，管仲若非與其地位相當，不可能二人同遊；4、作為公子糾的輔臣，不可能是庶人和賤民；5、管仲早年當兵，「執干戈以衛社稷」是貴族的一種權利。〔註70〕

上述兩種觀點從「名」、「實」兩角度分析，可謂各據其理。管鮑早年之交，《說苑·復恩》中記載最為全：

> 鮑叔死，管仲舉上衽而哭之，泣下如雨。從者曰：「非君父子也，此亦有說乎？」管仲曰：「非夫子所知也。吾嘗與鮑子負販於南陽，吾三辱於市，鮑子不以我為怯，知我之欲有所明也。鮑子嘗與我有所說王者，而三不見聽，鮑子不以我為不肖，知我之不遇明君也。鮑子嘗與我臨財分貨，吾自取多者三，鮑子不以我為貪，知我之不足於財也。生我者父母。知我者鮑子也。士為知己者死，而況為之衰乎？」〔註71〕

〔註68〕〔漢〕司馬遷，史記〔M〕，北京：中華書局，1959：152。

〔註69〕關鋒，林聿時，春秋哲學史論集〔M〕，北京：人民出版社，1963：76～78。

〔註70〕劉明芝，管子家世淺說〔J〕，管子學刊，2002（3）：5～10。

〔註71〕〔漢〕劉向撰，向宗魯校證，說苑校證〔M〕，北京：中華書局，1987：132。

　　這裡管仲其實已很明確地說明了自己的身份——「士」，《史記·周本紀》管仲「平戎於周」也自稱為「陪臣」，即「士」。

　　《說文解字》對「士」的解釋是：「士，事也。數始於一，終於十，從一十。孔子曰：推十合一為士。段玉裁注曰：引申之，凡能事其事者稱士。《白虎通》曰：士者，事也，任事之稱也。故《傳》曰：通古今，辯然否，謂之士。」〔註72〕由此來看，「士」一般要具有兩種才能，一是能任事，即能擔任「各部門掌事的中下層官吏」〔註73〕，類於現在的公務員；二是具有一定的文化知識，故能「推十合一」、「通古今，辯然否」。相對於同屬貴族中的天子、諸侯、卿大夫而言，「士」的地位是低的，在數量上則是貴族中的主體。士的來源有多種，有來自於親兵侍從，有為貴族的庶孽或奔投他國而淪落為士的，有從庶民升舉為士的。目前從管仲的家世來看，他應屬於第二種。春秋戰國時期，像這樣淪落為士的數量不少，如孔子、張儀、范雎、商鞅、韓非等。「士」的境遇和狀況也有很大差別，有的已近於庶民，稱為「貧士」、「窮士」，有貴族之名而毫無貴族之實。以孔子為例，其境遇與管仲頗為相似。孔子先祖弗父何本為宋愍公之長子，曾讓位於其弟宋歷公，後歷五世而親盡，別為公族，後遇事奔魯，到孔子時已經淪落到比較低級的「士」，「貧且賤」，只能去做管理倉庫、牧場、工程的小吏而謀生，季氏養士，孔子前往，卻被陽虎紲退，後到處遊說欲從仕，卻為齊、宋、衛等排斥、驅逐。〔註74〕但這些處於貴庶之交的士，由於能文能武能任事，又有一定的政治經驗和社會閱歷，具有很強的社會生命力，上可以體察政治動態，下可以溝通民俗民情，容易成為諸侯卿大夫所倚賴的社會政治中間力量〔註75〕，同時也改變了自己的境遇。管仲的「欲有所明」就是一種「求仕」心態的反映，為此而多次「說王」，最終遇到能破格用「士」的齊桓公，因此管仲能否從政與其家族勢力的支持沒有必然關係。

　　至於管仲父親的謚號，劉明芝等的觀點確有說服人之處。顧棟高在統計春秋時給謚的情況後指出：「春秋之世，通君臣皆有謚者惟魯、衛、晉、齊四

<hr>

〔註72〕〔漢〕許慎撰，〔清〕段玉裁注，說文解字注〔M〕，上海：上海書店，1992：20。
〔註73〕余英時，士與中國文化〔M〕，上海：上海人民出版社，2003：6。
〔註74〕〔漢〕司馬遷，史記〔M〕，北京：中華書局，1959：1905～1909。
〔註75〕王澤民，春秋時代士階層的崛起及其社會文化性格〔J〕，西北民族學院學報（哲學社會科學版），1995（4）：106。

國爲然，然皆卿有謚，大夫無謚，公族世卿有謚，而庶族無謚」〔註76〕，如依此說，管父至少爲卿這個等級。不過，管父有「謚」與管仲的貧寒還有下面幾種可能：1、管仲年幼時其父就戰死，導致家境迅速衰落；2、管仲是後來奔齊的，而導致淪落爲士；3、管父的謚號或確爲後來追謚，或是春秋前期謚法並不嚴格導致，尤其齊國是比較開放的國家，既使魯國，也有過「士之有誄」〔註77〕的記載；4、「莊」也許就不是謚號。總之，不管管父的身份如何，管仲時已肯定淪落爲貴族最低等級的「士」，貧寒與否與是否貴族並非一定互爲因果。

《世本》共列管仲家族十代世系，胡新生等《管子志》依《世本》所記認爲：「管仲後裔七代皆有謚號，可見管仲死後其家族長期保持顯赫地位。戰國時期，有人贊美管仲功德並稱羨『管氏之世祀』，也說明管氏確爲齊國世家」，管仲下傳七世之後，管氏家族可能有場大變故，表現爲至管微時已無謚號〔註78〕。管仲之後，子孫繁衍，應形成眾多的支系，這在邵先鋒等所見的三本《管氏族譜》（即如東本、錦川本和青溪崇本堂本）中可見一斑。《三國志‧管寧傳》注引《傅子》曰：「（管寧）齊相管仲之後也。昔田氏有齊而管氏去之，或適魯，或適楚。漢興有管少卿爲燕令，始家朱虛，世有名節，九世而生寧」〔註79〕，田氏代齊，齊國原國、高二氏，鮑氏等舊貴族均被誅除，管氏則離齊而走，這可能就是至管微時無謚號的原因。《左傳‧哀公十六年》「白公之亂」中記有管脩，孔穎達疏引杜預云：「管脩，楚賢大夫，故齊管仲之後，是管仲之後於齊沒不復見也」〔註80〕，《後漢書‧陰識傳》記載：「陰識字次伯，南陽新野人也，光烈皇后之前母兄也。其先出自管仲，管仲七世孫脩，自齊適楚，爲陰大夫，因而氏焉」〔註81〕，管脩適楚建陰氏家族，並在東漢初年活躍於政治舞臺。《左傳‧僖公十二年》孔穎達疏「成十一年傳有齊管於奚，《譜》以爲雜人，則非管仲之子孫也」〔註82〕，但清人英和等的《欽定春秋左傳讀本》認爲其是管仲之後〔註83〕。杜預《春秋釋例》卷八《春秋

〔註76〕〔清〕顧棟高，春秋大事表〔M〕，北京：中華書局，1993：2624。
〔註77〕〔清〕阮元，十三經注疏附校勘記〔M〕，北京：中華書局，1980：1277。
〔註78〕胡新生，管子志（附晏子志）〔M〕，濟南：山東人民出版社，2009：13。
〔註79〕〔西晉〕陳壽，三國志〔M〕，北京：中華書局，1959：354。
〔註80〕〔清〕阮元，十三經注疏附校勘記〔M〕，北京：中華書局，1980：1802。
〔註81〕〔南朝〕范曄，後漢書〔M〕，北京：中華書局，1965：1129。
〔註82〕〔清〕阮元，十三經注疏附校勘記〔M〕，北京：中華書局，1980：1802。
〔註83〕楊伯峻，春秋左傳注〔M〕，北京：中華書局，1990：342。

世族譜》謂:「(魯大夫)禽鄭,管於溪之子」〔註84〕,由此而引出管仲後裔的另一支禽氏,宋鄧名世《古今姓氏書辯證》卷十九謂:「禽,出自齊管夷吾之孫,仕魯別爲禽氏,所謂禽鄭是也。其後有禽滑釐,高士禽慶,孝子禽賢。」〔註85〕

1.1.4 先秦諸子對管仲的評價

1、晏嬰評管仲

《晏子春秋·內篇·問上》記載齊景公要晏嬰輔佐他以實現「彰先君之功烈」,「繼管子之業」,晏嬰則對曰:「昔吾先君桓公,能任用賢,國有什伍,治遍細民,貴不淩賤,富不傲貧,功不遺罷,佞不吐愚,舉事不私,聽獄不阿,內妾無羨食,外臣無羨祿,鰥寡無饑色;不以飲食之辟害民之財,不以宮室之侈勞人之力;節取於民,而普施之,府無藏,倉無粟,上無驕行,下無諂德。是以管子能以齊國免於難,而以吾先君參乎天子。」〔註86〕司馬遷謂晏嬰:「國有道,即順命;無道,即衡命」〔註87〕,在晏嬰看來桓管功業的實現,並非僅管仲一人之力,而是取決於君主的明治,制度、組織的完善,政治、社會環境的良好,政策上的「以民爲本」等,即「國有道」,這些客觀的環境因素決定了功業成功與否。具體到管仲個人,晏嬰則認爲:「管子有一美,嬰不如也;有一惡,嬰不忍爲也。其宗廟之養鮮也」〔註88〕,晏嬰以節儉力行而重於齊,「食不重肉,妾不衣帛」〔註89〕,與管仲的「富擬於公室,有三歸、反坫」〔註90〕的生活正好相反。

2、孔子評管仲

或問子產,子曰:惠人也。問子西,曰:彼哉!彼哉!問管仲。曰:「人也。奪伯氏駢邑三百,飯蔬食,沒齒無怨言。」

子路曰:「桓公殺公子糾,召忽死之,管仲不死。」曰:「未仁

〔註84〕〔晉〕杜預,春秋釋例十五卷附校勘記二卷〔M〕,臺北:新文豐出版公司,1985:349。
〔註85〕〔宋〕鄧名世,古今姓氏書辯證〔M〕,南昌:江西人民出版社,2006:285。
〔註86〕吳則虞,晏子春秋集釋〔M〕,北京:中華書局,1982:188~189。
〔註87〕〔漢〕司馬遷,史記〔M〕,北京:中華書局,1959:2134。
〔註88〕吳則虞,晏子春秋集釋〔M〕,北京:中華書局,1982:43。
〔註89〕〔漢〕司馬遷,史記〔M〕,北京:中華書局,1959:2134。
〔註90〕〔漢〕司馬遷,史記〔M〕,北京:中華書局,1959:2134。

乎?」子曰:「桓公九合諸侯,不以兵車,管仲之力也。如其仁!如其仁。」子貢曰:「管仲非仁者與?桓公殺公子糾,不能死,又相之。」子曰:「管仲相桓公,霸諸侯,一匡天下,民到於今受其賜。微管仲,吾其披髮左衽矣。豈若匹夫匹婦之爲諒也,自經於溝瀆,而莫之知也?」〔註91〕(《論語·憲問》)

子曰:「管仲之器小哉。」或曰:「管仲儉乎?」曰:」管氏有三歸,官事不攝,焉得儉?」「然則管仲知禮乎?」曰:「邦君樹塞門,管氏亦樹塞門。邦君爲兩君之好,有反坫,管氏亦有反坫。管氏而知禮,孰不知禮?」〔註92〕(《論語·八佾》)

孔子曰:「管仲遇盜,取二人焉,上以爲公臣。曰:『其所與遊辟也,可人也。』管仲死,桓公使爲之服。官於大夫者之爲之服也,自管仲始也。有君命焉爾也。」〔註93〕(《禮記·雜記下》)

孔子曰:「管仲鏤簋而朱紘,旅樹而反坫,山節而藻梲。賢大夫也,而難爲上也。晏平仲祀其先人,豚肩不揜豆。賢大夫也,而難爲下也。君子上不僭上,下不偪下。」〔註94〕(《禮記·雜記下》)

孔子對管仲的評議主要見於上。由於儒家思想在後來中國傳統文化中的主導地位,孔子的評議就成爲後人心目中管仲形象的發源。管仲與孔子,二人相隔約百餘年,一是齊相,一爲魯儒,都被後人尊爲政治家和思想家。不過依歷史事實來看,管仲以齊桓霸業著稱於當世,故首先應是政治家,其次才是思想家;孔子雖做過司寇之類官職,但其本人政治之功業遠遜其思想、教育之成就。因此上述孔子論管仲之語,實可以看作我國古代最大之思想家對最大之政治家的評議。

上述引文中孔子先謂管仲「人也」、「如其仁」,又謂管仲「器小」、「不知禮」、「難爲上」,孔子之言,似乎前後不一。後儒學者對此前後不一言論爭議頗多,解釋也五花八門,但由於儒學的發展變異,加上己意的狹隘,都很難回歸孔子之本意。要想正確理解孔子的評議,有兩點應予特別關注:一是孔子之「仁」、「人」、「禮」、「器」真實內涵;一是孔子言語的語義表達特點。

〔註91〕 〔清〕阮元,十三經注疏附校勘記〔M〕,北京:中華書局,1980:2510,2511。
〔註92〕 〔清〕阮元,十三經注疏附校勘記〔M〕,北京:中華書局,1980:2468。
〔註93〕 〔清〕阮元,十三經注疏附校勘記〔M〕,北京:中華書局,1980:1568。
〔註94〕 〔清〕阮元,十三經注疏附校勘記〔M〕,北京:中華書局,1980:1566〜1567。

　　首先，仁者即人也，是孔子心目中當世的最佳「社會人」。在《論語》中，「仁」與「人」是相通的。「人」是古今中外各種思想學說討論的永恆主題，相較古希臘思想初始於對「自然」本源的探討，中國古代更早將目標鎖定在「人」的問題上，孔子更是重新發現了「人」。孔子的學問可以概括稱為「人學」，「孔子以『人』作為理論探討的中心，在中國思想史上首次系統地論述關於人的價值、人的理想、人的完善、人的道德、人際關係以及人與自然關係等等關於『人』的學說。」〔註95〕可以說「孔子比前人更深厚地『學』與『問』了歷史上的和當時的（包括實際的和思想的）關於人與人事的規定，以及其他種種知識，並在畢生實踐中不斷融會貫通」〔註96〕，最終建立了其仁學體系。孔子認為歷史和現實社會中的人有四類：聖賢、君子、仁者和小人，其中聖賢、君子是道德、才能的完美者，當世已少見，小人是只關注於自己的道德、才能均比較低下者。處於二者之間的即為「仁者」，微子、箕子、比干、管仲皆是仁者。何謂「仁者」？「仁者」並非最完美之人，但卻是社會現實之人，正由於社會現實的複雜性，故孔子對「仁」的闡釋也是多維的。「夫仁者，己欲立而立人，己欲達而達人。能近取譬，可謂仁之方也已」（《論語・雍也》）；「恭，寬，信，敏，惠」為仁（《陽貨》）；「剛毅木訥近仁」（《論語・子路》）；「仁人必有勇」（《論語・憲問》）；「樊遲問仁，子曰『愛人』」、「克己復禮為仁」（《論語・顏淵》）等。這些都是「仁者」的品質之一，但並非充分必要條件，孔子是「無求備於一人」（《論語・微子》）的。因此，孔子的「仁者」是現實之人，是有小缺陷之人，是社會之人。孔子稱管仲為「人也」，乃是對管仲社會之｜仁者」的肯定。《說苑・善說》有段類似記載，更稱其為「大人」：

　　　　子路問於孔子曰：「管仲何如人也？」子曰：「大人也。」子路曰：「昔者管子說襄公，襄公不說，是不辯也；欲立公子糾而不能，是無能也；家殘於齊而無憂色，是不慈也；桎梏而居檻車中無慚色，是無愧也；事所射之君，是不貞也；召忽死之，管仲不死，是無仁也。夫子何以大之？」子曰：「管仲說襄公，襄公不說，管仲非不辯也，襄公不知說也；欲立公子糾而不能，非無能也，不遇時也；家

〔註95〕張豈之，儒學・理學・實學・新學〔M〕，西安：陝西人民出版社，1991：5。
〔註96〕楊適，孔子的人論兼評徐復觀先生的孔孟研究〔J〕，北京大學學報（哲學社會科學版），1994（3）。

殘於齊而無憂色，非不慈也，知命也；桎梏居檻車而無慚色，非無
愧也，自裁也；事所射之君，非不貞也，知權也；召忽死之，管仲
不死，非無仁也，召忽者，人臣之材也，不死則三軍之虜也，死之
則名聞天下，夫何為不死哉？管仲者，天子之佐，諸侯之相也，死
之則不免為溝中之瘠；不死則功復用於天下，夫何為死之哉？由！
汝不知也。」〔註97〕

其次，「器小」當為「器少」。「器」本為具有固定用途的器皿之意，後用
來比喻人比較低下的才能和道德境界。《論語‧公冶長》篇孔子謂自己的弟子
子貢為瑚璉之器，《論語‧為政》篇有「君子不器。」前面已述孔子心目中人
有四等，聖賢、君子當屬「不器」之類，子貢尚達不上仁者的標準，屬「器」
之類。依次類推，正由於管仲的「不儉」、「不知禮」，管仲當屬「器小」之類
的仁者。

第三，孔子言語表達之特點，當代法國漢學家弗朗索瓦‧於連對孔子的
思想及其表達的解讀頗值得借鑒。於連認為孔子是中國智慧的最佳體現，智
慧的話語經常只作「提醒」，「子絕四：毋意，毋必，毋固，毋我」（《論語‧
子罕》），即看待世界不能有一種先入為主的個人偏見，要將所有的可能性都
開放（「毋意」），不要有限制性的條條框框（「毋必」），不固執於某個立場、
觀點，隨事物變化而變化（「毋固」），最後達到沒有特點，沒有品性，但卻不
偏不倚，公正、完全的境界（「無我」）。〔註98〕孔子的行為處事是開放式的，
「無可無不可」（《論語‧微子》），孟子謂孔子「可以仕則仕，可以止則止，
可以久則久，可以速則速。」〔註99〕由此，在言論上，孔子也非斷定式的，
而經常採用一些看似含糊的語詞，如「可矣」、「不亦」、「而」、「也」、「乎」
等。「如其仁！如其仁！」就具有這樣特點，而不直言其為仁。

綜上所述，孔子是將管仲歸於「仁者」的行列的，「九合諸侯，不以兵車」，
奪人駢邑，人卻無怨言。不過「仁者」也是有缺陷的，如管仲的奢侈、「不知
禮」。對管仲的僭禮，孔子或認為有特殊之緣由，「有君命焉爾也」，或只提出
委婉的批評，「難為上也」。因此，孔子對管仲的評價是一貫的，並無什麼矛

〔註97〕 〔漢〕劉向撰，向宗魯校證，說苑校證〔M〕，北京：中華書局，1987：290。

〔註98〕 〔法〕弗朗索瓦‧於連，聖人無意——或哲學的他者〔M〕，北京：商務印書
         館，2004：15～22。

〔註99〕 〔漢〕阮元，十三經注疏附校勘記〔M〕，北京：中華書局，1980：2686。

盾之處，也無需將其拆分爲道德和功用作兩面之曲解。

3、孟子評管仲

　　孟子生活在戰國中期，相比春秋時期，戰爭頻發，秩序混亂，天下無道。面對殘酷的社會現實，孟子提出「仁政」學說，明確主張實行「王道」，以仁義治理天下，反對「霸道」，以圖挽救社會危機。孟子認爲歷史上的堯舜、湯武都是以「仁義」治理天下的，推行王者之道；春秋霸主，則是「以力假仁」。

　　霸道是憑藉武力假託仁義，雖然可以成爲大國，但不能讓人眞正心悅誠服，而且還會帶來頻繁的戰爭，難以「王」天下。因此在「王」「霸」之間，孟子肯定「王道」，極力否定「霸道」。具體到管仲，他將其列爲「霸道」行列，持否定態度。

　　　　公孫丑問曰：「夫子當路於齊，管仲晏子之功，可復許乎？」孟
　　　　子曰：「子誠齊人也，知管仲晏子而已矣。或問乎曾西曰：『吾子與
　　　　子路孰賢？』曾西蹴然曰：『吾先子之所畏也。』曰：『然則吾子與
　　　　管仲孰賢？』曾西艴然不悅曰：『爾何曾比予於管仲？管仲得君，如
　　　　彼其專也；行乎國政，如彼其久也；功烈，如彼其卑也。爾何曾比
　　　　予於是？』曰管仲，曾西之所不爲也，而子爲我願之乎？」曰：「管
　　　　仲以其君霸，晏子以其君顯。管仲、晏子猶不足爲與？」曰：「以齊
　　　　王，由反手也。」〔註100〕（《孟子‧公孫丑上》）

　　孟子以爲，憑藉齊國之實力，如要實施王道，易如反掌，但管仲賢能不足，只能推行霸道，而且得遇齊桓公，才使其能專權、持國政久，建立卑劣之功業。不屑之意溢於言表。不過，孟子否定管仲之「霸道」是相較於「王道」而言，與戰國當時赤裸裸追逐利欲、連「假仁」也不要的各諸侯國執政者相比，管仲則要好的多。

　　　　故湯之於伊尹，學焉而後臣之，故不勞而王。桓公之於管仲，
　　　　學焉而後臣之，故不勞而霸。今天下地醜德齊，莫能相尚，無他，
　　　　好臣其所教，而不好臣其所受教。湯之於伊尹，桓公之於管仲，則
　　　　不敢召。管仲且猶不可召，而況不爲管仲者乎？〔註101〕（《孟子‧
　　　　公孫丑下》）

〔註100〕〔清〕焦循，孟子正義〔M〕，北京：中華書局，1987：173～176。
〔註101〕〔清〕焦循，孟子正義〔M〕，北京：中華書局，1987：260。

4、荀子評管仲

荀子認為國家的「治理」態勢有四種：王、霸、存、亡。他繼承了儒家傳統的王霸觀點，「仲尼之門人，五尺之豎子言羞稱乎五伯」，因為五伯之功業「非本政教也，非致隆高也，非慕文理也，非服人之心也」，只是一種「小人之傑」，通過「鄉方略，審勞佚，畜積修鬥」而達到「顛倒其敵」，實為「以讓飾爭，依乎仁而蹈利」，「詐心以勝。」（《荀子・仲尼》）但相對於孟子的「王」、「霸」對立而言，荀子認為現實政治中應尊王而不黜霸，與孔子的觀點相近，「王」、「霸」皆屬於治道，「霸道」是比「王道」低一級的候補，「上可以王，下可以霸。」（《荀子・王霸》）

基於上述「王霸」之論，他將桓管功業歸為「霸」這一層次，將管仲列為「功臣」。荀子認為「人臣」有四種：能臣、篡臣、功臣和聖臣，「用聖臣者王，用功臣者強，用篡臣者危，用能臣者亡」，管仲即為功臣之類，「內足使以一民，外足使以距難，民親之，士信之，上忠乎君，下愛百姓而不倦。」（《荀子・臣道》）他引用孔子之語，認為子家駒僅為「續然大夫」，晏子是「功用之臣」，子產是「惠人」，皆不如管仲，但正由於管仲「力功不力義，力知不力仁」，也只能是「野人也，不可為天子大夫。」〔註102〕（《荀子・大略》）管仲未能成為「聖臣」的原因在於「未及修禮」，《荀子・王制》篇曰：「成侯、嗣公聚斂計數之君也，未及取民也。子產取民者也，未及為政也。管仲為政者也，未及修禮也。故修禮者王，為政者強，取民者安，聚斂者亡。故王者富民，霸者富士，僅存之國富大夫，亡國富筐篋，實府庫。」〔註103〕管仲未能「修禮」，在於只「知所利」，不「知所貴」，不知「論法聖王」，只知「以義制事」；「知所貴，則知所養」，這是一種源自內在道德的王者之治；「事知所利，則動知所出」則是一種外在政治規則的認識；但荀子並未簡單地肯定此否定彼，而是認為「二者，是非之本，得失之原也」。〔註104〕（《荀子・君子》）

5、韓非子評管仲

韓非子是戰國諸子中比較晚出者，其立足於先秦諸多思想巨人之肩，對他們的思想給予了總結、批判和揚棄，是一位集大成者。「今境內之民皆言治，

〔註102〕王先謙，荀子集解〔M〕，北京：中華書局，1988：500。
〔註103〕王先謙，荀子集解〔M〕，北京：中華書局，1988：153～154。
〔註104〕王先謙，荀子集解〔M〕，北京：中華書局，1988：452～453。

藏商、管之法者家有之」〔註105〕（《韓非子・五蠹》），當世流行的「管法」及歷史上獲取成功的管仲的社會政治實踐自然就成爲他一個重要的批判、吸收的對象。他認爲豫讓、伯夷、叔齊皆爲有忠臣之「名」，而無忠臣之「實」，爲「無益之臣」，管仲與伊尹、商鞅方是眞正的忠臣，「明於霸王之術，察於治強之數」，「有尊主廣地之實」，「外無敵國之患，內無亂臣之憂」，「長安於天下而名垂後世。」〔註106〕（《韓非子・姦劫弒臣》）

　　韓非子不但高度認可了管仲的治國實踐，而且對此治國之理論多有吸收。韓非理論的一個重要特色就是法、術、勢的結合，而這明顯不是韓非首創，實肇始於管仲。

1.2　齊文化概述

1.2.1　齊文化的淵源——東夷文化

　　管仲一生主要在齊國度過。齊國大致位於今天山東省的北部。西周初年大分封時，周武王「封師尚父於齊營丘」〔註107〕而建齊國，在此南部還有周公旦受封而建的魯國。齊、魯兩國是周初在東方建立的兩個重要諸侯，到戰國末年，隨著經濟文化的不斷交流和民族融合，以齊、魯爲代表的今山東地域逐漸形成了一個統一的文化體，後人稱爲「齊魯文化」，山東也因此被稱爲齊魯大地。

　　齊魯文化發軔於東夷文化。「東夷」一詞，歷史上有廣義和狹義之別，廣義的「東夷」與「夷」同義，是指古代東方各族的泛稱，包括東方地區乃至東北地區的大部分非華夏族在內，傅斯年在《夷夏東西說》中將中華文化從地理區域上分爲「夷」、「夏」兩塊，這裡的「夷」就是指廣義上的東夷，與西夏相對；狹義的東夷主要指今山東境內的夷族，只是夷族的一部分〔註108〕；本文所指的東夷爲狹義上的東夷。

　　夷族在古書上也被稱爲「人方」。「夷」與「人」本爲一字，只是由於東

〔註105〕王先愼，韓非子集解〔M〕，北京：中華書局，1998：451。
〔註106〕王先愼，韓非子集解〔M〕，北京：中華書局，1998：105〜106。
〔註107〕〔漢〕司馬遷，史記〔M〕，北京：中華書局，1982：1480。
〔註108〕王迅，東夷文化與淮夷文化研究〔M〕，北京：北京大學出版社，1994：85
　　　　〜86。

西方發音差異的不同而造成西方念成「人」，東方念成「夷」，至今膠東一帶仍保留著這種古老的發音。也就是說「夷」在本意上並無貶義，只是在後來以周史觀占主導地位的古史系統中，「夷」的歷史形象被嚴重歪曲，具有代表性的如蚩尤。「夷人」文化其實是中華文明形成的一個重要因子，王獻唐在《山東古國考》中認為「中國古代民族歷史，整個的是夷、夏的歷史；中國古代的民族文化，整個的是夷夏文化」﹝註109﹞，來自上游的西夏族、來自下游的東夷族和源出於東夷族以黃河中下游為中心的楚越民族，一起成為華夏族的主要族源，並激蕩出華夏文明。

　　齊魯大地東部臨海，綿長的海岸線為後來漁、鹽業的發展提供了條件；中部為山地丘陵區，有泰山、蒙山、魯山、沂山等，生長著茂密的森林，是採集和狩獵的理想之地；西南、西北為平原，地勢平坦，河湖縱橫，土壤肥沃，適合農業、航運業的發展。多樣的地理環境造就了地域內部生產、生活、風俗、習慣等的差異，形成眾多的小部族，經過碰撞、融合，又最終統一為東夷文化乃至後來的齊魯文化，後來齊國文化的開放性與這種地理環境的差異性是有一定聯繫的。在距今約四五十萬年前，在今山東沂源（屬淄博市）一帶就出現了東夷人的直系祖先——沂源猿人。大約6000年前左右，齊魯的原始居民就進入了新石器時代，開始被統稱為「夷」或「東夷」。東夷有許多支系，《尚書‧堯典》中記有「嵎夷」，《禹貢》中記有「島夷」，《史記‧夏本紀》中有「鳥夷」、「萊夷」，《後漢書‧東夷列傳》中記載：「夷有九種，曰畎夷、於夷、方夷、黃夷、白夷、赤夷、玄夷、風夷、陽夷」﹝註110﹞。中國古史許多為人熟知的著名人物也都來自於東夷，像太昊、少昊、舜、伯益、契、羿、湯等。

　　依據上古神話傳說及相關的歷史文獻資料，可以概括出以下一些東夷人的風俗文化特徵。

　　1、善射好戰的「尚武」精神。《說文解字》謂「夷，東方之人也，從大從弓」﹝註111﹞，《說文通訓定聲》說：「夷，東方之人也，東方夷人好戰，好獵，故字從大持弓會意，大，人也」﹝註112﹞，「夷」字實際上就是一個人背弓

﹝註109﹞王獻唐，山東古國考〔M〕，濟南：齊魯書社，1983：208。

﹝註110﹞〔南朝〕范曄，後漢書〔M〕，北京：中華書局，1965：2807。

﹝註111﹞〔清〕段玉裁，說文解字注〔M〕，上海：上海書店，1992：493。

﹝註112﹞〔清〕朱駿聲，說文通訓定聲〔M〕，武漢：武漢市古籍書店影印，1983：563。

的形象。傳說中的東夷族的領袖蚩尤能征善戰，後被齊地人們奉爲「兵主」之神〔註113〕，后羿則以善射勇猛而著稱。這種「尚武」的民風後來逐漸朝兩個方向演變、發展。一是齊魯「兵學」，誕生了如呂尚、齊桓公、管仲、孫武、吳起、孫臏、田單、司馬穰苴等一批軍事思想家。一是與豪爽、仁等風俗相結合而形成原初意義上的「義」觀念。「義」，《說文》釋作「己之威義也」〔註114〕，《論語・顏淵》有「質直而好義」〔註115〕，與後來將「義」解釋爲「宜」、「仁」的外在形式相比，原初的「義」更多表達的是一種素樸、悍勇、正直、爲善的德性。《管子・牧民》中將「義」解釋爲「不自進」，「不自進則民無巧詐」〔註116〕，正是這種原初意義上的「義」。

2、「夷俗仁」的道德風尚。《說文解字》段玉裁注云：「夷俗仁，仁者壽有君子不死之國」〔註117〕，《後漢書・東夷列傳》謂「夷者，柢也，言仁而好生，萬物柢地而出。故天性柔順，易以道御，至有君子、不死之國焉」〔註118〕。其中的君子國，據《山海經・海外東經》記載，國人是「衣冠帶劍」、「好讓不爭」〔註119〕。前面說過，「夷」與「人」本同爲一字，只是讀音不同，「夷」、「人」其實又共同與「仁」相通，徐旭生曾對「夷」、「人」、「仁」三字關係作過考查以證〔註120〕。舜以仁著稱，商湯被認爲「湯德至矣，及禽獸」〔註121〕，東夷族領袖徐偃王史稱「被服慈惠，身行仁義」〔註122〕，總之，東夷人認爲「仁」才是人的眞正本質。東夷之「仁」是一種原始之「仁」，核心內容是「仁而好生」，作爲一種與生俱來的風俗文化傳統，對後來的齊魯文明影響很大，墨子的「兼愛」更接近於此，而孔子則進行了改造，《管子》及齊文化也同樣深受其影響。

3、以鳥、太陽、桑樹等自然崇拜爲特徵的原始宗教信仰。原始宗教是人

〔註113〕 〔漢〕司馬遷，史記〔M〕，北京：中華書局，1982：1367。
〔註114〕 〔漢〕許慎撰，〔清〕段玉裁注，說文解字注〔M〕，上海：上海書店，1992：633。
〔註115〕 程樹德，論語集釋〔M〕，北京：中華書局，1990：868。
〔註116〕 黎翔鳳，管子校注〔M〕，北京：中華書局，2004：11。
〔註117〕 〔清〕段玉裁，說文解字注〔M〕，上海：上海書店，1992：493。
〔註118〕 〔南朝〕范曄，後漢書〔M〕，北京：中華書局，1965：2807。
〔註119〕 袁珂，山海經校注〔M〕，上海：上海古籍出版社，1980：254。
〔註120〕 徐旭生，中國古史的傳說時代〔M〕，北京：文物出版社，1985：55。
〔註121〕 〔漢〕司馬遷，史記〔M〕，北京：中華書局，1982：95。
〔註122〕 何寧，淮南子集釋〔M〕，北京：中華書局，1998：959。

類在生產能力和認識能力都比較低下的情況下，以社會血緣和地緣爲紐帶，以實現自身的生存和發展爲目標，而自然地引起的對超自然力的集體信仰和活動實踐的宗教早期形態。在原始宗教的各種表現形式中，圖騰崇拜又是其最早的形式，東夷文明中，鳥、太陽、桑樹等自然物的圖騰崇拜已是諸族內的普遍現象。太昊氏以「鳳」爲姓，少昊氏「以鳥名官」，《詩經・商頌・玄鳥》裏「天命玄鳥，降而生商」的祖先神話；「太皞」（又作太昊）、「少皞」（又作少昊）中的「皞」、「昊」兩字均含有太陽、光明之義，《山海經・大荒南經》記載有主管太陽的女神「羲和」，《山海經・大荒東經》中的「湯谷」則是太陽始生之谷；在太陽的神話中，總有巨「桑」的形象出現，商族則有規模隆重的「桑林」之祀。對太陽與鳥的崇拜，反映了風調雨順的祈願和觀象授時的追求，《易傳・繫辭下》記載：「古者包犧氏（即太昊氏）之王天下也，仰則觀象於天，俯則觀法於地，觀鳥獸之文」〔註123〕，《尚書．堯典》記載帝堯：「命羲和，欽若昊天，曆象日月星辰，敬授人時」〔註124〕，表達了東夷人對農業和農時的重視；桑圖騰則是一種「重生」觀念的表達〔註125〕。在這些圖騰崇拜的活動中，逐漸形成了早熟的巫文化，《國語・楚語》中記述了這種狀況：「及少昊之衰也，九黎亂德，民神雜糅，不可方物。夫人作享，家爲巫史，無有要質」〔註126〕。通過巫文化，表達了一種與天溝通的願望，並形成了東夷人的「天道」觀念〔註127〕。

　　4、「禮」俗。《禮記・禮運》說：「夫禮之初，始諸飲食。其燔黍捭豚，污尊而抔飲，蕢桴而土鼓，猶若可以致其敬於鬼神。」〔註128〕《說文》釋「禮，履也，所以事神致福也。」〔註129〕王國維在《釋禮》認爲：「奉神人之事通謂之禮。」〔註130〕可見，「禮」產生於原始的宗教活動。東夷人在對鳥、太陽和桑的圖騰崇拜以及由此形成的巫文化中，逐漸形成了自己的一系列「禮」俗。孟祥才、胡新生寫的《齊魯思想文化史》中認爲東夷人已經有了禮制的三個

〔註123〕高亨，周易大傳今注〔M〕，濟南：齊魯書社，1998：419。

〔註124〕〔清〕阮元，十三經注疏附校勘記〔M〕，北京：中華書局，1980：119。

〔註125〕李永平，桑圖騰文化的變遷〔J〕，文史知識，1997（12）：107～109。

〔註126〕徐元誥，國語集解〔M〕，北京：中華書局，2002：514～515。

〔註127〕安作璋，山東通史（先秦卷）〔M〕，北京：人民出版社，2009：298。

〔註128〕〔清〕阮元，十三經注疏附校勘記〔M〕，北京：中華書局，1980：1415。

〔註129〕〔漢〕許慎撰，〔清〕段玉裁注，說文解字注〔M〕，上海：上海書店，1992：2。

〔註130〕王國維，觀堂集林〔M〕，北京：中華書局，1959：291。

方面即儀式、倫理、等級的雛形。首先，儀式方面，中國古代流行的吉、凶、賓、軍、嘉「五禮」在東夷文化中已略具輪廓：大汶口文化、龍山文化中的陶尊和眾多的酒器，是祭祀（吉禮）活動盛行的反映；大汶口文化、龍山文化中墓葬的規律性表明已存在比較固定、規範的喪葬（凶禮）儀式；舜巡狩四方的傳說意味著朝、聘、會、盟之類的賓禮初具端倪；《山海經·大荒北經》中蚩尤與黃帝作戰時「請風伯雨師縱大風雨」類似於春秋時期的戰前禱告（軍禮）儀式；東夷人的拔牙習俗可能是一種成年儀式，類於後來的嘉禮中的冠禮，男女合葬的現象，表明婚姻制度由群婚向一夫一妻制轉變，可以推斷出當時可能有結婚儀式，即嘉禮中的婚禮。其次，在各種禮儀背後，總有一定的價值觀念體系在起著作用，這就是後來講的「禮義」（道德、倫理），比如虞舜的孝子形象和東夷族對孝道的推崇。第三，在制度層面上，開始出現等級觀念，如大汶口和龍山文化中出現了大墓及禮器，表明了一種上下、尊卑、貴賤有別意識已開始萌芽。東夷族中的禮制萌芽和禮觀念的雛形，成為三代禮制的重要淵源之一，春秋時期的儒家禮學及齊國管晏禮學也都淵源於此。〔註131〕

　　5、陰陽變化和整體系統的觀念。《春秋內事》說：「黃帝師於風后，風后善於伏羲之道，故推演陰陽之事。」〔註132〕《易傳·繫辭下》記載：「古者包犧氏（即太昊氏）之王天下也，仰則觀象於天，俯則觀法於地，觀鳥獸之文與地之宜，近取諸身，遠取諸物，於是始作八卦，以通神明之德，以類萬物之情。」〔註133〕伏羲、包犧氏、太昊氏實均為一人，東夷部族的首領，傳說中八卦的發明者。八卦是一種經過加工而組織起來的形式，其材料來源於上古的占卜記錄，今天所能看到的這種占卜記錄主要是被刻在龜甲和獸骨上。目前，除去19世紀70年代在陝西歧山發現西周早期的甲骨外，其餘的基本都位於東夷人活動的區域及其附近地區：一是清末在河南安陽的小屯村發現大量的殷商甲骨及其文字；二是1997年山東桓臺發現岳石和晚商時期甲骨及文字；三是從19世紀30年代就開始發掘的濟南大辛莊遺址，1984年發現了數量可觀的甲骨，2003年開始有甲骨文出土。上述三個考古發現，都可視作東夷文化的延續和繼承，尤其是近年大辛莊遺址的發掘，「遺址早期堆積中含

〔註131〕孟祥才，胡新生，齊魯思想文化史——從地域文化到主流文化〔M〕，濟南：山東大學出版社，2002：23～26。
〔註132〕〔南朝〕范曄，後漢書〔M〕，北京：中華書局，1965：1903。
〔註133〕高亨，周易大傳今注〔M〕，濟南：齊魯書社，1998：419。

有較多原夷人系統（岳石文化）的文化因素」，〔註134〕而且大量甲骨及文字的出現將占卜與夷人聯繫在了一起，由此，可以推斷出「《易》應是產生於東夷之地的一種神秘學說體系」〔註135〕，或者至少可以推斷出東夷是《易》的發源地之一。古人的占卜並非簡單的求神問事，而是包含著人們長期生活經驗的積累及思考。最後立基於本是表明自然界明暗現象的陰陽兩概念，用八卦的形式組織起來，形成一種帶有哲學意味的陰陽學說——變化發展。〔註136〕這種變化發展觀念實質是動態顯現系統的整體性，從整體上認識世界，把握一切事物的本質，形成整體主義的宇宙觀，關懷「天下」。整體、系統、秩序、平衡、結構、關係，中國傳統思維的一切特徵，均根源於此。齊文化的開放、變化，《管子》的整體主義思想均受其直接影響。

東夷文化的上述特徵反映了其在中國古文明中獨特和重要的地位，與中國其他的地域文化一起，共同創造了中華古文明，而且對後來的齊魯文化產生了直接、具體的影響，「在這種文化環境和文化氛圍裏，經過夏商時期東夷文化與其他族群文化的相互滲透和逐漸融合，西周春秋時期山東當地文化與周文化的相互滲透和逐漸融合，自然就會孕育出一批思想深邃、智慧超群的天才人物。」〔註137〕

1.2.2 開放的姜齊文化

公元前 11 世紀中葉，周武王滅商，建立了周朝。爲便於管理原商人的領地，把殷商王畿分成幾個部分：其中一部分分封給紂的兒子武庚，奉守商祀，統率殷民；其餘的分封給自己的弟弟管叔、蔡叔和霍叔，「俾監殷臣」，號稱「三監」。不足兩年，周武王卒，年幼的周成王繼位，由自己的叔父周公攝政。「三監」對周公攝政不滿，與武庚及徐、奄、薄姑等與國聯合舉行叛亂。面對嚴重的叛亂形勢，周公擁成王東征，「伐誅武庚、管叔，放蔡叔」，〔註138〕平定東方。東征勝利後，周公吸取教訓，在全國範圍內大規模地推行分封制，

〔註134〕 徐基，大辛莊遺址及其出土刻辭甲骨的研究價值〔J〕，文史哲，2003（4）：16～18。

〔註135〕 安作璋，山東通史（先秦卷）〔M〕，北京：人民出版社，2009：298。

〔註136〕 張豈之，中國思想史〔M〕，西安：西北大學出版社，1993：9～10。

〔註137〕 孟祥才，胡新生，齊魯思想文化史——從地域文化到主流文化〔M〕，濟南：山東大學出版社，2002：35。

〔註138〕 〔漢〕司馬遷，史記〔M〕，北京：中華書局，1982：132。

「封建親戚以藩屏周」，〔註139〕其中滅商功勳姜尚（字牙、子牙，又稱呂尚）被封於營丘，建立姜齊，齊國歷史由此拉開序幕。

姜尚受封於齊後，帶來了比較發達的周文化，這樣在原有的東夷土著文化的基礎上，並融合周邊的夏商文化，從而形成了個性特徵十分鮮明的齊地域文化。總的說來，在多元文化的衝撞下，齊國文化比較開放，重革新，講究實效，崇尚功利，工商學、兵學、禮法學比較發達，具有開放性、靈活性、廣泛性、實用性諸多優點。齊太公姜尚是齊文化初成的主要奠基者，下面結合其思想予以簡述。

1、「因其俗，簡其禮」

姜尚初封的齊國，土壤貧瘠，人口稀少，「偏處一方，所在並非通衢形勝之地」〔註140〕，而且還直面與東夷土著戰爭的威脅，《史記・齊太公世家》記載：「萊侯來伐，與之爭營丘。營丘邊萊。萊人，夷也，會紂之亂而周初定，未能集遠方，是以與太公爭國。」〔註141〕面對複雜的形勢，姜尚採取了相對寬容和緩和的政策，「修政，因其俗，簡其禮。」〔註142〕姜尚認為：「夫政不簡不易，民不有近；平易近民，民必歸之。」〔註143〕故其順應土著東夷人的意願，允許他們保持原有的風俗習慣和文化傳統，保留和維持原有的政治組織形式，簡化與東夷首領之間的政治聯繫方式和繁文縟節。這是一種合乎自然本性、順水行舟式的政策，反映出一種敢於承認不同類型或相對後進文化存在合理性的，與不同文化並存、對各種文化兼容並包和取長補短共創新境界的「大智」。這種符合齊國國情、有利於齊國發展的政策為齊國後來的政治家所繼承而成為政治文化傳統，管仲的「俗之所欲，因而欲之；俗之所否，因而去之」、「令順民心」〔註144〕，田駢、慎到的「上則取聽於上，下則取從於俗」〔註145〕，均與其有直接聯繫。戰國時齊國的稷下學宮能收羅不同學派的代表人物，為他們提供相互切磋、辯論的自由空間，明顯也是這種兼容並

〔註139〕楊伯峻，春秋左傳注〔M〕，北京：中華書局，1990：420。
〔註140〕劉敦願，西周時期齊魯兩國的地位及其互相轉化〔J〕，劉敦願、逢振鎬，東夷古國史研究（第一輯），西安：三秦出版社，1988：74。
〔註141〕〔漢〕司馬遷，史記〔M〕，北京：中華書局，1982：1480。
〔註142〕〔漢〕司馬遷，史記〔M〕，北京：中華書局，1982：1480。
〔註143〕〔漢〕司馬遷，史記〔M〕，北京：中華書局，1982：1524。
〔註144〕〔漢〕司馬遷，史記〔M〕，北京：中華書局，1982：2132。
〔註145〕〔清〕王先謙，荀子集解〔M〕，北京：中華書局，1988：93。

包方針的產物。「因其俗」強化、推動了東夷人的工商活動和「足智，好議論」的本性；「簡其禮」則使齊人形成了重實用、講效率的傳統。

2、「尊賢上功」

《呂氏春秋·長見》、《淮南子·齊俗訓》和《漢書·地理志》都曾引述呂太公望和周公旦關於「何以治國」的一段對話：

> 呂太公望封於齊，周公旦封於魯，二君者甚相善也，相謂曰：「何以治國？」太公望曰：「尊賢上功。」周公旦曰：「親親上恩。」
> 〔註146〕

20世紀70年代在山東臨沂銀雀山漢墓出土的竹簡中，有相傳爲呂尚所著的《六韜》殘卷。《六韜》雖不可能爲呂尚個人手著，但應部分地包含著呂尚的思想。

> 文王問師尚父曰：「王人者何上何下……？」師尚父曰：「上賢下不肖』；（《六韜·文韜》）

> 太公曰：「舉賢而不用，是有舉賢之名而無用賢之實也」〔註147〕；（《六韜·文韜》）

> 文王在歧周，召太公曰：「爭權於天下者，何先？」太公曰：「先人。人與地稱，則萬物備矣。今君之位尊矣，待天下之賢士，勿臣而友之，則君以得天下矣。」文王曰：「吾地小而民寡，將何以得之？」太公曰：「可。天下有地，賢者得之；天下有粟，賢者食之；天下有民，賢者收之。天下者，非一人之天下也，莫常有之，惟賢者取之。」
> 〔註148〕（《六韜·武韜》）

> 凡人惡死而樂生，好德而歸利。能生利者，道也。道之所在，天下歸之。〔註149〕（《六韜·文韜》）

「尊賢上功」是在貴族政治下一種比較開明的政策，與周公的「親親上恩」相比，能更有利於異姓賢能之士進入統治上層，如管仲等，直接促成了齊國的強盛。

〔註146〕許維遹，呂氏春秋集釋〔M〕，北京：中華書局，2009：255。
〔註147〕〔唐〕魏徵，群書治要（六）〔M〕，上海：商務印書館，1937：515。
〔註148〕〔唐〕魏徵，群書治要（六）〔M〕，上海：商務印書館，1937：519～520。
〔註149〕〔唐〕魏徵，群書治要（六）〔M〕，上海：商務印書館，1937：513。

3、「通商工之業，便魚鹽之利」

《鹽鐵論・輕重》記載：「昔太公封於營丘，闢草萊而居焉。地薄人少，於是通利末之道，極女工之巧。是以鄰國交於齊，財畜貨殖，世爲強國。」〔註150〕《史記・貨殖列傳》說：「太公望封於營丘，地潟鹵，人民寡，於是太公勸其女功，極技巧，通魚鹽，則人物歸之，繦至而輻湊。」〔註151〕由於齊地的土質差，「地潟鹵」，不利於種植農業的發展，但齊地瀕臨大海，魚鹽豐富。在齊國建立之前的土著東夷人早就把工商魚鹽活動作爲重要的經濟來源，齊太公只是「因其俗」，順應了民情，更爲靈活地處理了農業與工商業之間的關係。這一傳統也爲後來的管仲所繼承，而且還出現了全面闡述工官制度和手工業技術的《考工記》及全面論述商業、貨幣和財經理論的《管子》《輕重》諸篇。

4、先禮法後道德

呂尚是中國兵家之始祖，土著東夷文化中又有「尚武」之風，故姜齊文化中兵學比較發達。軍事戰爭中對紀律的強調，以及《周禮》、土著「禮」俗的混同作用，形成了重視刑罰、講究禮法的傳統。前面已述，東夷文化中有「夷俗仁」的傳統，姜尚主張「因其俗」，自然對仁義道德予以重視。不過，當仁義道德與禮法制度發生衝突，損壞社會、政治秩序時，他會毫不猶豫地選擇後者。《春秋繁露・五行相勝》有這樣一段記載：

> 太公封於齊，以治國之要問焉。營蕩對曰：「任仁義而已。」太公曰：「任仁義奈何？」營蕩對曰：「仁者愛人，義者尊老。」太公曰：愛人尊老奈何？」營蕩對曰：「愛人者，有子不食其力；尊老者，妻長而夫拜之。」太公曰：「寡人欲以仁義治齊，今子以仁義亂齊，寡人立而誅之，以定齊國。」〔註152〕

要注意的是，呂尚並非扔棄仁義道德，也是要「欲以仁義治齊」，只是反對打著「仁義」之名敗壞禮法之實，出現「以仁義亂齊」的情況。仁義道德與禮法制度目的都是爲了治國，二者實際互爲彼此，從發生學上看，禮法源於道德秩序，但在社會政治實踐中，禮法又先於道德。而仁義禮法的互融，造就了後來學者名之爲的齊法家，這一思想在《管子》中非常鮮明。

〔註150〕王利器，鹽鐵論校注〔M〕，北京：中華書局，1992：178。
〔註151〕〔漢〕司馬遷，史記〔M〕，北京：中華書局，1982：3255。
〔註152〕蘇輿撰，鍾哲點校，春秋繁露義證〔M〕，北京：中華書局，1992：370～371。

1.2.3 淮夷文化

本章的第一部分已詳細考證了管仲的出身地望，相較於齊國說、河南說，安徽潁上說更爲可信。安徽潁上位於今淮河流域，爲古淮夷的活動區域。前面已述，「夷」或「東夷」在所指上有狹義和廣義之分，廣義上的「東夷」除去山東境內的夷族外，還包括江淮流域的淮夷等。「淮夷」和狹義上的「東夷」同屬於夷人文化，是有著世系淵源但又具有不同特徵的兩個地域類屬。「淮夷」的提法最早見於《尙書‧禹貢》，「海岱及淮惟徐州。淮沂其乂，蒙羽其藝，大野既豬，東原底平。……羽畎夏翟，嶧陽孤桐，泗濱浮磬，淮夷蠙珠暨魚。厥篚玄纖縞。浮於淮泗，達於河」〔註153〕，海、岱、淮分別指今天的黃海、泰山、淮河。綜合上面提到的本區域的其他山名、河名、地名以及《禹貢》中與其相鄰的兗州、青州、豫州、揚州、荊州的位置判斷，淮夷所活動區域大致位於今山東南部、河南東部、安徽、江蘇長江以北之間，其最主要的一條水系，就是今天的淮河，也就是淮河及其支流所覆蓋的區域。

淮夷與山東境內的東夷有著世系淵源關係。「淮夷，是東夷集團鳥夷的一支。……鳥夷發源地在河北燕山一帶，……歷夏商周，循海岸而南遷至淮水之南」〔註154〕；近代著名史學家李平心經過考證認爲「嬴姓諸國以鳥爲圖騰，淮夷即佳夷」、「奉鳥圖騰之族」〔註155〕；童書業說：「甲骨卜辭中有『佳夷』，當即『淮夷』。佳夷之『佳』亦鳥類。《說文》：『佳，鳥之短尾總名也。』『佳夷』疑即『鳥夷』的一支」〔註156〕，「皋陶蓋爲淮夷族之祖，亦東方民族之祖先神也，《魯頌》『淑問如皋陶』可證。如皋陶即《史記‧秦本紀》之大業，則亦玄鳥隕卵所生者，爲東方淮夷之宗神審矣」〔註157〕；雷學淇認爲：「皋陶出自少昊，其後爲六，偃姓」〔註158〕。近些年的考古發掘證明，「己」姓是東夷主要姓之一，山東境內出土過不少「己」字銘文陶器或銅器，而在淮河流域的安徽潁上王崗、趙集就發現了帶有「月己」銘文的銅器，安徽含山縣大城墩遺址也發現少量有「己」字陶文的鬲片和有「己夷」二字的陶片。

〔註153〕〔清〕阮元，十三經注疏附校勘記〔M〕，北京：中華書局，1980：148。

〔註154〕何光岳，東夷源流史〔M〕，南昌：江西教育出版社，1990：72。

〔註155〕李平心，李平心史論集〔M〕，北京：人民出版社，1983：155。

〔註156〕童書業，中國古代地理考證論文集〔M〕，中華書局，1962：126。

〔註157〕童書業，春秋左傳研究〔M〕，北京：中華書局，1980：28。

〔註158〕〔漢〕宋衷注，〔清〕秦嘉謨等輯，世本八種‧雷學淇等校輯本〔M〕，北京：中華書局，2008：47。

　　自商末至周初，一方面由於黃河中下游的水患，另一方面迫於商人或周人的軍事壓力，居住在今山東境內的部分東夷人不斷南遷至今淮河流域，與來自豫東的有虞氏、當地的土著居民一起形成「淮夷」，歷史文獻中開始有「淮夷」的明確記載，淮水也因此而得名。淮夷在變遷的過程中，不但將東夷的傳統文化因素帶入、保留在淮夷文化中〔註159〕，而且還顯示出了流動性的特點；加上淮河流域土壤以鹽鹼地爲主，鋤耕農業十分落後，鹽業、魚業發達；四通八達淮河水系爲商業流通提供了良好的環境；由此而產生了淮夷「善通商賈」的特性。《詩經·魯頌·泮水》記載：「憬彼淮夷，來獻其琛。元龜象齒，大賂南金」〔註160〕；《尚書·禹貢》中有淮河流域物產和貨物流通的記載。「善通商賈」直接薰陶了出生於此的管仲、鮑叔牙，造就了他們早年從商的經歷，並在日後治理齊國的實踐中，自然地接受、發揚了姜齊文化中的重視工商傳統，「通貨積財」。

　　淮夷文化雖然淵源於東夷文化，但由於並沒有出現像姜齊一樣的文化融合和革新，逐漸體現出落後的特性。尹占群、趙明奇在《淮夷文化初探》一文中總結了淮夷文化的四個特徵：1、以鳥爲圖騰，分散性強；2、不發達的經濟生活；3、封閉意識；4、儉樸淳固之風。〔註161〕可能正是由於上述的落後性，導致此地在春秋初年並不發達，也迫使管仲離開家鄉，四處經商，並最終到比較發達的齊國謀生。

　　東夷文化、淮夷文化、周文化和姜齊文化，由於彼此的相似和差異，融合與對抗，而形成了一個多元的「文化場」。在這個「文化場」中，由於文化發展不平衡而形成的張力推動了齊國社會文化的進步。早年窮困奔波，後爲齊國宰相的管仲就是在這種多元「文化場」薰陶下，去思考齊國的社會、政治問題，承繼並改造了由姜尚開創的齊文化。同樣，《管子》一書同樣是這種文化張力下的「結晶」。

〔註159〕王迅，東夷文化與淮夷文化研究〔M〕，北京：北京大學出版社，1994：91。
〔註160〕〔清〕阮元，十三經注疏附校勘記〔M〕，北京：中華書局，1980：612。
〔註161〕尹占群，趙明奇，淮夷文化初探〔J〕，徐州師範學院學報（哲學社會科學版），1990（2）：87～88。

第二章 《管子》和管仲學派

　　《管子》是我國古代一部重要的典籍。與大多子書一樣，以人名命名。歷代官志皆著錄爲管仲所著，只是在思想派別歸屬和結構形式上有所差異。南宋張嵲張巨山在《讀管子》一文中曰：「《管子》，天下之奇文也，所以著見於天下後世者，豈徒其功烈哉！余讀《心術》上下、《白心》、《內業》諸篇，則未嘗不廢書而歎，益知其功業之所本，然後知世之知《管子》者殊淺也。」〔註1〕司馬遷見世之流傳的「管子書」，而始爲管仲次傳。《管子》有古本和今本之分，今本《管子》由西漢成帝時護左都水使者光祿大夫劉向收集整理而成，古本《管子》指劉向整理之前在社會上流傳的雜而多的「管子書」。《管子》以管仲命名，二者究竟爲何關係？今日「管子」研究者，或以管仲爲研究對象，或以《管子》文本來抽繹論題，或將管仲、《管子》不加區分綜合研究。由於學術統緒的斷絕，加上義理奧深博雜、舛脫繆訓難讀，《管子》的學術史研究歷來眾說紛紜，莫衷一是。學術背景不明，自然容易局狹其義理。

2.1 《管子》其書

2.1.1 劉向編校今本《管子》

　　劉向（公元前77年～公元前6年），字子政，漢成帝時光祿大夫。據《漢書‧藝文志》記載，西漢初興之時，漢高祖劉邦吸取了秦朝失敗的教訓，在思想文化上不再採用禁錮控制的方式，而是「大收篇籍，廣開獻書之路」〔註2〕，

〔註1〕黎翔鳳，管子校注〔M〕，北京：中華書局，2004：1544。
〔註2〕〔漢〕班固，漢書〔M〕，北京：中華書局，1962：1701。

鼓勵民間獻書。到漢武帝時，針對當時書籍缺壞嚴重情形，開始「建藏書之策，置寫書之官」〔註3〕，將包括諸子在內的各種書籍都置於「秘府」加以收藏。漢成帝時，書籍又有大量散佚，漢成帝一方面派陳農到全國各地搜羅藏書，另一方面以劉向為首主持校書，對散落的各種先秦古典文獻予以收集和整理。這次校書，網羅眾多的專家、學者，之前又加上漢成帝的支持，劉向的組織有力，可謂是我國古代首次大規模的由政府組織的校書工作，成果頗豐。「每一書已，向輒條其篇目，撮其旨意，錄而奏之」〔註4〕，劉向所錄的後來彙編成《別錄》一書。劉向死後，其子劉歆繼續主持校書工作。劉歆後依據《別錄》撰寫成《七略》，「有《輯略》，有《六藝略》，有《諸子略》，有《詩賦略》，有《兵書略》，有《術數略》，有《方技略》。」〔註5〕唐末安史之亂後，《別錄》、《七略》均丟佚，好在班固著《漢書・藝文志》時依據《七略》而刪其要，基本將二書的原貌保留下來。《漢書・藝文志》著錄：「《筦子》八十六篇」，歸入道家類。

在今世文獻中，能瞭解到劉向編校、整理《管子》情形的，除《漢書・藝文志》外，最重要的莫過於保存在今本《管子》之前由劉向所撰寫的《管子敘錄》。其比較詳細地記述了今本《管子》的古本來源、原篇目數和審定後的篇目數。

> 所校讎中管子書三百八十九篇，太中大夫卜圭書二十七篇，臣富參書四十一篇，射聲校尉立書十一篇，太史書九十六篇。凡中外書五百六十四，以校除重複四百八十四篇，定著八十六篇，殺青而書可繕寫也。〔註6〕

從《敘錄》來看，劉向基本上搜羅整理到了當時流傳於世中、外各種「管子書」，而且這些「管子書」也基本上是以單篇的形式流傳的。從現僅存的幾篇劉向撰寫的《敘錄》來看，《列子》只收集到古本 20 篇，《晏子》是 30 篇、《荀子》較多，為 322 篇，相比而言，可見當時「管子書」在世上是相當流行。收集上來的「管子書」版本眾多，雜亂重複，經劉向「校除重複」，最後定為 86 篇。

〔註3〕〔漢〕班固，漢書〔M〕，北京：中華書局，1962：1701。
〔註4〕〔漢〕班固，漢書〔M〕，北京：中華書局，1962：1701。
〔註5〕〔漢〕班固，漢書〔M〕，北京：中華書局，1962：1701。
〔註6〕黎翔鳳，管子校注〔M〕，北京：中華書局，2004：3。

　　《敘錄》中存有一個數字統計錯誤，即以總數的 564 篇減去校除的 484
篇，最後定著的應爲 80 篇，但《敘錄》卻記錄爲 86 篇。86 篇的數字與今本
《管子》的篇目相合。對此，學界有不同解釋。大致有三種：1、《輕重》七
篇所致，屈萬里認爲：「當是因爲『輕重』有七篇，因爲篇目相同，而在『重
複』的篇數中，少算了六篇的緣故」〔註7〕；劉蔚華、苗潤田認爲由於《輕重》
七篇過長，後分一篇爲七篇，整理後的篇目數也就成了 86。〔註8〕2、《管子解》
所致，郭沫若認爲《管子解》五篇本是「《牧民》、《形勢》、《立政》、《版法》、
《明法》等的解釋，在初本合而不分」〔註9〕，另《心術下》與《內業》篇是
重複的，對此，《敘錄》均未交代清楚。3、由於改動所致，胡家聰認爲乃後
人在傳抄過程中，由於有些篇章的丟佚，以致統計數字被後人改動。〔註10〕

　　劉向所說的「管子書」即今日學界稱謂的古本《管子》，這些散落的古本
篇章作者是誰，劉向並未說明，只是在《敘錄》中間以大段篇幅介紹了齊相
管仲，其內容與司馬遷的《管晏列傳》基本相同。司馬遷在《管晏列傳》中
提到的《九府》、《山高》篇，劉向有特別說明：「《九府》書民間無有，《山高》
一名《形勢》。」今本《管子》無《九府》篇，張固也認爲《九府》只是民間
藏書無有，根據司馬遷讀過來判斷「太史書」中是有的，《九府》應是今本《輕
重》十九篇中的前十二篇。〔註11〕張固也的說法略顯牽強，通過「《山高》一
名《形勢》」這句話來看，劉向意在特別說明某些篇章在校訂中出現的問題，
司馬遷見過《九府》，今民間無有，當在劉向時已佚。

　　《敘錄》最後，劉向對《管子》有個總體性的評價：「凡管子書，務富國
安民，道約言要，可以曉合經義。」〔註12〕這明確地反映了劉向校書的儒家
傾向，也反映了《管子》與儒家思想有通融之處。

　　《管子》在經劉向定型之後，流傳至今，由於舛脫損益，八十六篇的篇
目名稱今雖依舊存有，但實存有文本內容的只有七十六篇，共分爲八組、二
十四卷。其中「經言」九篇，「外言」八篇，「內言」九篇（丟佚兩篇），「短
語」十八篇（丟佚一篇），「區言」五篇，「雜篇」十三篇（丟佚四篇、補一篇），

〔註7〕屈萬里，先秦文史資料考辨〔M〕，臺北：臺北聯經出版事業公司，1983：426。
〔註8〕劉蔚華，苗潤田，稷下學史〔M〕，北京：中國廣播電視出版社，1992：323。
〔註9〕郭沫若，青銅時代〔M〕，北京：人民出版社，1954：271。
〔註10〕胡家聰，管子新探〔M〕，北京：中國社會科學出版社，2003：421。
〔註11〕張固也，《管子》研究〔M〕，濟南：齊魯書社，2006：53。
〔註12〕黎翔鳳，管子校注〔M〕，北京：中華書局，2004：4。

「管子解」五篇（丟佚一篇），「輕重」十九篇（丟佚三篇）。在丟失的篇目名稱下注有「亡」，爲何人所注，何時丟失，已無從知曉。《封禪》篇下注有：「元篇亡。今以司馬遷《封禪書》所載管子言以補之。」〔註13〕今本《封禪》是否爲劉向校定時的原貌，學界存有爭議，張文虎認爲今篇爲「移補」而來，洪頤煊、張佩綸、劉師培認爲即爲原篇〔註14〕。八組爲何人所爲，分組之義爲何，有些分組的名稱，如「區言」是何意，未有說明。張岱年先生認爲八組分類，可能是劉向所爲，劉向如是分類肯定有其根據，但這一根據是什麼，現在無從考知。〔註15〕

2.1.2 今本《管子》的流傳

在宋初「楊忱本」出現以前，今本《管子》的面貌和在世間的流傳情況，只能通過相關史籍的著錄介紹來加以瞭解。

首先，當然是《漢書・藝文志》，其保存了劉歆《七略》對其的著錄介紹，共八十六篇。不過，唐朝張守節在《史記正義》中所引用的《七略》卻云：「《管子》十八篇，在法家。」〔註16〕二者差異如此之大，遂使後代學者發生猜疑。有人認爲當時應有兩種《管子》版本流傳，一是劉向的「八十六篇」本，一是韓非子、司馬遷所見的「十八篇」本。「十八篇」本當爲原本，是劉向校定前的傳本，古丁〔註17〕、余敦康〔註18〕、張岱年〔註19〕、李曦〔註20〕、關鋒、林聿時〔註21〕皆有此說，更有國外學者認爲劉向的《管子》原爲十八篇，後來被遺失了，今「八十六篇」本《管子》及劉向《敘錄》皆爲後人僞作。〔註22〕對此，已有學者指明張守節提到的《七略》實爲梁阮孝緒《七錄》之誤，張

〔註13〕黎翔鳳，管子校注〔M〕，北京：中華書局，2004：951。
〔註14〕郭沫若，郭沫若全集・歷史卷（七）〔M〕，北京：人民出版社，1984：143～144。
〔註15〕張岱年，中國哲學史史料學〔M〕，北京：生活・讀書・新知三聯書店，1982：45。
〔註16〕〔漢〕司馬遷，史記〔M〕，北京：中華書局，1982：2136。
〔註17〕古丁，管子和管子書〔N〕，解放日報，1961～3～7。
〔註18〕余敦康，中國哲學論集〔M〕，瀋陽：遼寧大學出版社，1998：47，49。
〔註19〕張岱年，中國哲學史史料學〔M〕，北京：生活・讀書・新知三聯書店，1982：45。
〔註20〕李曦，《形勢》爲管仲遺著考證〔J〕，管子學刊，1991（4）：29～33。
〔註21〕關鋒，林聿時，春秋哲學史論文集〔M〕，北京：人民出版社，1963：145。
〔註22〕李克，管子研究在西方〔J〕，管子學刊，1989（2）：73～76。

守節在《史記（申不害傳）正義》、《史記（韓非子）正義》中兩引「阮孝緒《七略》」即爲明證，而「十八篇」可能爲「十八卷」之誤。梁阮孝緒的《七錄》首次將《管子》列爲法家。

　　《隋書‧經籍志》著錄：「《管子》十九卷，齊相管夷吾撰」，列法家。〔註23〕《舊唐書‧經籍志》著錄：「《管子》十八卷，管夷吾撰」，列法家。〔註24〕上述十八卷、十九卷之差，可能因「目錄卷」單獨列出所致，也可能爲《敘錄》單獨成卷，荷蘭學者范德龍指出：「十八卷與十九卷之別可能並不表明文本的編排眞有不同，而只是十九卷本的《敘錄》獨立成卷。」〔註25〕

　　成書於北宋慶曆元年（1041 年）的《崇文總目》著錄曰：「《管子》十九卷，唐國子博士尹知章注。按吳兢《書目》，凡書三十卷，今存十九卷，自《形勢解》篇而下十一卷已亡。」〔註26〕稍後的《新唐書‧藝文志》著錄爲：「《管子》十九卷，管仲」，「尹知章注《管子》三十卷」，列法家。〔註27〕今本《管子》尹注說始出現，但宋晁公武的《郡齋讀書志》引用唐杜佑《管子指略序》則記爲唐房玄齡注，二十四卷〔註28〕。今流行本《管子》，注者究竟是房玄齡還是尹知章，一直爭論較大。南宋鄭樵的《通志‧藝文略》乾脆將上述三種說法統統予以著錄：「《管子》十八卷，齊相管夷吾撰。又十九卷，唐尹知章注，舊有三十卷。又二十四卷，唐房玄齡撰。」〔註29〕

　　宋初以前的《管子》文本內容，現只能看到一些節選本，如魏徵的《管子治要》（收在《群書治要》）、馬總《管子要語》（收在《意林》）。唐杜佑著有《管子指略》兩卷，已佚，但他寫的《通典》中對《管子》有諸多摘錄，尤其《輕重》篇部分。另現有的敦煌抄本中有三則今本《管子》的條義：一是北京圖書館藏，書於唐昭宗天復二年（902）的敦煌殘卷「羽字四〇號「《爲政箴言（擬）》二則，節選自今本《管子》的《法禁》和《兵法》兩篇〔註30〕；一是羅振玉輯佚的《鳴沙石室佚書》有唐人書寫的北齊《修文殿御覽》敦煌

〔註23〕〔唐〕魏徵，隋書〔M〕，北京：中華書局，1973：1003。
〔註24〕〔五代〕劉昫，後唐書〔M〕，北京：中華書局，1975：2031。
〔註25〕張固也，《管子》研究〔M〕，濟南：齊魯書社，2006：27。
〔註26〕馬端臨，文獻通考〔M〕，北京：中華書局，1986：1738。
〔註27〕〔宋〕宋祁，歐陽修等撰，新唐書〔M〕，北京：中華書局，1975：1532。
〔註28〕〔宋〕晁俊武撰，孫猛校注，郡齋讀書志校證〔M〕，上海：上海古籍出版社，1990：491。
〔註29〕〔宋〕鄭樵，通知二十略〔M〕，北京：中華書局，1992：1651。
〔註30〕郭沫若，郭沫若全集‧歷史卷（七）〔M〕，北京：人民出版社，1984：3。

殘卷，節選自《霸形》篇。〔註31〕

今本《管子》的正式付梓刊行開始於宋朝，這與雕版印刷的逐漸發達應有直接關係。根據清代藏書家的著錄，宋代《管子》版本主要有兩種：張嶔校正本和蔡潛道墨寶堂本，二者皆源出宋初「楊忱本」，而後流行於世的《管子》又基本皆來源於張嶔校正本和蔡潛道墨寶堂本。今本《管子》前具有《楊忱管子序》，時間題為「大宋甲申秋九月二十三日」，目前學界已基本認可此楊忱為北宋仁宗時人，官至大理寺丞，善治《春秋》。「大宋甲申」當為仁宗慶曆四年（1044），這是目前所能確認的《管子》首次刊刻時間，學界習慣稱此為「楊忱本」。不過今天所能見到的最早刻本，準確地說應為「張嶔校正本」，其原貌來自於「楊忱本」，刻於南宋初紹興年間，故又稱「紹興本」。此本書後載有張嶔的《讀管子》一文，張嶔感其「舛脫甚眾」，且「其所未解尚十二三」，於是他根據上下文意，並「參以經史刑政」，對訛謬之處多有改正。〔註32〕可見「張嶔校正本」在保存「楊忱本」原貌的同時進行了校勘訂訛。除「張嶔校正本」外，「楊忱本」還有兩個傳世的本子即冶城山書房影刻本和上海涵芬樓的《四部叢刊》影印本存世。蔡潛道墨寶堂本，亦刻於南宋紹興年間，但至清末後不知所歸。

明代《管子》版本眾多，體式多樣，有補注本、白文本、校定本、評點本和朱墨套印本等等。在諸多版本中，有兩家最為著名，並形成後代《管子》版本的兩大系列。一是劉績《補注》本。劉績，字蘆泉，江夏人，明弘治三年進士。此本大約刊行於明弘治年間，故又稱為弘治刊本，《四庫全書總目》云：「明劉績撰……《管子》舊注，頗為疏略……績本之以作是注，故於舊解頗有匡正。皆服於原注之後，以績按別之。雖其循文詮解，於訓詁亦罕所考訂。而推求意義，務求明愜，較原注所得則已多矣。」〔註33〕屬於劉本系列的後有明成化間刊本、今北平圖書館藏的明鈔本、清乾隆間的《四庫全書》鈔本等。二是趙用賢的《管韓合刻》本，時間上雖晚於劉績本，但被公認為是明代最好的本子，流傳較廣，影響最大。趙用賢，常熟人，字汝師，明隆慶年間進士。此本於萬曆十年刊行，以宋楊忱本為底本，校正文義，並吸收

〔註31〕 羅振玉，鳴沙石室佚書正續編〔M〕，北京：北京圖書館出版社，2004：430
～431。

〔註32〕 黎翔鳳，管子校注〔M〕，北京：中華書局，2004：1544。

〔註33〕 〔清〕永瑢等，四庫全書總目提要〔M〕，北京：中華書局，1965：847。

了劉績本的成果，將其注附於眉端，且將章目予以了釐定，大大方便了人們的閱讀。趙本除《四庫全書》鈔本外，還有眾多的翻印本，最有代表性的是浙江書局《二十二子》本和中華書局《四部備要》本。

與明代專注版本雕刻刊行不同，清代伴隨著《管子》研究的深入，開始將注意力集中到了《管子》版本的校讎上，出現了一些比較著名的校本。如康熙年間的陸貽典用劉績本批校楊忱本，後又經黃丕烈加以覆校而成的《校管子補注》；顧廣圻用宋紹興刊本校訂而成的《校宋墨寶堂殘本管子》；瞿鏞以宋刊本爲底本校訂而成的《校宋本管子》；陳奐將蔡潛道墨寶堂本、張嶔校正本、趙用賢本、劉績本綜合加以對校而成的《校宋寶善堂本管子》；最爲著名、影響最大的是戴望《管子校正》本，據宋、元、明各版本及《太平御覽》等書，雜引王念孫的《管子雜誌》、張文虎的《管子校》、俞樾的《管子評議》等，並附己意。在刊行版本方面，著名的有浙江書局輯刊的《二十二子》本，上海掃葉山房石印《百子全書》本。

2.1.3　考古文獻中的古本《管子》

近些年來，由於考古發掘工作的深入開展，不斷有劉向整理之前的古本《管子》文獻問世，現簡單茲述於下。

1、銀雀山漢墓竹簡。1972 年，山東臨沂銀雀山漢墓竹簡中出土的一部古書——《〈守法〉〈守令〉等十三篇》。其中《王兵》篇與今本《管子》中《參患》、《七法》、《兵法》、《地圖》、《幼官》、《輕重甲》等篇文字相合，《參患》近半與《王兵》相合，《地圖》、《七法・選陣》幾乎全部都包括在《王兵》中；《田法》篇思想內容與今《乘馬》篇非常近似，尤其講「地均」之法的部分，文字類同。〔註34〕經對比研究，《王兵》篇是一篇完整的作品，而今本《管子》中各篇則顯露出割裂拼湊的痕跡，又整理小組認爲《〈守法〉〈守令〉等十三篇》爲戰國時作品，故《王兵》、《田法》可能爲劉向定型今本《管子》之前的古本「管子」一部分。

2、馬王堆漢墓帛書。1973 年底，湖南長沙馬王堆漢墓被成功發掘，出土了大量有價值的文物資料，如帛書《老子》甲、乙本。尤爲珍貴的是，在《老子》乙本卷前發現了一批古佚書，其中《經法》、《十大經》、《稱》、《道原》

〔註34〕銀雀山漢墓竹簡整理小組，銀雀山漢墓竹簡（一）〔M〕，北京：文物出版社，
　　　　1985：158，145～146。

四篇被唐蘭等學者考訂爲已失傳的《黃帝四經》。唐蘭在《馬王堆出土〈老子〉乙本卷前古佚書的研究》、龍晦在《馬王堆出土〈老子〉乙本前古佚書探原》中均認爲這些古佚書與古本「管子」有關。唐蘭列有「《老子》乙本卷前古佚書引文對照表」，從表中可以發現其《四經》與今本《管子》相同或相近的地方有 20 多處，比如「道生法」、「春夏爲德，秋冬爲刑」等。《黃帝四經》雖非古本《管子》，但二者在思想上明顯頗多相合，可作爲《管子》思想及學術史研究的重要參照。

3、上博簡。近些年來，上海博物館將其收購回來的戰國楚竹書不斷公佈，學界簡稱爲「上博簡」。有研究者認爲，其中有思想內容與《管子》相關：上博簡（二）《從政》中「聞之日：『善人，善人也』」與《管子・霸形》中「善人者，人亦善之」相類；上博簡（三）中的《恒先》篇「靜」、「虛」等概念近於《管子・心術上》中的「靜」、「虛」，「音、言、事」與《管子・內業》中的「音、言、使」相類；上博簡（五）中《鮑叔牙與隰朋之諫》與《管子・霸形》、《管子・戒》篇內容可以互證。〔註35〕

4、慈利楚簡。1987 年出土於湖南省慈利石板村，有與《管子》有關佚文，但因竹簡殘壞較甚，整理困難，至今內容尚未公佈。

2.2 《管子》著者之爭議

《管子》的內容極爲豐富，從傳統的學術思想分類角度來看，包含有道家、法家、儒家、陰陽家、兵家等諸多思想；從現代學科的分類角度來看，這些思想又可歸結到哲學、政治學、經濟學、法學、倫理學、軍事學、教育學、自然科學等領域；無所不包，是一部百科全書式的著作，見解精闢，思想深邃。但由於它究竟出於何人之手，至今難以定論，導致後代學者不敢輕易據用，著中國古代思想史者，經常避之不論，長期受到冷落，故《管子》的作者考證是歷來治《管子》者難以繞過去的問題。

今本《管子》爲劉向整理古本《管子》而來。劉向在《管子敘錄》中只指出了所校書的來源，並未說明它們的著者。從現僅存的七篇劉向所撰《敘錄》來看，他並非是以著者爲依據來收集整理、定本命名的，而是將與主題

〔註35〕劉信芳，竹書《鮑叔牙》與《管子》對比研究的幾個問題〔J〕，郭因，龔武，
　　　　管學論集（上）〔M〕，安徽：黃山書社，2010：336～344。

相關的內容編撰在一起。《晏子春秋敘錄》中就明言有「似非晏子言」〔註36〕，而且書中內容全是言行、故事，根本不可能為晏嬰所作；《戰國策書錄》中說的更明白，「中書本號，或曰《國策》，或曰《國事》，或曰《短長》，或曰《事語》，或曰《長書》，或曰《修書》」〔註37〕，之所以定名為《戰國策》，乃劉向認為其主要內容為戰國時遊士為所輔用之國的策謀。故《管子》之定名當是與管仲有關之作品之意。

　　依據劉歆《七略》的《漢書·藝文志》也未指其著者為誰，只是增加了班固的注釋。翻閱《漢書·藝文志》，可以發現，班固對所錄諸書的著者採取了比較嚴謹的處理。如《訓纂》下自注明確曰：「楊雄作」〔註38〕，《儒家言》、《道家言》等則曰：「不知作者。」大部分典籍，尤其先秦的，只是對作為書名的人物作一簡單介紹，並未明確此人就是書的著者。在《管子》條下，班固注釋曰：「名夷吾，相齊桓公，九合諸侯，不以兵車，有列傳」〔註39〕，很明顯班固只是對管仲作一簡介，並非如後人所理解的班固視管仲是《管子》的作者。從現存有的歷史文獻資料來看，明確將《管子》的著作權劃歸給管仲開始於《隋書·經籍志》，此後歷代官志、重要典籍遂都承襲了這一說法。

　　對《管子》為管仲所著最先表示懷疑的是魏晉時期的傅玄，故將《管子》著作權劃歸管仲可能在魏晉時就已經出現。傅玄認為「《管子》之書」「乃說管仲死後事」，「過半便是後之好事所加」，其中《輕重》篇極不符合他所信奉的崇仁興利、禮讓相利的立場，「尤復鄙俗」〔註40〕，從歷史事件先後次序和思想的屬性品質的角度提出質疑。傅玄的思想雖然以博雜著稱，《隋書·經籍志》將他列為雜家，但其思想還是以儒家為主導的。西漢昭帝時，以賢良文學為代表的儒家曾對以桑弘羊為代表的鹽鐵政策主張者予以猛烈批判，即鹽鐵會議。自此之後，「貴德而賤利，重義而輕財」儒家思想漸趨統治地位，這自然促發了傅玄的「《輕重》鄙俗」說的產生，而後世由於儒家思想長期「正統」地位的不失，這一「鄙俗」定性也一直難以消除，《管子》著者之爭也就此展開。

〔註36〕 吳則虞，晏子春秋集釋·劉向敘錄〔M〕，北京：中華書局，1962：50。
〔註37〕 〔漢〕劉向集錄，范祥雍箋證，范邦瑾協校，戰國策箋證·劉向書錄〔M〕，上海：上海古籍出版社，2006：1。
〔註38〕 〔漢〕班固，漢書〔M〕，北京：中華書局，1962：1720。
〔註39〕 〔漢〕班固，漢書〔M〕，北京：中華書局，1962：1729。
〔註40〕 〔宋〕劉恕，資治通鑒外紀〔M〕，四部叢刊初編（35），上海：商務印書館景印本，1919：27。

　　唐朝，《管子》著者的疑問漸增。《隋書·經籍志》雖明確《管子》為管仲所撰，但這可能只是官志修訂出於穩妥考慮而簡單地承襲了前人的觀點。曾也身為《隋書》編撰者的孔穎達則有不同見解，他在《春秋左傳正義》中就《管子·小匡》詳於《左傳》記述鮑叔返管仲於魯這一事件而發表議論認為「世有《管子》書者，或是後人所錄，其言甚詳。」〔註 41〕尹知章或房玄齡在《管子注》中開始對《心術上》、《管子解》提出質疑：「此已下，上章之解也，然非管氏之辭。豈有故作難書，而復從而解之？前修之制皆不然矣。凡此書之解，乃有數篇。」〔註 42〕杜佑在《〈管子指略〉序》中認為：「其書載管仲將沒，對桓公之語，疑後人續之。」〔註 43〕

　　宋人首次掀起《管子》辨偽之風。劉恕通過分析文中的「皇」、「帝」、「王」、「霸」等概念，指出《管子》書「雜孔子後人之語，校其歲月，非本書也。」〔註 44〕蘇轍在《古史·管晏列傳》中如是評價管仲：「刑賞必當，不以其私」，「抑強暴，扶寡弱，來之以禮，服之以義，不以力勝，不求苟得」，評價較高；在上述評價的基調下，他認為《管子》一書為戰國時人「因管子之說」益增而成，因為其「非管子之正」，難以與管仲思想相合；《管子》書「其廢情任法而遠於仁義」，對內採用「不訾」之智欺民，對外用石璧、菁茅之謀術傾軋臨國，毫無仁、義、誠、信可言，「多申、韓之言。」〔註 45〕朱熹也將《管子》歸於戰國時人的作品，「收拾仲當時行事言語」附會而成，其理由有：1、「著書者是不見用之人」，管仲身為齊國執政，忙於政事，加上又有「三歸」的習好，沒有閒工夫去著書；2、《管子》書中許多篇章義理、文風迥異，有類似老、莊宏遠之言，又有卑陋之言，而《弟子職》又全似曲禮；3、管仲功業著著，不會淺陋；4、管仲治齊最著名的內政分鄉之制，《國語》記載卻比《管子》為詳。〔註 46〕南宋葉適在《管子》考證上可謂貢獻最大，在其所著的《習學紀言序目》中，兩次論及《管子》的考證，其主要論

〔註 41〕〔清〕阮元，十三經注疏〔M〕，北京：中華書局，1982：1766。

〔註 42〕黎翔鳳，管子校注〔M〕，北京：中華書局，2004：766。

〔註 43〕〔宋〕晁俊武撰，孫猛校注，郡齋讀書志校證〔M〕，上海：上海古籍出版社，1990：491。

〔註 44〕〔宋〕劉恕，資治通鑒外紀〔M〕，四部叢刊初編，上海：上海書店，1985：22。

〔註 45〕曾棗莊，舒大剛主編，三蘇全書（第 4 冊）〔M〕，北京：語文出版社，2001：150。

〔註 46〕〔宋〕黎靖德，朱子語類（第八冊）〔M〕，北京：中華書局，1986：3252。

點如下：1、提出了「《管子》非一人之筆，亦非一時之書」的不刊之論，其說爲後代研《管子》者遵循至今；2、否認《管子》爲管仲所著，認爲是書爲「諸子辯士刻薄揣摩者附會其說」、「妄意窺測」而成，具體何人所爲，不知；3、具體理由有：（1）書中記載管仲以鹽策霸齊，而《左傳》中卻沒有記載；（2）書中提到春秋後期的人物、事件和言語，如毛嬙、西施、吳王好劍、「持滿定傾、不爲人客」（文種、范蠡所言）等；4、此書離管仲思想較遠，在後世的流傳中，更「與道絕」；5、《管子》書成後，存在師傳講習，保存較爲完好，爲當世流行之書，這在漢初賈誼、晁錯、司馬遷的著作中均有反映；6、直至漢成帝期間，劉向整理群書，古文經書盛行，《管子》的流行地位才下降；7、將《管子》、《左傳》、《國語》三者比較，發現《左傳》較全，《國語》最簡，故《管子》成書時間當爲二者之間。〔註47〕韓元吉觀點與上述幾人基本相似，將其定爲戰國時書，從「尙權術」、「務籠絡」、「愚民」「用力」、甚「駁雜」來看已有戰國之風，是「戰國遊士之術」。〔註48〕黃震認爲管仲爲政務實，而《管子》書中《心術》、《內業》等篇尊奉道家，《侈靡》、《宙合》等篇又虛隱怪語，應非管仲所著，但「不知誰所集」，從「龐雜重複」來看，「似不出一人之手。」〔註49〕宋人的觀點總括起來看，已經將管仲與《管子》的著者區別開來，認爲非管仲作，而是戰國時人的附會之作，且非一人、非一時。

明清時期學者在援引認可宋人的懷疑之風及其觀點的同時，又有自得之見。明朝朱長春在《管子權序》中將《管子》的作者和成書時間一分爲三，有「春秋之文，有戰國之文，有秦先周末之义」〔註50〕；春秋之义應爲《管子》最原始者，可見朱長春並不認爲《管子》全是後人僞作；《管子》中龐雜者有兩部分組成，一是戰國時稷下大夫所作，他首次將《管子》與「稷下大夫」相聯繫，二是周末秦先韓非、李斯輩襲商君以黨管氏而作。宋濂贊成朱熹、葉適的觀點，認爲《管子》「非仲自著」，並進一步舉「威公之死」、「五

〔註47〕 〔宋〕葉適，習學記言序目〔M〕，北京：中華書局，1977：620，663～668。
〔註48〕 〔宋〕韓元吉，南澗甲乙稿附拾遺〔M〕，上海：商務印書館，1986：326。
〔註49〕 〔宋〕黃震，黃氏日抄〔M〕，文津閣四庫全書本，卷55，北京：商務印書館，2006：14。
〔註50〕 〔明〕朱長春，管子權〔M〕，續修四庫全書本，上海：上海古籍出版社，2002：9～10。

公子之亂」等出自管仲之後的事例來論證。〔註 51〕清代學者姚際恒與朱長春
觀點類似，認為其中「有真書」但同時「雜以偽者」，作偽者為戰國周末之人，
如稷下游談者、韓非、李斯。〔註 52〕方苞認為《管子》中有真本，只是「其
本真蓋無幾」，大部分為「眾法家」「雜以道家之說，齊東野人之語」附綴而
成。〔註 53〕上述除宋濂外，與宋人觀點不樣的是認為《管子》中有部分為管
仲所作或是春秋時的作品，不再完全局限於戰國時期。此後，章學誠、嚴可
均等人從先秦諸子作品不必手著的著述特徵角度出發，將《管子》與管仲又
聯結在了一起。章學誠認為「古人並無私自著書之事」，《管子》在春秋時就
已有成書，雖非管仲自著，但也皆習管法者綴輯管仲言行而成。〔註 54〕嚴可
均更明確指出：「先秦諸子皆門弟子或賓客或子孫撰定」〔註 55〕，故也就無需
質疑是否為管仲自著。陳澧認為：「一家之書而有五家之學」，史記所引為管
仲「最精醇之語」，其駁雜者乃後人「附於《管子》書」。〔註 56〕《四庫全書
總目》的觀點則更為客觀，認為有手撰、語錄、家傳、箋疏等類不同材料，
只是不易區分。處於這一時期的日本學者安井衡認為：「《經言》九篇蓋成於
管敬仲之手矣，故尊稱《經言》，《外言》以下則承其學者述之。」〔註 57〕

　　近代，伴隨著疑古之風的盛行，又開始出現完全否定的觀點。胡適在《中
國哲學史大綱》中認為《管子》是後人將戰國末年的一些法家、儒家、道家
的議論並作一起，同時以偽造的桓、管問答，雜湊的管仲功業附會而成，基
本與管仲無關。〔註 58〕梁啓超起初在作《管子傳》時並不懷疑管仲為《管子》
的著者，但後受胡適的影響，觀點改變，竟稱《管子》為一「無系統的類書」，
「一小部分當為春秋末年傳說，其大部分則戰國至漢初遞為增益」〔註 59〕，
並在《古書真偽及其年代》裏將《管子》視為偽書之代表。黃漢認為《管子》

〔註 51〕　〔宋〕宋濂著，顧頡剛標點，諸子辨〔M〕，北京：樸社出版，1927：3。

〔註 52〕　〔清〕姚繼恒，古今偽書考及其他一種〔M〕，北京：中華書局，1985：27。

〔註 53〕　〔清〕方苞，方望溪全集〔M〕，四部叢刊本，上海：上海書店，1985：6。

〔註 54〕　〔清〕章學誠，文史通義〔M〕，北京：中華書局，1985：62。

〔註 55〕　余嘉錫，古書通例〔M〕，上海：上海古籍出版社，1985：120。

〔註 56〕　〔清〕陳澧，東塾讀書記〔M〕，北京：生活‧讀書‧新知三聯書店，1998：
235。

〔註 57〕　張固也，《管子》研究〔M〕，濟南：齊魯書社，2006：6。

〔註 58〕　胡適，中國哲學史大綱〔M〕，石家莊：河北教育出版社，2001：11。

〔註 59〕　梁啓超，飲冰室專集之八十四‧漢書藝文志諸子略考釋〔M〕，北京：中華書
局，1989：20。

爲戰國時代作品。〔註60〕傅斯年認爲《管子》最早不超過戰國中期，而且可能有很多是漢朝的作品，並斷言《管子》中沒有一個字是管仲所寫。〔註61〕羅根澤從字面著眼對《管子》進行了逐篇細緻的考證，認爲今存 76 篇中有46 篇爲戰國人作（其中 22 篇明標爲戰國末葉之作），30 篇爲秦至漢文、景、武、昭時作。胡寄窗認爲《管子》是戰國時代孟軻之後、荀況之前的作品，其基本經濟概念奠基者是管仲，一些崇奉他思想的學者用文字記載下他的言行。〔註62〕馬非百專對《管子·輕重》諸篇作了考證，認爲「是古人故弄玄虛，用僞裝的方法，在學術史上打的一個埋伏」，「與《管子》其他各篇不是一個思想體系。它是西漢末年王莽時代的人所作。」〔註63〕

在經歷了長期的質疑、辨析後，對於《管子》的著者，逐漸形成一時尚流行觀點：「稷下」說。「稷下」說最早由明清時期的朱長春、姚際恒提出，後被近、現代學者加以發展補充。雖統稱爲「稷下」說，但各自具體論述又有不同，主要有如下幾種觀點。1、顧頡剛、馮友蘭、胡家聰、白奚等認爲其全部爲「稷下」作品。顧頡剛認爲管仲是一個做實際政治工作的人，不會有閒工夫寫書，故《管子》應是一部「稷下叢書」。〔註64〕馮友蘭認爲《管子》「是稷下學術中心的一部論文總集」，是稷下學宮的「學報」，這個學報用齊國最有名的人管仲命名。〔註65〕胡家聰否定《管子》爲管仲遺著，認爲是作於戰國時的田齊，「出於著名的稷下學宮。」〔註66〕白奚認爲其是「稷下學宮鼎盛時期的產物」，在齊宣、閔王時期，稷下學宮中一批佚名的齊地土著學者，出於爭奪在稷下學宮中地位的目的，於是依託管仲編集而成，以此來保持、發揚齊學。〔註67〕2、郭沫若、劉蔚華、苗潤田等認爲部分是「稷下」作品，尤其像《心術》上下、《白心》、《內業》等篇。郭沫若認爲是戰國、秦、漢之

〔註60〕 黃漢，《管子》爲戰國時代作品考〔J〕，安徽大學月刊第二卷（6），1935。
〔註61〕 傅斯年，中國古代思想與學術十論〔M〕，桂林：廣西師大出版社，2006：125。
〔註62〕 胡寄窗，中國經濟思想史（上）〔M〕，上海：上海財經大學出版社，1998：288。
〔註63〕 馬非百，管子輕重篇新詮〔M〕，北京：中華書局，1979：4。
〔註64〕 顧頡剛，「周公制禮」的傳說和《周官》一書的出現〔J〕，文史（第六輯），北京：中華書局，1979：16。
〔註65〕 馮友蘭，中國哲學史新編（上）〔M〕，北京：人民出版社，1998：118。
〔註66〕 胡家聰，管子新探〔M〕，北京：中國社會科學出版社，2003：14，392。
〔註67〕 白奚，稷下學研究──中國古代的思想自由與百家爭鳴〔M〕，北京：生活·讀書·新知三聯書店，1998：216。

際的文字總匯〔註68〕，以秦、漢之際爲主，但有稷下先生的著作竄入。〔註69〕劉蔚華、苗潤田認爲：「既有春秋時代的文字，管仲的遺說，又有戰國及秦漢間的文章」，但並非「盡是稷下學者之文」。〔註70〕3、「稷下」風靡之後的餘韻作品。日本學者武內義雄認爲是「稷下學士的餘韻」作品，在時間上，最早只能追溯到宣王以前，是稷下學風風靡後，齊人託諸管仲以自重而作，如《白心》篇中的「尙法說」，有稷下道家向法家轉換時的代表者愼到的色彩。〔註71〕

在「稷下」說流行的同時，關鋒、林聿時觀點頗值得注意。相對來說，觀點比較客觀。他們認爲《管子》中《經言》各篇和《外言》中的《五輔》篇當爲管仲遺著，而《外言》其他各篇和《內言》各篇，一部分是對管仲思想的解釋和發揮，一部分是對其言論和行事的記錄，也是可信的。〔註72〕

綜上所述，《管子》的著者之爭實際可概括歸納爲三種意見：第一，管仲著；第二，非管仲著；第三，管仲及後人著。其過程大致經歷了這樣幾個階段：未明確標著作者（劉向的《敘錄》、《漢書‧藝文志》）、管仲著（魏晉及之前）、初步懷疑（傅玄）、「非一人之筆，亦非一時之書」定論（葉適）、戰國或及秦漢時作品（近代以來）。從一開始比較嚴謹的處理到習慣性的認定，從客觀平實的懷疑到激進偏頗地完全否定。對《管子》非管仲著的質疑基本從書中的人名（毛嬙、西施、百里溪、秦穆公）、地名（三晉）、事件（吳王好劍、威公之死、五公子之亂、楚王小腰、管仲死）、概念（皇、帝、王、霸、卿相、萬乘之國）、思想（兼愛、全生、寢兵）和文體形式（管子解）入手。這些確有可疑之處，但又是可疑者再見疑，難以完全否定。至於「稷下」說，張固也認爲目前有關稷下學宮的確切史料依舊較少，推測性程度比較大，「司馬遷等提及的稷下先生多數均有自己的著述，見於《漢書‧藝文志》的著錄，劉向不大可能將他們的作品編入《管子》，把它當作稷下先生的論文總集並不妥當」〔註73〕，這個認識是理性的。

〔註68〕郭沫若，管子集注〔M〕，北京：中國社會科學出版社，2003：14，392。

〔註69〕郭沫若，郭沫若全集‧歷史卷（第一卷）〔M〕，北京：人民出版社，1982：552。

〔註70〕劉蔚華，苗潤田，稷下學史〔M〕，北京：中國廣播電視出版社，1992：328。

〔註71〕〔日〕武內義雄，中國哲學思想史〔M〕，上海：商務印書館，1939：56。

〔註72〕關鋒，林聿時，春秋哲學史論文集〔M〕，北京：人民出版社，1963：137。

〔註73〕張固也，《管子》研究〔M〕，濟南：齊魯書社，2006：14。

近些年來，由於學術風氣的轉變，考古實物資料的出土，一味疑古的態度開始轉變，學術研究的視野、思路也逐漸開闊，在《管子》著者問題上開始出現「管仲學派」新提法。

2.3 管仲學派

2.3.1 「管仲學派」說法提出

最早提出「管仲學派」說法的是余敦康先生，他將《管子》的內容分爲兩部分：其中大部分是被稱爲「管仲學派」的作品，爲《管子》「原本」，在劉向編書前就已經廣泛流傳（韓非、賈誼、司馬遷所見即是），是戰國時期的齊人「繼承和發展管仲的思想而形成的一個學派」，已經形成一「完整的政治哲學體系」；另一小部分爲戰國稷下先生的作品，是在劉向編輯整理《管子》時被攙雜進去的。〔註74〕余先生在前人研究的基礎上，對《管子》著者進行了大膽的、比較合理的推測，提出「管仲學派」一說。他注意到在劉向編書之前，就可能存在比較完整的、已形成體系、以討論政治思想爲主題的《管子》原本；在《管子》的成書過程中，劉向的編校使《管子》的面貌發生了重要變化，攙雜入了稷下先生的作品；他還將「管仲學派」與「稷下學派」作了區分，雖都位於戰國這個時間段，但「管仲學派」是一批尊奉、繼承和發展管仲思想的人，而非指成分雜亂稷下諸先生。余敦康先生的「管仲學派」提法在《管子》研究史具有重要意義。一是他認可了《管子》的主體部分是一完整的政治哲學體系，明確了其主題是政治思想，並非無主題。二是將歷史上很大可能性存在的，以管仲思想爲承繼的「管仲學派」初貌勾勒了出來，《管子》不再無所歸屬。可以說，「管仲學派」的提出，使《管子》具有了獨立的思想價值和學術史價值。

繼余先生之後，不斷有學者認可「管仲學派」提法，比如張岱年先生，他在《齊學的歷史價值》一文中提出「管子學派」說，此提法在主體思路上與「管仲學派」說基本沒什麼區別，不過，在「學派」的具體成員的包涵上有所不一致。張先生也認爲「管子學派」是一批推崇管仲的齊國學者，但他並沒有將「管子學派」和稷下學士割裂，而是認爲在這批學者中，有部分本

〔註74〕余敦康，中國哲學論集〔M〕，瀋陽：遼寧大學出版社，1998：41，49。

身可能就是稷下學士。〔註 75〕胡家聰沿襲了張岱年的「管子學派」的提法，不過他卻將「管子學派」定位爲稷下學派裏的一個支系，同時否定《管子》爲春秋時的管仲遺著，將其完全歸屬於田齊變法時的稷下作品。〔註 76〕另外喬長路在《管子傳》中也認爲《管子》的部分篇章是管子學派的作品，不過，他的管子學派也是指「稷下學士」。〔註 77〕孫以楷先生在《稷下學宮考述》也提到「管仲學派」是稷下學宮裏的一個派別。〔註 78〕

近些年來，《管子》研究者不但達成歷史上存在「管仲學派」這一共識外，而且已不在將其僅局限在某個歷史階段，並認爲「管仲學派」是在時間向度上有著自己學術傳承的一個學派。日本學者金谷治從思想內容整體性的角度出發，認爲《管子》並非是一部稷下各種學派的著作雜集，而是齊地的一些土著學者，如淳于髡、公孫丑等，應當稱之爲管仲學派的著作，此年代也不再局限於戰國時段，而是從戰國直至前漢。〔註 79〕李學勤首先認爲歷史上存在著管子學派，其理由有兩點：1、《管子》書中體現了學派的核心領袖，雖「各篇思想固多歧異，然凡言及管仲者，其尊奉之則一」，如同戰國時儒家雖一分爲八，但都共同尊奉孔子一樣；2、先秦古籍中，稱爲「某子」的，經常都是一個具有歷史傳承的學派作品。李先生還進一步分析指出管子學派直到西漢依舊延續發展著，並對現實政治生活發生重大影響，這可以從司馬遷在《史記》中對其思想比較認可的記述和《鹽鐵論‧輕重篇》記有桑弘羊「修太公、桓、管之術」來反映得出；從《鹽鐵論》所反映出的儒學與《管子》輕重理論的衝突，可以說明在桑弘羊之後，管子學派傳流逐漸中斷。〔註 80〕戰化軍認爲《管子》是管仲學派的思想結晶，其中「不排除有管仲遺著」，但「主要是管仲後學整理管仲的言論、事蹟，闡發管仲遺說之作」，「由於管仲功業顯赫，『立言』精闢，其後學搜集、整理其言行，繼承、發揮其學說。」〔註 81〕池萬興將《管子》斷限爲「春秋管仲時代到戰國末年」，「齊王建時稷下學宮衰亡前的作品彙集」，是包含了「春秋時代齊國的史官以及管仲的門人

〔註 75〕張岱年，齊學的歷史價值〔J〕，文史知識，1989（3）。

〔註 76〕胡家聰，管子新探〔M〕，北京：中國社會科學出版社，2003：14，24。

〔註 77〕喬長路，管子傳〔M〕，濟南：齊魯書社，1982：23～24。

〔註 78〕孫以楷，稷下學宮考述〔J〕，文史（第二十三輯），北京：中華書局，1984：41～54。

〔註 79〕金谷治，稷下學與管子〔J〕，管子學刊，1989（3）。

〔註 80〕胡家聰，管子新探〔M〕，北京：中國社會科學出版社，2003：6～7。

〔註 81〕戰化軍，管仲評傳〔M〕，濟南：齊魯書社，2001：168～170。

弟子、後代，直到戰國田齊時代稷下學宮崇尙管仲功業的可以稱之爲『管仲學派』的稷下學士的論著」。〔註82〕

「管仲學派」的提出，一開始是爲了化解《管子》作者的爭議而來，但隨著共識的形成，研究的深入，「管仲學派」說漸趨成型，不再僅是考證學意義上的工具，而是一個歷史上可能存在的、一直並未發現的、新的學術思想派別。

2.3.2 《管子》的學派歸屬爭議

歷史上，《管子》的思想歸屬有道家說、黃老道家說、法家說、齊法家說、雜家說等多種說法，各執一端，莫衷一是。

首次著錄《管子》的《漢書·藝文志》將其列入道家類，《漢書·藝文志》是依據《七略》而來，故最早將《管子》列入道家的可能是劉歆。不僅於此，據說在宋版《道藏》中，《管子》還曾一度被收載，成爲道教經典。

《漢書·藝文志》認爲道家源出於史官。史官在記錄歷史上「成敗存亡禍福古今之道」〔註83〕的過程中，逐漸領悟了政治興衰的關鍵在於君主要正確掌握「南面之術」：秉要執本、清虛自守、卑弱自持。應注意的是，這只是道家對於君主政治的一自得認識，而非其政治學說的全部，禮學、仁義同樣爲道家所重視，這可以從《漢書·藝文志》特別提及了道家學說的一極端發展反推而得出，「及放者爲之，則欲絕去禮學，兼棄仁義，曰獨任清虛可以爲治。」〔註84〕對道家的思想特徵有比較詳盡闡釋的還有稍早司馬談的《論六家之要旨》，司馬談將當時「務爲治者」分爲六家：陰陽、儒、墨、名、法、道德，他對其中的「精神專一，動合無形，贍足萬物」的「道家」（即道德家）持贊賞認可態度。他總結出道家有如下之特徵：1、融合兼具諸家之長，「因陰陽之大順，採儒墨之善，撮名法之要」；2、無爲無不爲，「以虛無爲本，以因循爲用」、「不爲物先，不爲物後」、「指約而易採，事少而功多」；3、善於變易，「無成執，無常形」，與時遷，與物化，「立俗施事，無所不宜。」〔註85〕如以司馬談和《漢書·藝文志》所論述的道家特徵去比對《管子》，確有許多符應之處，比如本文將在主體部分論述其「無爲」政治，重禮、法，因人情等。

〔註82〕池萬興，《管子》研究〔M〕，北京：高等教育出版社，2004：63。
〔註83〕〔漢〕班固，漢書〔M〕，北京：中華書局，1962：1732。
〔註84〕〔漢〕班固，漢書〔M〕，北京：中華書局，1962：1732。
〔註85〕〔漢〕司馬遷，史記〔M〕，北京：中華書局，1982：3289；3292。

另外，從現存《管子》76 篇中，論「道」的就達 65 篇，「道」字共出現了 486 次這一現象，也能作一說明。「虛無無形謂之道」（《心術上》），「道也者，口之所不能言也，目之所不能視也，耳之所不能聽也」，「萬物以生，萬物以成，命之曰道」（《內業》），這是以虛無為本之道；「人道不順，則有禍亂」（《五輔》），這是在講存亡之道；「不自以為所貴，則君道也」（《乘馬》），這是君王南面之道；《內業》、《白心》、《心術》上下等篇，教人怎樣「修道、得道」，馬非百認為「內業」就是今天之氣功〔註 86〕。

從《隋書·經籍志》開始將《管子》列入法家，以後的歷代官志著作和目錄學著作都承襲其劃法。出現這樣變化的原因，可能跟道家學說自身的興衰變化有關。《管子》中論「法」的篇幅僅次於論「道」，韓非子曾「商、管之法」（《五蠹》）並提，至隋唐時，老莊之道又逐漸成為道家正統，那麼含雜法家思想的《管子》自然就被劃出道家，劃入法家。

20 世紀 70 年代以來，隨著黃老學、稷下學的興起，很多學者又進一步將《管子》細劃為黃老道家或齊法家。馮友蘭在《中國哲學史新編》中就認為《管子》的思想內容雖然較複雜，包含了例如儒家在內的一些思想，但其主要部分則是法家和黃老思想。〔註 87〕張岱年雖提出「管子學派」的說法，認為《管子》是齊國一批推崇管仲的學者所寫，不過他也如馮友蘭一樣，特別指出其主體部分是齊國法家的作品，這批學者被稱為「齊法家」。〔註 88〕胡家聰雖然在「管子學派」的成員內容與張岱年不一致，但在《管子》的主體思想與張岱年持相同看法，他認為從表面現象來看，《管子》中有法家、道家、儒家、兵家、名家、農家、陰陽家、輕重家等學說，但透過現象看本質，全書各篇實以齊法家政治思想為主導，齊法家著作約占三分之一。〔註 89〕白奚認為管仲是齊人心目中的法家先驅，與冷冰冰的、刀筆式的三晉法家不樣，《管子》中的法家思想以道家哲學為形而上學依據，吸收了儒、墨之思想，禮法並用，有著濃鬱的「齊法家」氣息〔註 90〕。需清晰一點的是，馮友蘭、張岱

〔註 86〕馬非百，《管子內業》篇之精神學說及其他〔J〕，管子學刊，1988（4）：5。

〔註 87〕馮友蘭，中國哲學史新編（上）〔M〕，北京：人民出版社，1998：54。

〔註 88〕張岱年，中國哲學史史料學〔M〕，北京：生活·讀書·新知三聯書店，1982：47。

〔註 89〕胡家聰，管子新探〔M〕，北京：中國社會科學出版社，2003：22。

〔註 90〕白奚，稷下學研究——中國古代的思想自由與百家爭鳴〔M〕，北京：生活·讀書·新知三聯書店，1998：219～220。

年、胡家聰等提出黃老、齊法家的說法，都只是從《管子》的主體思想角度出發去定性的，他們並沒有武斷地認為黃老或齊法家是《管子》思想的全部，這也意味著黃老或齊法並不能代表《管子》思想的全部。

正史、典籍中，並沒有將《管子》列為雜家的。不過，前人學者中，余敦康、郭沫若、侯外廬、任繼愈、呂思勉、呂振羽等，都曾將《管子》列為雜家或指出有「雜」的特徵。郭沫若就將稱其定性為「雜燴」，而且提出「當分析出若干類集以進行研究」〔註91〕，這意味著《管子》中許多部分的思想內容是互不關聯的，無系統、主體思想的，是輯錄他書資料的「類書」。呂思勉明確稱其為「雜家」，他說：「《管子》，《漢志》隸之道家，《隋志》隸之法家」，書中道、法家思想「精絕」，與老、莊、商、韓相比，「理精文古」，不過「關涉他家處尤多」，如陰陽家、兵家、縱橫家、農家，「實成無意中之雜家。」〔註92〕呂振羽曾準備以《管子》來論證封建初期的「新興地主——商人」政治，但由於自己不能考訂其著作時代而割棄，同時他特別強調《管子》「非一人一時所作」，如果任將其「作為一個思想家的思想體系來看」，並不妥當。〔註93〕與上述相反，張岱年在提出「管子學派」說、將其主體思想定為齊法家的同時，明確反對「雜家」說，他認為《管子》只是表上類似雜家，實際「是一部綜合性的系統性的著作」，其中心觀點是法教統一。〔註94〕

中國傳統的學術思想派別的劃分於戰國末期就已有端倪。在一些先秦諸子的作品中，如《莊子・天下》、《荀子・非十二子》、《呂氏春秋・不二》、《尸子・廣澤》、《韓非子・顯學》等，已開始以子為名，就子論子，概述他們的思想特點，不過此時家、派意識並不強。漢初司馬談在《論六家要旨》中首次把先秦諸子分為陰陽、儒、墨、名、法、道六家。劉歆在其父卒後，主持校書，「總群書而奏其七略。」〔註95〕劉歆在《七略・諸子略》中對諸子學說進行了系統概述，並分為儒、道、陰陽、法、名、墨、縱橫、雜、農、小說十家。「十家」分法在《漢書・藝文志》中被尊奉繼承，為後人認可，沿用至今。這一定式的學術思想派別劃分模式，在促進學術史研究的同時，也帶來了束縛、拘泥的負面效果。細究傳統的學派劃分，其缺點是明顯的：學派名

〔註91〕郭沫若，郭沫若全集・青銅時代〔M〕，北京：人民出版社，1982：551。
〔註92〕呂思勉，先秦學術概論〔M〕，北京：中國大百科全書出版社，1985：47。
〔註93〕呂振羽，中國政治思想史〔M〕，北京：人民出版社，2010：86。
〔註94〕張岱年，齊學的歷史價值〔J〕，文史知識，1989（3）：8～10。
〔註95〕〔漢〕班固，漢書〔M〕，北京：中華書局，1962：1701。

稱的確定沒有統一標準（有的以創始人命名，有以思想主張命名，有以學科命名），而且不管是司馬談還是劉歆、班固，都有鮮明的家派傾向；這就導致「他們既沒有全部概括和劃分當時所有的學派，也未能準確地反映各學派的本質特徵」。〔註96〕

班固在著《漢書·藝文志》時，對《管子》進行學說歸屬時已顯出複雜難定情形，他雖將《管子》主要放在道家類中加以著錄，但又將《管子》中的《弟子職》篇列入了儒家，另在兵法類中實也有《管子》，只是考慮到重複而刪去未錄。上述道家說和法家說認為《管子》是有思想體系的，雜家說認為其無思想體系，黃老道家、齊法家則是從其思想的複雜多樣性出發，認為是以一家為主，同時兼蓄了別家的思想。這些足以說明《管子》的內容十分豐富程度，從中能找到與各家各派相同或相似的觀點，但無論哪一家派又都不能將它全部包容。

在《管子》的學術派別爭議中，首先要排除的是「雜家「說。對「雜家」的界定，見於《漢書·藝文志》和《隋書·經籍志》。《漢書·藝文志》謂：「雜家者流，蓋出於議官。兼儒、墨，合名、法，知國體之有此，見王治之無不貫，此其所長也。及蕩者為之，則漫羨而無所歸心。」〔註97〕《隋書·經籍志》說：「雜者，兼儒、墨之道，通眾家之意，以見王者之化，無所不冠者也。古者，司史歷記前言往行，禍福存亡之道。然則雜者，蓋出史官之職也。放者為之，不求其本，材少而多學，言非而博，是以雜錯漫羨，無所指歸。」〔註98〕概括起來看，雜家特點如下：一是兼、合、通眾家學說；二是「雜」之目的（即本）為「王治」、「王者之化」，同時緣由也正在於「王治」的「無不貫」、「王者之化」的「無所不冠」；三是「蕩者」、「放者」離本而無所歸。馮友蘭、侯外廬等先生認為先秦雜家是調和折中主義，學無所主並沒有自己的學術宗旨。但也有學者並不這麼認為，比如近代學者張琦翔就說：「雜家者，雜取眾說而能自立宗旨」，「雜即調和意義。調和並非湊合，亦非混合中和，兼揉眾長，捨去其短，免去矛盾，融合為一。」〔註99〕孟天運通過解析《呂氏春秋》的主旨是「王治」而認為雜家有學術宗旨〔註100〕。潘俊傑在《先秦雜家研究》

〔註96〕王德敏等，管子十日談〔M〕，合肥：安徽文藝出版社，1997：17。

〔註97〕〔漢〕班固，漢書〔M〕，北京：中華書局，1962：1742。

〔註98〕〔唐〕魏徵，隋書〔M〕，北京：中華書局，1973：1010。

〔註99〕張琦翔，秦漢雜家學術〔M〕，北京：京華印書局，1948：1。

〔註100〕孟天運，《呂氏春秋》的思想主旨是「王治」〔J〕，暨南學報（哲學社會科學

中也認爲雜家的宗旨即政治實用主義的「王治」〔註101〕。對此，拋卻「雜家」只是後人的命名，自始至終並未有形成自覺的派別意識。首先，孟天運、潘俊傑混淆了「學術目的」和「學術宗旨」兩個概念。準確地說，「學術宗旨」包括外在的「學術目的」，另外應還含具內在的思想主張和形式等內容，即通過什麼以實現學術目的，如儒家的「仁」、「禮」，道家的「自然」、「無爲」，法家的「法」、賞罰等。「王治」實只是學術目的，並非學術宗旨，正如《易經》所謂「天下一致而百慮，同歸而殊途」，諸子百家之學術目的實爲「皆務爲治者」。其次，兼、合、通眾家學說也難以實現終極的「一」。如《呂氏春秋》雖採取了《十二紀》、《六論》、《八覽》的「天、地、人」形式加以組織，但書中各部分的思想依舊很容易看出出處的不同。將不同派別的思想通過調和而形成的「一」與立足於自家同時對別人加以吸收而成的「一」有著本質的不同，後者如荀子、韓非子等，他們在吸收別人思想的同時，有著自己獨到的見解。因此，正如侯外廬所說：「《呂氏春秋》因爲它是『諸子之說兼有之』，即調和折衷的緣故，所以任何一說都沒有徹底，不能創立一個體系」〔註102〕，自然也就無學術宗旨可言。雜家的上述特點：無學術宗旨或以「王治「爲學術宗旨，從《管子》的思想內容看，並不符合，這將在本文後面的論述中逐步闡述。從劉向對《管子》的評價來看：「務富國安民，道約言要，可以曉合經義」，他也是認爲其有學術宗旨的。

至於道家、法家或兼蓄融合的黃老道家、齊法家等說，也都確從某一角度對《管子》的本質要義有所把握，只是在語詞形式上，難以真正全面概括《管子》的思想內容。

2.3.3 《管子》是「管仲學派」的作品

李學勤先生曾認爲從晚周到漢初，是中國學術思想發展演變的一大關鍵時期，但由於材料文獻的短缺，「除少數經籍外，戰國各家到漢初孰佚孰存，如何流傳，罕有材料可尋。連子書纂輯形成，其間經歷怎樣的具體過程，人們了解的也頗有限。總的說來，秦代前後一段，即公元前三世紀的學術史，可謂荊棘叢生。」〔註103〕

版），1999（6）：69～71。
〔註101〕潘俊傑，先秦雜家研究〔M〕，西安：陝西人民出版社，2011：14。
〔註102〕侯外廬，中國思想通史（一）〔M〕，北京：人民出版社，1957：660。
〔註103〕胡家聰，管子新探〔M〕，北京：中國社會科學出版社，2003：6。

　　「管仲學派」說是在《管子》的長期研究過程中，逐漸積累，各方均可能予以認可的一種提法。它產生於這樣的背景：1、目前尚沒有確實的資料來認定《管子》的著者；2、《管子》思想內容複雜多樣，很難用傳統的「九流十家」說予以準確的表達。「管仲學派」的提出，可以擺脫上述學術史考證的困境，從一個嶄新的角度，在更長的時間跨度裏，更寬泛的思想空間中，更合乎書義、合歷史地去探討《管子》。因此，特以注明：1、「管仲學派」可能只是歷史上存在過的一種思想傾向，並非確指管仲本人真正組織過這樣一個學派；2、「管仲學派」既包含《管子》的著者在內，還應包括對「管學」的研究者和社會實踐者。隨著研究的不斷深入，在《管子》學術史考證上，未來有可能會突破「管仲學派」說而有更準確的提法。

　　前面已述「管仲學派」的緣起以及各自對「管仲學派」內涵的界定，在總結前人研究的基礎上，本文以為「管仲學派」應包括管仲本人、門人弟子、同時代的支持者以及直至漢初的歷代沿習者，尤其是戰國末期稷下學宮中的崇尚管仲者和漢初的黃老之學者。《管子》實即為這一系列人物不斷創造的產物，而「管仲學派」也可大致分為以下幾個階段：

　　一、管仲執政時期。包括管仲本人、門人弟子和同時代的支持者。在《管子》的著者爭議中，雖多人將管仲排除在外，但很少有人否定《管子》中含有管仲的思想。管仲在齊國的成功改革，既緣於管仲的個人能力與素質，也在於外在的有利條件。改革是一個披滿荊棘的歷程，需要廢除舊的、不合時代的東西，會觸犯某些既得利益者，要做前所未做的事，要不斷嘗試、摸索，如果管仲沒有良好的個人能力，不敢觸動舊的制度，是不可能成功的。當然，改革光靠一人之力是不可能完成的，還必須有一些得力的助手。《管子·小匡》篇記載：「陞降揖讓，進退閑習，辨辭之剛柔，臣不如隰朋，請立為大行。墾草入邑，闢土聚粟，多眾，盡地之利，臣不如寧戚，請立為大司田。平原廣牧，車不結轍，士不旋踵，鼓之而三軍之士視死如歸，臣不如王子城父，請立為大司馬。決獄折中，不殺不辜，不誣無罪，臣不如賓胥無，請立為大司理。犯君顏色，進諫必忠，不辟死亡，不撓富貴，臣不如東郭牙，請立以為大諫之官。」隰朋、寧戚、王子城父、賓胥無、東郭牙皆是因管仲推薦而擔任要職，並後來成為他推行改革、治理齊國的重要支持者。另外，他還通過建立一整套的人才選拔制度招攬人才，「於子之鄉，有居處為義好學，聰明質仁，慈孝於父母、長弟聞於鄉里者，有則以告。有而不以告，謂之蔽賢，其

罪五。……於子之鄉，有拳勇股肱之力，筋骨秀出於眾者，有則以告。有而不以告，謂之蔽才，其罪五」（《管子・小匡》）。這些被推薦的、被選拔上的人以及管仲的門人弟子都應是其思想的支持者，也是「管仲學派」的第一批人。

《淮南子・要略》曰：「齊桓公之時，天子卑弱，諸侯力征，南夷北狄，交伐中國，中國之不絕如綫。齊國之地，東負海而北障河，地狹田少而民多智巧，桓公憂中國之患，苦夷狄之亂，欲以存亡繼絕，崇天子之位，廣文武之業，故《管子》之書生焉。」〔註104〕這是古本《管子》成書的最早記載，將其定位於桓管時期，潛在地認為當時可能存在「管仲學派」。章學誠在《文史通義》裏說：「春秋之時，管仲嘗有書矣，然載一時之典章政教，則猶周公之有官、禮也。記管仲之言行，則習管氏法者所綴輯，而非管仲所著述也。」〔註105〕余嘉錫曾說：「父傳之子、師傳之弟，則謂之家法。六藝諸子皆同。故學有家法，稱述師說者，即附之一家之中。……學不足以名家，則言必稱師，述而不作，雖筆之於書，仍為先師之說而已。原不必與一家之中分別其孰為手撰，孰為記述也。況周、秦、西漢之書，其先多口耳相傳，至後世始著竹帛。……故有名為某家之學，而其書並非某人自著者。」〔註106〕《管子》中的「經言」部分很有可能就是這個時候的作品。

二、管仲死後至戰國中期。司馬遷說：「管仲卒，齊國遵其政，常強於諸侯。」〔註107〕齊國能在管仲死後，仍能常強於諸侯，與繼續沿習管仲思想的「管仲學派」很有關係。《國語・晉語》記載晉公子重耳避難齊國時，欲「安齊而終焉」，貪圖享樂，其妻姜氏以管仲之言勸諫：「昔管敬仲有言，小妾聞之，曰：『畏威如疾，民之上也。從懷如流，民之下也。見懷思威，民之中也。畏威如疾，乃能威民。威在民上，弗畏有刑。從懷如流，去威遠矣，故謂之下。其在辟也，吾從中也。《鄭詩》之言，吾其從之。』此大夫管仲之所以紀綱齊國，裨輔先君，而成霸者也。」〔註108〕這是發生在管仲去世若干年後的事，管仲的言論仍廣泛流傳，與「管仲學派」的存在應不無干係。春秋末期，

〔註104〕何寧，淮南子集釋〔M〕，北京：中華書局，1998：1460。

〔註105〕〔清〕章學誠著，葉瑛校注，文史通義校注〔M〕，北京：中華書局，1985：62。

〔註106〕余嘉錫，四庫提要辯證〔M〕，昆明：雲南人民出版社，2004：514～515。

〔註107〕〔漢〕司馬遷，史記〔M〕，北京：中華書局，1959：2133～2134。

〔註108〕徐元誥，國語集解〔M〕，北京：中華書局，2002：324～325。

齊景公要求晏嬰能重興「管子之業」,「遂武功而立文德」〔註109〕,這說明春秋末年管仲學說依舊流行。

有學者認爲《老子》中的天道自然、效法天地、欲取於先及禍福轉化等思想都可以在《管子》書中找到雛形,而且《老子》在語言文字上也有襲用和模擬《管子》的情形。〔註110〕《論語》中也多有孔子評價管仲的言論。這些都是管仲學說影響的例證。

《管子·水地》篇中有:「(水)人皆服之,而管子則之;人皆有之,而管子以之。」王德敏認爲這句話透露了管仲學派在積極進行學術活動的信息:第一,關於水是萬物本原的思想是管仲提出來的;第二,這篇文章不是管仲寫的,是管仲後學整理、闡發的;第三,他不像其他篇章裏桓公、管仲並提,管子是作爲一個思想學說的創立者出現。〔註111〕

三、稷下學宮時期。這一階段是「管仲學派」發展的又一重要時期。稷下學宮始建於田齊桓公時期,威、宣時期達到鼎盛。司馬遷在《史記·田敬仲完世家》記載:「宣王喜文學遊說之士,自如騶衍、淳于髡、田駢、接予、慎到、環淵之徒七十六人,皆賜列第,爲上大夫,不治而議論。是以齊稷下學士復盛,且數百千人。」〔註112〕唐司馬貞《史記索隱》引劉向《別錄》:「齊有稷門,齊城門也。談說之士期會於其下。」〔註113〕稷下學宮歷六代君主,長達150多年,人數達數千人,「不治而議論」,對管仲思想多有闡述。《樞言》篇首引「管子曰」,篇尾曰:「吾畏事,不欲爲事;吾畏言,不欲爲言。故行年六十而老吃也」,有人以爲這恰是一位怕事的老先生結結巴巴講課情形的表述。

孟子曾爲稷下學士,《孟子·公孫丑上》說:「子誠齊人也,知管仲、晏子而已矣」〔註114〕,足以說明其時管仲學說在齊國的影響力。齊襄王時期,稷下學士魯仲連還引用管仲的「不羞小節,而恥功名不顯於天下」的話語勸降。《韓非子·五蠹》說:「今境內之民皆言治,藏商、管之法者家有之。」〔註115〕

〔註109〕吳則虞,晏子春秋集釋〔M〕,北京:中華書局,1962:188。
〔註110〕柳存仁,道家與道術〔A〕,道家文化研究(十五輯)〔C〕,北京:生活·新知·三聯書店,1999:1～24。
〔註111〕司馬琪,十家論管〔M〕,上海:上海人民出版社,2008:489。
〔註112〕〔漢〕司馬遷,史記〔M〕,北京:中華書局,1982:1895。
〔註113〕〔漢〕司馬遷,史記〔M〕,北京:中華書局,1982:1895。
〔註114〕楊伯峻,孟子譯注〔M〕,北京:中華書局,1960:51。
〔註115〕〔清〕王先慎撰,鍾哲點校,韓非子集解〔M〕,北京:中華書局,1998:451。

這不但反映了管仲學說在當時家喻戶曉，而且被重視程度超過了其他學派。

《管子》中的《內業》、《心術》、《白心》、《管子解》等多篇都可能是在這個階段撰寫、增補和加工的。

四、秦漢時期。戰國末並提的「商、管之法」，由於韓非綜合了法家各派之長，影響較大，「商、韓之法」逐漸取而代之，成為先秦法家主流。秦滅六國後，稷下學宮也隨之解散。管仲學派的學說影響有所減弱，但並沒有就此銷聲匿跡。「漢初學者講習尤著，賈誼晁錯以為經本」〔註 116〕，黃老之學的大行其道，《鹽鐵論》中關於鹽鐵經營問題的爭論以及桑弘羊對管仲學說的繼承，都是「管仲學派」依舊存在的反映。司馬遷在《史記·管晏列傳》中說：「吾讀管氏《牧民》、《山高》、《乘馬》、《輕重》、《九府》，及《晏子春秋》，詳哉其言之也。既見其著書，欲觀其行事，故次其傳。至其書，世多有之，是以不論，論其軼事。」〔註 117〕這段話可含有以下幾層意思：1、「既見其著書，欲觀其行事」表明司馬遷認為《管子》乃管仲所寫，無絲毫懷疑；2、當時的《管子》書應為散落的篇章，而且非常流行，「世多有之」，有「管學」之勢；3、司馬遷作《管仲列傳》，主要是「論其軼事」，即書中未記載者。由此，可推斷今本《管子》與《管仲列傳》中所記軼事相重複者可能為「管學」後人所為。

王國維、郭沫若、羅根澤、馬非百、葉世昌等很多學者認為《管子》中的《輕重》十九篇是這一時代作品。他們的觀點是否成立，仍有待探究，但管仲思想在這個階段可能依舊在以一個學派的力量發生著影響。

漢武帝「罷黜百家，獨尊儒術」後，管仲學說思想的地位逐漸衰落、沉寂，明代趙用賢在《管子書序》中有分析：「夫五伯莫盛於桓公，而管仲特為之佐。自其事羞稱於聖門，而其言悉見絀，以為權謀功利，學者鮮能道之」〔註 118〕。唐朝《管子》研究雖再次興起，並在宋、明、清及至今多次繁榮，但只局限在後人的學術研究層面，安邦治國層面上的「管仲學派」已不復存在。

春秋戰國時，喜稱「某子」，除去有尊稱層面的意思外，還有類於今天學術帶頭人的意味，並由此成為「某某學派」的代名詞。而以「某子」作為書

〔註 116〕〔宋〕葉適，習學記言序目〔M〕，北京：中華書局，1977：663。

〔註 117〕〔漢〕司馬遷，史記〔M〕，北京：中華書局，1959：2136。

〔註 118〕劉柯，李克和，管子譯注〔M〕，黑龍江：黑龍江人民出版社，2004：577。

名，自然就成為該學派的典籍。從《管子》書本身來看，其內容全面完整，無所不包，於先秦古籍中罕見；思想一貫，禮法並用、政教結合、義利並舉；結構嚴密，八個部分，大有寓義。宣兆琦說：「《管子》產生於九流十家之前，而成熟於諸子百家取長補短、互相吸收之際」，「是一門撥亂反正、安邦理民、富國強兵、平治天下的經世致用之學。」〔註119〕

〔註119〕宣兆琦，齊文化發展史〔M〕，蘭州：蘭州大學出版社，2002：166，167。

第三章 《管子》的「至善」政治理念

　　人是社會性存在，不能脫離社會，在社會生活、生產中，彼此發生關係，並進而形成了大大小小、各式各樣的組織。人不僅是社會人，而且還是政治人，亞里士多德說：「人天生是一種政治動物，在本性上而非偶然地脫離城邦的人，他要麼是一位超人，要麼是一個鄙夫。」〔註1〕人離不開社會，同樣也很難與政治脫離干係。「政治」的定義有多種多樣，如國家意志的表達〔註2〕，管理眾人的事務（孫中山），觀點和利益不一致前提下的決策機制〔註3〕等等。不管給予「政治」以何種定義，古今中外的政治家和政治思想家們都經常在思考著這樣的一些問題：什麼才是理想的政治秩序？這種理想的政治秩序如何才能夠實現？「至善」是西方政治哲學中的一個重要範疇，中國傳統政治思想的一個核心內容也是「求善」，那麼以「治國」為自己核心主旨的《管子》是如何看待這一問題的呢？

3.1 「善」和「至善」要義

　　政治上的「善」概念源自於倫理學中的一般的「善」概念，「至善」的政治也就是將倫理學中的「至善」在政治學層面上加以運用。「善」原本是西方倫理學中的一個核心範疇，喬治·摩爾認為倫理學就是一門關於「善」和「惡」

〔註1〕〔古希臘〕亞里士多德著，吳壽彭譯，政治學〔M〕，北京：中國人民大學出版社，1994：6。

〔註2〕〔美〕弗蘭克·J·古德諾，政治與行政〔M〕，北京：華夏出版社，1987：12。

〔註3〕〔英〕戴維·米勒，韋農·波格丹諾編，鄧正來主編譯，布萊克維爾政治學百科全書〔M〕，北京：中國政法大學出版社，2002：583～584。

的討論學科。那麼「善」究竟是什麼？摩爾說這是一個麻煩的問題，「善」是不可定義的，「如果我被問到『什麼是善』，我的回答是：善就是善，並就此了事。或者，如果我被問到『怎樣給『善』下定義』，我的回答是，不能給它下定義；並且這就是我必須說的一切。」〔註4〕

「善」是否如摩爾所說不能定義呢？假如「善」真的不能定義，那麼「善」包含的一些要素是否可以知曉呢？對此，我們可以通過考查「善」和「至善」在西方倫理學中的發展歷程來尋求答案。

在希臘文中，「善」和「惡」分別是由「勇敢」（agatho）和「儒弱」（kako）演變而來。在蘇格拉底之前，畢達哥拉斯學派認為「善」和「惡」是十對對立本原中的第九對，赫拉克利特認為「善」和「惡」是一回事，他們都沒有對「善」進行深入的探究，只是一般、抽象地提出了「善」概念。〔註5〕蘇格拉底認為：「善」是極其重要的，是公眾生活所唯一的需要；真正的「善」是超越了一切具體的善的「善本身」，人可以通過理智來把握「善的真本性」，「如果知識包括了一切的善，那麼我們認為美德即知識就將是對的」〔註6〕，「知識」是「善」的「本性」指向，是「善」的認識和實現途徑；人自身心靈深處的「善」有節制、正義、虔敬、勇敢等；在理智地把握了「善的真本性」後，自然就會激勵出實踐中的公正行為。柏拉圖繼承了蘇格拉底對「善的真本性」的探討，認為「善理念」是理念的頂點，是存在等級中的最高實在，是包括理念世界在內的萬物終極本原，是人的理性達到的認識的最高對象和目的；他進一步將「至善」規定為「善的理念」、「靈魂的善」，是「最高善」，人只有通過理智的思考才能超越自身有限的本性而成為神，達到「至善」；「善」和純淨的靈魂相聯繫，「善」和美是一回事；「善」是個人的倫理道德行為，國家施政的依歸或最高準則，快樂、幸福、治國的技藝等僅僅是達到「善」的手段；〔註7〕城邦的最高德性是正義，是一種「至善」，是城邦生活的目的。〔註8〕亞里士多德開始把「至善」用於社會政治道德領域，認

〔註4〕〔英〕喬治・摩爾，倫理學原理〔M〕，上海：世紀出版集團，2005：11。
〔註5〕馮契，哲學大辭典〔M〕，上海：上海辭書出版社，2007：1548。
〔註6〕北京大學哲學系，外國哲學教研室編譯，古希臘羅馬哲學〔M〕，北京：生活・讀書・新知三聯書店，1957：164。
〔註7〕馮契，哲學大辭典〔M〕，上海：上海辭書出版社，2007：1548。
〔註8〕〔古希臘〕柏拉圖著，郭斌和、張竹明譯，理想國〔M〕，北京：商務印書館，1986：157。

爲萬物皆有目的，目的就是萬物的「善」，人也有目的，人生的最高目的是「至善」，「至善」是倫理學、政治學的根本問題；「至善」不僅存乎心，還須見之行動；「至善」就是幸福，但人人各有其幸福觀，倫理學的使命就在於探求理想的幸福；〔註9〕「這是一種高於人的生活，我們不是作爲人而過這種生活，而是作爲在我們之中的神。他和組合物的差別有多麼的巨大，這種活動和其他德性的活動的差別也有多麼的巨大」；〔註10〕亞里士多德的「至善」觀開始調和感性與理性、德性與幸福享樂之間的矛盾。早期斯多亞學派把「善」和有用等同起來。

在希臘、羅馬化時期，昔勒尼學派和伊壁鳩魯學派擴展了蘇格拉底的「善」概念中的「快樂」，「快樂是幸福生活的開始和目的。因爲我們認爲幸福生活是我們天生的最高的善，我們的一切取捨都從快樂出發：我們的最終目的是得到快樂，而以感觸爲標準來判斷一切的善。」〔註11〕犬儒學派和斯多葛派則強調人的本性在於神，在於理性，符合本性、神、理性的生活就是「至善」。

中世紀的基督教認爲在世俗生活中人是沒有眞正的幸福可言的，爲了得救，人必須信仰上帝，把「善」指向了上帝意志。奧古斯丁、阿奎那對此均有比較充分的論證。

近代伴隨著工業的發展，像英國的經驗論、感覺論及功利主義者認爲一般世俗的幸福才是「至善」。笛卡爾、斯賓諾莎和萊布尼茨則主張用理性來指導生活，「以理性作指導而尋求自己的利益的人，他們所追求的東西，也即是他們爲別人而追求的東西，所以他們都是公正、忠誠而高尚的」〔註12〕，「至善」是人的心靈與整個自然相一致的知識。

康德認爲「道德的善」還不是「完全的善」，只有道德行爲和幸福的結合才是「至善」，但它不可能在經驗世界中實現；如要達到至善，只有超出感覺世界，信仰靈魂不朽和主宰道德秩序的上帝。〔註13〕黑格爾將康德抽象的「善良意志」改造爲具體的「倫理的善」，並提出了「善就是合法的福利」。

〔註 9〕 馮契，哲學大辭典〔M〕，上海：上海辭書出版社，2007：1548。
〔註10〕 〔古希臘〕亞里士多德全集（第 8 卷）〔M〕，北京：中國人民大學出版社，1994：228。
〔註11〕 周輔成，西方倫理學名著選輯（上卷）〔M〕，北京：商務印書館，1964：103。
〔註12〕 〔荷〕斯賓諾莎著，賀麟譯，倫理學〔M〕，北京：商務印書館，1958：209。
〔註13〕 馮契，哲學大辭典〔M〕，上海：上海辭書出版社，2007：1548。

近代實用主義者皮爾斯、劉易斯認爲「至善」就是邏輯學、美學和倫理學的結合。〔註14〕

「善」和「至善」的概念因時代不同、哲學家分析角度不同，所得出的解釋也不同。雖確如喬治・摩爾所說難有個統一的定義，但也並非不能給予說明。概括起來，大概有下述要義：

1、善和惡是倫理學中相對立的一對範疇；

2、善包括勇敢、節制、秩序、正義、公正、虔敬、快樂、幸福、美、有用等特質；

3、善可分爲一般的、抽象的善和具體的善，前者存在於理念的世界、神的世界，是萬物終極的根源，最高的目的，後者存在於現實世俗的世界；

4、善是公眾生活的必須，是個人道德倫理行爲的準則，是國家施政的準則；

5、善可以通過感觸、知識來加以認識；

6、善是邏輯學、美學、倫理學的結合；

7、善不僅存在於內心，還應見之於行動，是心靈與整個自然的一致；

8、至善就是最崇高的善。

總之，「至善」是人類對幸福生活的一種追求。傳統的觀點認爲，「至善」的實現主要通過三個路徑：個人修養、社會道德和宗教救贖，這是立足於道德、文化、宗教層面的考量。在各種組織、共同體普遍存在的人類社會，「至善」的實現還有第四個路徑——國家政治。柏拉圖的理想國、亞里士多德的政治學理論都是意圖以政治的「至善」來實現人類社會生活的「至善」。

政治的「善」與一般道德的「善」有相似性，它們都是從社會內部引出所欲的目標，人們按照合理的準則行動，以期遂其所願，但同時由於政治活動的特殊性，政治的「善」和道德的「善」也有些區別：1、主體不同，政治的「善」的主體是政府等，道德的「善」是個人；2、著眼點不同，政治的「善」關注社會整體，道德的「善」關注個體道德；3、依據不同，政治的「善」依據現實，要從實際出發，道德的「善」依據崇高，道德就是要高於現實，我行我素；4、評價的尺度不同，政治的「善」主要看結果，道德「善」主要看道德主體本身的行爲是否崇高；5、所用方式不同，政治的「善」帶有強制性，體現在制度上，道德的「善」則不是。

〔註14〕馮契，哲學大辭典〔M〕，上海：上海辭書出版社，2007：1548。

　　政治是管理人的一個複雜工程，涉及的領域廣、因素多，如經濟、法制、軍事、文化等。有時表面看起來或初衷是「善」，但最終卻可能損害了大多人的利益，因此政治的「至善」是絕不能僅作抽象層面的考慮，要依據現實，著眼社會整體，重視利益結果，是一種實踐、理想雙重層面上的「至善」。

3.2　先秦政治思想的核心主旨——「求善」

　　周桂鈿在《中國傳統政治哲學》中將哲學劃分爲三大類：求眞的哲學（宇宙論、邏輯學、知識論和科學哲學等），求善的哲學（道德倫理學、政治哲學、宗教哲學等），求美的哲學（包藝術哲學、美的哲學等），並且總的來說，西方哲學是一種求眞的哲學，而中國哲學是一種以政治哲學、倫理學爲主，救世濟民的求善哲學。〔註15〕

　　中國傳統哲學產生於春秋戰國的亂世環境中，那個時代的思想家以救世濟民爲自己的歷史使命，社會國家如何組織、管理，人際關係如何處理等是他們經常思考的問題。與西方哲學脫離現實、重視思辯不同，中國傳統哲學與社會現實緊密聯繫，對政治起指導作用。

　　在先秦時期諸多政治思想體系中，「求善」是他們的核心追求，如善道、王道、德政、仁政等理論的提出。「善」與「惡」的理念貫穿著始終：人性論、君臣關係、道德教化、宗法親情、修身、齊家、治國、平天下，涉及到倫理、宗教、政治、教育等領域。我們日常所說的明君、昏君，忠臣、姦臣，仁政、暴政，清官、貪官，治世、亂世也都是一種善或惡的表達。

　　「求善」這一政治理想在他們對理想化的社會模式的憧憬、描繪和論證中反映出來。早在殷商時期，就已經有了「德」、「禮」、「重民」、「正法度」等政治概念，這證明當時的人們開始面對現實的社會矛盾和政治得失，並進行著應然與實然的「求善」追尋。西周初年，兼有政治思想家和實際政治家雙重身份的周公經常稱頌先聖，將理想與現實相結合，採取肯定和批判的辦法，以論證基本的政治原則，正式開始探尋「求善」政治之路。我們習慣將先秦的主要政治思想體系概括爲儒、道、墨、法四家，對於他們的政治思想特色，梁啓超用無治主義、禮治主義、人治主義、法治主義四大潮流〔註16〕

〔註15〕周桂鈿等，中國傳統政治哲學〔M〕，石家莊：河北人民出版社，2007：4。
〔註16〕梁啓超，先秦政治思想史〔M〕，天津：天津古籍出版社，2003：222～225。

予以概括，也就是四種「爲政」「求善」的方法。

儒家的政治思想以孔、孟、荀三人爲代表，特別關注社會現實，講德治、仁政、王道。孔子經常「祖述堯舜，憲章文武」（《禮記・中庸》），把世道分爲「有道之世」和「無道之世」，把君主區分爲「有道之君」和「無道之君」。「有道之世」是孔子的理想政治：等差有序，仁和中讓，道德境界，君王聖明。孔子講「仁」，講「愛人」，「博施於民而能濟眾」（《論語・雍也》）；在國家治理上，提出「行夏之時，乘殷之輅，服周之冕，樂則韶舞」（《論語・衛靈公》）；要求通過學習，提高自身修養，「苟正其身矣，於從政乎何有？不能正其身，如正人何」（《論語・子路》），通過自身的「善」來達到政治的「善」。孟子講人性善，講「王道」，主張「仁政」，「昔者文王之治岐也，耕者九一，仕者世祿，關市譏而不徵，澤梁無禁，罪人不孥。老而無妻曰鰥，老而無夫曰寡，老而無子曰獨，幼而無父曰孤。此四者也，天下之窮民而無告者。文王發仁施政，必先斯四者」（《孟子・梁惠王下》），「以不忍人之心，行不忍人之政」（《孟子・梁惠王上》）。孟子還提出了「民本論」，「民爲貴，社稷次之，君爲輕」（《孟子・盡心下》），統治者要愛護人民，保護人民。荀子主張「王治」，在《王制》篇系統地描述了「王者之政」、「王者之人」、「王者之制」、「王者之論」、「王者之法」，「田野什一，關市幾而不徵，山林澤梁以時禁發而不稅，相地而衰政，理道之遠近而致貢，通流財物粟米，無有滯留，使相歸移也。四海之內若一家，故近者不隱其能，遠者不疾其勞，無幽閒隱僻之國莫不趨使而安樂之。」總之，儒家希望通過人治、禮治來實現至善至美的「有道之世」。

道家以老、莊、鶡冠子爲代表，他們提出一種「自然境界」的理想王國：自然、混沌、無欲、無爲。《老子》六十一章對當時各諸侯國以力相尙，妄動干戈的混亂秩序提出批評，並主張建立一種和諧的社會政治：「故大國以下小國，則取小國。小國以下大國，則取大國。故或下以取，或下而取。大國不過欲兼畜人，小國不過欲入事人。夫兩者各得其所欲，大者宜爲下。」在具體的國家建構上，主張「小國寡民」更適合社會政治的發展：「小國寡民，使有什佰之器而不用，使民重死而不遠徙。雖有舟輿，無所乘之。雖有甲兵，無所陳之。使民復結繩而用之。甘其食，美其服，安其居，樂其俗。鄰國相望，雞犬之聲相聞，民至老死，不相往來」（《老子・八十章》）。莊子認爲最好的社會是「至德之世」，「吾意善治天下者不然。彼民有常性，織而衣，耕

而食,是謂同德。一而不黨,命曰天放。故至德之世,其行填填,其視顛顛。當是時也,山無蹊隧,澤無舟梁;萬物群生,連屬其鄉;禽獸成群,草木遂長。是故禽獸可係羈而遊,鳥鵲之巢可攀援而窺。夫至德之世,同與禽獸居,族與萬物並。惡乎知君子小人哉!同乎無知,其德不離;同乎無欲,是謂素樸。素樸而民性得矣」(《莊子‧馬蹄》),激烈批判對自由的桎梏,主張世界的普遍和諧。戰國末期的鶡冠子提出了「大同之制」,「泰一者,執大同之制,調泰鴻之氣,正神明之位也」(《鶡冠子‧泰鴻》),「少則同儕,長則同友,游敖同品,祭祀同福,死生同愛,禍災同憂,居處同樂,行作同和,弔賀同雜,哭泣同哀」,最終達到「疇合四海,以爲一家」(《鶡冠子‧王鈇》)。在治國方式上,道家主張「無爲」,「治大國若烹小鮮」(《老子‧六十章》),雖然《鶡冠子》吸收了別家思想,主張「任賢使能」,「刑德並用」,但其精神還是「無爲」,梁啓超稱其爲「無治主義」。

墨家以墨子爲代表。墨子一生到處奔走,上說下教,爲各國排憂解難,可以用「興天下之利,除天下之害」(《墨子‧兼愛下》)概括之。在《墨子‧魯問》篇他提出了治國的十大主張:「兼愛」、「非攻」、「尚賢」、「尚同」、「節用」、「節葬」、「非樂」、「非命」、「尊天」、「事鬼」。《墨子‧非命上》說:「言有三表。何謂三表?子墨子言曰:有本之者,有原之者,有用之者。於何本之?上本之於古者聖王之事。於何原之?下原察百姓耳目之實。於何用之?廢以爲刑政,觀其中國家百姓人民之利」,這是衡量是否「善政」三條標準,最終實現「刑政治,萬民和,國家富,財用足,百姓皆得暖衣飽食,便寧無憂」(《墨子‧天志中》)的理想社會。墨子的主張與儒家有很多相似之處,言必稱先王之道,反對「自愛」、「自利」,主張「兼愛」、「交利」,借助「刑政」,依靠「政長」的力量,實現「尚同」。梁啓超稱其是「人治主義」和「法治主義」。

法家以韓非子爲代表。他在《大體》篇中描述了這樣一個理想的社會:「至安之世,法如朝露,純樸不散;心無結怨,口無煩言。故車馬不疲弊於遠路,旌旗不亂於大澤,萬民不失命於寇戎,雄駿不創壽於旗幟;豪傑不著名於圖書,不錄功於盤盂,記年之牒空虛。」如何實現「至安之世」,他提出「因道全法」。顯然,法家屬於法治主義者。

上面僅以四家舉例說明,先秦諸子中,尚還有農家、縱橫家、陰陽家等,他們的學術思想中照樣都帶有「求善」的傾向,不一而論。中國古代沒有出

現類似西方政治學意義上的「至善」理論；《大學》裏「大學之道，在明明德，在親民，在止於至善」中的「至善」主要還是指「爲政」者個人倫理道德的修養，並非指整個國家政治體系的「至善」；《管子》中《幼官》和《兵法》篇中有「至善不戰」，也僅是軍事層面的言說。不過，「至善」的政治追求在先秦時期是不容置疑地存在著的。

3.3 《管子》書中的「至善」之國

政治「至善」在內涵上已超越了倫理道德的「至善」，它引入了政治學的內容，要比單純的道德「至善」複雜的多，必須直面政治現實的檢驗。上述諸子的身份皆只能是政治思想家，而非政治實踐家，正由於這一身份原因，使他們「求善」的政治理想經常是各偏一隅，或重禮，或重法，或重自然，或重仁愛，反而離「至善」目標越來越遠。管仲是春秋初期著名的政治家，《管子》一書雖有後人的作品，但其思想也基本是來自於管仲的政治實踐，因此，「百科全書式」的《管子》，以治國爲務，離「至善」政治理想最近。

今本《管子》分爲八組，「經言」九篇爲第一組，「是全書中的經典論述」，「自成一個相對完整的思想體系」〔註 17〕，主要內容就是政治思想。它是全書的綱領，《牧民》爲綱領之首，其首節是「國頌」，「頌，容也。謂陳爲國之形容」〔註 18〕，也就是全書所要構建的理想國：凡有地牧民者，務在四時，守在倉廩。國多財則遠者來，地辟舉則民留處，倉廩實則知禮節，衣食足則知榮辱，上服度則六親固，四維張則君令行。（《管子·牧民》）即在《管子》看來，一個理想的國家應是這個樣子：國多財（國家財力富足）、地辟舉（土地多得開發）、倉廩實（糧倉充實）、衣食足（衣食豐足）、上服度（長者行爲符合法度）、四維張（禮義廉恥張行天下）、遠者來（遠者皆來投奔）、民留處（老百姓安居樂業）、知禮節（人們遵守禮節）、知榮辱（懂得榮辱）、六親固（宗法體系穩固）、君令行（君令貫徹執行）。《管子》的其他篇章均圍繞這個理想國的設想而展開論述。

儒、墨、道、法皆有自己理想政治，如前所述，正因爲他們只是政治思想家，非執一國之政的政治實踐家，故他們所暢想的是「社會」的至善至美。

〔註 17〕 張固也，《管子》研究〔M〕，濟南：齊魯書社，2006：66。
〔註 18〕 黎翔鳳，管子校注〔M〕，北京：中華書局，2004：3。

《管子》則不同，它是站在國家（諸侯國）的角度去設想的。前者只能說是「理想社會」，後者則可謂「理想國」。立足於「治國」的現實，《管子》就不可能僅談道德、自然或法令。在《管子》的理想國中，國家經濟的發展、老百姓的豐衣足食、人口數量的增加、道德制度的張行、宗法體系的穩固、君主意志的貫徹，這幾大方面雖彼此存在著先後的因果聯繫，但在國家層面上都是一樣重要。

如果說《牧民》篇是從正面的角度提出了「善」國的標準，《八觀》篇則從反面的角度論述了何為「不善」國。1、饑國：其耕之不深，芸之不謹，地宜不任，草田多穢，耕者不必肥，荒者不必墝，以人猥計其野，草田多而闢田少者；2、貧國：山澤雖廣，草木毋禁，壤地雖肥，桑麻毋數，薦草雖多，六畜有徵；3、侈國：主上無積而宮室美，民家無積而衣服修，乘車者飾觀望，步行者雜文采，本資少而末用多者；4、虛國：臺榭相望者，民毋餘積，眾有遺苞，道有損瘠；5、亂國：民不修廉，士不及行，法令毀於官，黨與成於下，鄉官毋法制，百姓群徒不從；6、弱國：不論功能而有爵祿，不論才能而得尊位；7、滅國：法虛立而害疏遠，令一布而不聽者存，賤爵祿而毋功者富，然則眾必輕令而上位危；8、亡國：諫臣死而諛臣尊；私情行而公法毀，悅商販而不務本貨，民偷處而不事積聚，內無良臣，外有強敵。逆反的論證，使正面的標準更明確，而且還起到警戒、防患於未然的作用，避免執政的偏向。

「至善」之國作為《管子》的核心追求，在其他篇章中也多有陳述，如《五輔》篇：「田疇墾而國邑實，朝廷閒而官府治，公法行而私曲止，倉廩實而囹圄空，賢人進而奸民退。其君了，上中正而下餡諛；其士民，貴勇武而賤得利；其庶人，好耕農而惡飲食，於是財用足而食飲薪菜饒。是故上必寬裕而有解舍，下必聽從而不疾怨，上下和同而有禮義，故處安而動威，戰勝而守固，是以一戰而正諸侯」，「上下有義，貴賤有分，長幼有等，貧富有度」；《重令》篇：「朝有經臣，國有經俗，民有經產。」

《管子》不但明確列出了「至善」之國的標準，而且提供了其實現的基本途徑和原則。

> 故省刑之要，在禁文巧。守國之度，在飾四維。順民之經，在明鬼神，祗山川，敬宗廟，恭祖舊。不務天時則財不生。不務地利則倉廩不盈。野蕪曠則民乃菅，上無量則民乃妄，文巧不禁則民乃淫，不璋兩原則刑乃繁。不明鬼神則陋民不悟，不祗山川則威令不

聞，不敬宗廟則民乃上校，不恭祖舊則孝悌不備。四維不張，國乃
滅亡。(《牧民‧國頌》)

「國頌」的下半節從正、反兩方面提綱挈領地論述了「善政」的根本所
在：禁止文巧，重視本業；整飾四維，重視德治；明鬼神，祇山川，敬宗廟，
恭祖舊，重視宗法；務天時、地利，重視經濟。

《五輔》提出五項爲政的方法和原則。1、「德有六興」：厚其生，輸之以
財，遺之以利，寬其政，匡其急，振其窮。2、「義有七體」：孝悌慈惠，以養
親戚；恭敬忠信，以事君上；中正比宜，以行禮節；整齊撙詘，以辟刑僇；纖
嗇省用，以備飢饉；敦懞純固，以備禍亂；和協輯睦，以備寇戎。3、「禮有八
經」：上下有義，貴賤有分，長幼有等，貧富有度。4、「法有五務」：君擇臣而
任官，大夫任官辯事，官長任事守職，士修身功材，庶人耕農樹藝。5、「權有
三度」：上度之天祥，下度之地宜，中度之人順。「德」、「義」、「禮」、「法」、「權」
五種「治術」在相輔相成，兼用並舉，包攬了儒、墨、道、法諸家方法。

《立政》篇：

> 期而致，使而往，百姓捨己，以上爲心者，教之所期也。始於
> 不足見，終於不可及，一人服之，萬人從之，訓之所期也。未之令
> 而爲，未之使而往，上不加勉而民自盡竭，俗之所期也。好惡形於
> 心，百姓化於下，罰未行而民畏恐，賞未加而民勸勉，誠信之所期
> 也。爲而無害，成而不議，得而莫之能爭，天道之所期也。爲之而
> 成，求之而得，上之所欲，小大必舉，事之所期也。令則行，禁則
> 止，憲之所及，俗之所被，如百體之從心，政之所期也。

提出了理想政治在「教」、「訓」、「俗」、「誠信」、「天道」、「事」、「政」
七個方面所應期盼的最佳效果，由「教」、「訓」開始，順從民意，立於道德，
符合天道，最後成事、政立。

何爲「政」？《法法》篇謂：「政者，正也。正也者，所以正定萬物之命
也。是故聖人精德立中以生正，明正以治國。故正者，所以止過而逮不及也。
過與不及也，皆非正也。」「明正以治國」道出了爲政的精髓所在——「正」，
不偏不倚，公正無私。《管子》認爲天、地、水、土皆有公正無私的特點，「如
地如天，何私何親？如月如日，唯君之節」(《牧民》)，「天公平而無私，故美
惡莫不覆；地公平而無私，故小大莫不載」(《形勢》)，「天主正，地主平」(《內
業》)，「(土)其德和平用均，中正無私」(《四時》)，「(水)量之不可使概，

至滿而止，正也」(《水地》)。公正無私爲宇宙間萬物之共性，「是故聖人若天然，無私覆也；若地然，無私載也。私者，亂天下者也。」將自然法則的「正」引入政治，使其有了道德、價值的規束。

《山至數》篇記載：

> 桓公問管子曰：「梁聚謂寡人曰：『古者輕賦稅而肥籍斂，取下無順於此者矣。』梁聚之言如何？」管子對曰：「梁聚之言非也。彼輕賦稅則倉廩虛。肥籍斂則械器不奉，而諸侯之皮幣不衣。倉廩虛，則傳賤無祿。外皮幣不衣於天下，内國傳賤，梁聚之言非也。君有山，山有金，以立幣。以幣准穀而授祿，故國穀斯在上，穀賈什倍。農夫夜寢蚤起，不待見使，五穀什倍。士半祿而死君，農夫夜寢蚤起，力作而無止。彼善爲國者，不曰使之，使不衍得不使；不曰貧之，使不得不用。故使民無有不得不使者。夫梁聚之言非也。」桓公曰：「善。」

這段的主題是用「輕重之術」來「善爲國」。齊桓公借用梁聚的口道出前人的治國經驗，即「輕賦稅而肥籍斂」，這樣就會「取下無順於此」，管子則給予了否定。管子認爲，輕賦稅不見得就能使民「順」，「輕賦稅而肥籍斂」的結果是「外皮幣不衣於天下，内國傳賤」，也就是說既沒的吃也沒得穿用，怎麼可能讓老百姓聽你的呢？要想「善爲國」，除去德性外，還需借用人本圖利的動力以及輕重之術，「以幣准穀」，最後是「士半祿而死君，農夫夜寢蚤起，力作而無止」，這就叫「不得不使」。治理國家是個複雜事情，德、禮、義、法皆可爲人所崇尚，惟獨「權」常被人視作鄙俗，「輕重之術」即爲「權」之一，在爲政中同樣重要。

可以說《管子》的「至善」之國及其「善政」充滿著現實主義色彩，關注民生，以國爲本，發展經濟，重視宗法，在「治術」上，「德」、「義」、「禮」、「法」、「權」五種俱全。

3.4 《管子》「至善」理念的哲學基石

「管仲學派的哲學思想是和他們的政治思想密切結合在一起，並直接爲政治思想服務的。」〔註19〕《管子》以治國爲宗旨，以「至善」爲政治理想，

〔註19〕任繼愈，中國哲學發展史（先秦）〔M〕，北京：人民出版社，1983：370。

其哲學基石主要有三個：天道論、心術論和有機整體論。

3.4.1「天道」論

談「天道」，首先要明白「天」這個概念的涵義。「天」是先秦哲學經常探討的主題之一。殷周之際，「天」是作爲人格化的至上神出現的，掌控著人的命運，給人帶來福祉和平安，但同時也會帶來災難，西周後期開始產生了怨天、恨天、罵天的思想，這在《詩經》中表現的特別明顯。在責難、質疑的過程中，自然對「天」的認識呈現出多樣化的趨勢，不再是單一的至上神。

馮友蘭認爲在中國傳統哲學中「天」字有五種涵義：物質之天，與地相對；主宰之天，所謂皇天上帝，有人格意義，如「獲罪於天，無所禱也」（《論語・八佾》）；運命之天，人生中所無可奈何，「若夫成功則天也」（《孟子・梁惠王下》）；義理之天，宇宙之最高原理，如《中庸》中「天命之爲性」；自然之天，如《荀子・天論》中的「天」。〔註20〕那麼《管子》中的「天」爲何意呢？據統計，《管子》中的「天」使用次數達801次，這個數字僅次於主張「天志」說的《墨子》（909次）〔註21〕，一說824次〔註22〕。

《管子》中，人格化的、宗教性的、至上神意義上的「天」還是存在著，這裡我們將其稱爲「神秘之天」。這種「天」已不再是《管子》所認識的「天」，它的存在有其特殊的理由：一是作爲教化的工具，一是作爲諸侯國之間鬥爭的工具。《管子》中《幼官》、《封禪》之意也均在此。

> 公曰：「國門則塞，百姓誰衍敎，胡以備之？」「擇天之所宥，擇鬼之所當，擇人天之所戴，而巫付其身，此所以安之也。」（《侈靡》）

齊桓公問：「國門因人多而阻塞，百姓們爭攘喧鬧，怎麼辦？」管仲說：「交給那些被上天寵祐的、鬼神所富裕的、百姓所愛戴的去維護，老百姓自然就安定了。」這裡就透露出在世俗觀念中，人們還是相信人格意志「天」的存在，其實這一觀念在科學發達的今天依舊沒有消失，故「與俗化」的管仲還是選擇承認這個「神秘之天」的存在，有利無害，「順民之經，在明鬼神，祈山川，敬宗廟，恭祖舊」（《牧民》）。

〔註20〕馮友蘭，中國哲學史〔M〕，北京：中華書局，1947：55。

〔註21〕馮禹，試論《管子》中關於「天」的思想〔J〕，管子研究（第一輯），濟南：山東人民出版社，1987：105～113。

〔註22〕池萬興，《管子》研究〔M〕，北京：高等教育出版社，2004：92。

龍鬥於馬謂之陽，牛山之陰。管子入復於桓公曰：「天使使者臨
君之郊，請使大夫礿餙、左右玄服，天之使者乎！天下聞之曰：『神
哉齊桓公，天使使者臨其郊。』不待舉兵，而朝者八諸侯。此乘天
威而動天下之道也。故智者役使鬼神，而愚者信之。」(《輕重丁》)

這裡的「天」也很明顯，依舊是「神秘之天」，由於各諸侯國都相信這種
「天」的存在，管仲就將其拿來作為「工具」而使用，借「天威」之名以實
現役使諸侯而「動天下」目的。

《管子》自己認識的「天」是什麼樣子呢？《管子‧形勢解》曰：「天，覆
萬物，制寒暑，行日月，次星辰」，這是對「天」自然功用的描述，覆蓋萬物，
規制寒暑，運行日月星辰；《牧民》篇曰：「如天如地，何私何親」，與《老子》
第五章「天地不仁，以萬物為芻狗」相類，去除了「天」的人格屬性；《乘馬》
篇曰：「天也，莫之能損益也」，否定了西周以來的以德配天說；《形勢》篇曰：
「天不變其常，地不易其則」，「日月不明，天不易也。山高而不見，地不易
也」，《君臣》篇曰：「天有常象，地有常形。」可見，《管子》自己認識的「天」
只是一種自然存在，是一種沒有感情和意志的「自然之天」。《管子》還經常
將「天」「地」連起來使用，「把『天』與『地』從哲學的高度聯繫起來，大
量地相連或相對使用『天』『地』二字，這是對傳統神學的背離。」〔註23〕

在長期的對天、地、萬物樸素的認知下，人類的思維逐漸開始了哲學式
的思考，中國傳統哲學的重要範疇「道」產生了。「道」本意為通達的大路，
《說文解字》說：「道，所行道也，一達謂之道。」〔註24〕後來引申為人或
物所遵循的軌道，日月晕辰所遵循的稱為天道，人類生活所遵循的稱為人
道。〔註25〕再後來，哲學意義上的「道」就產生了，老子提出了「道」的新
說，「在天地萬物複數之道之上再談出個唯一的道來，不能不承認是老子的
獨創。」〔註26〕老子的「道」包含有宇宙起源、萬物生成和運動的過程、存
在本體等多層內容。《管子》中也有許多篇章論述「道」，最為引人注目的如
《心術》上下、《白心》和《內業》四篇。

〔註23〕 馮禹，試論《管子》中關於「天」的思想〔J〕，管子研究（第一輯），濟南：
山東人民出版社，1987：105～113。

〔註24〕 〔漢〕許慎撰，〔清〕段玉裁注，說文解字注〔M〕，上海：上海書店，1992：
475。

〔註25〕 張岱年，張岱年全集（第四卷），石家莊：河北人民出版社，1996：475。

〔註26〕 謝揚舉，道家哲學之研究〔M〕，西安：陝西人民出版社，2003：145。

　　《管子》中的「道」有與老子之「道」相類似的特徵。1、「道」是萬物之本原，生成萬物。「凡道無根無莖，無葉無榮，萬物以生，萬物以成，命之曰道」（《內業》），「原始計實，本其所生」（《白心》），「萬物崇一，陰陽同度，曰道」（《正》）。2、「道」具有至高無上性。「道也者，通乎無上，詳乎無窮，運乎諸生」（《宙合》）。3、「道」超言無形。「虛無無形謂之道」，「道也者，動不見其形，施不見其德，萬物皆以得，然莫知其極」，「可以安而不可說」（《心術上》）；「道其本至也，至不至無」（《心術下》）；「不見其形，不聞其聲，而序其成，謂之道」，「道也者，口之所不能言也，目之所不能視也，耳之所不能聽也」，「凡道無根無莖，無葉無榮，萬物以生，萬物以成，命之曰道」（《內業》）。4、「道」虛靜無為。「無為之謂道」，「必知不言、無為之事，然後知道之紀」（《心術上》）5、「道」普遍統一。「道之所言者一也」（《形勢》）；「道也者，萬物之要也」（《君臣上》）6、「道」永恆不變。「古以至今，不更其道」（《形勢解》）；「遍流萬物而不變」（《心術上》）；「大以理天下而不益也，小以治一人而不損也」（《小乘》）。7、「道」之反。「驕之餘卑，卑之餘驕」，「日極則仄，月滿則虧。極之徒仄，滿之徒虧，巨之徒滅（《白心》）。

　　相對於《老子》「道」論，《管子》「道」論又有所發展，如前者貴在守柔不爭，後者則相反，「凡道必周必密，必寬必舒，必堅必固」（《內業》）。〔註27〕

　　《管子》的「道」論思想很豐富，但限於本文的主題，在此不予過多討論。總之，「道」意味著完美和至善。哲學領域的「道」論雖不能直接解決社會政治問題，但卻可以為社會政治實踐提供理論依據和終極目的。「道者，誠人之姓也，非在人也。而聖王明君善知而道之者也。是故治民有常道，而生財有常法。道也者，萬物之要也。為人君者，執要而待之，則下雖有姦偽之心，不敢殺也。夫道者虛設，其人在則通，其人亡則塞者也，非茲是無以理人，非茲是無以生財，民治財育，其福歸於上，是以知明君之重道法而輕其國也。故君一國者，其道君之也。王天下者，其道王之也。大王天下，小君一國，其道臨之也」（《君臣上》），「道」為萬物之要，因此，治國、王天下，要以「道」臨之，「天下道其道則至，不道其道則不至也」（《君臣下》），「愛之，利之，益之，安之，四者道之出。帝王者用之。而天下治矣。」（《樞言》）

　　「天道」在春秋時期才成為常見的說法，一開始依舊指謂人格至上神的意志和占星術所認識的吉凶異象，後者如子產所批評的「天道遠，人道邇」

〔註27〕陳鼓應，管子四篇詮釋〔M〕，北京：商務印書館，2006：32。

（《左傳・昭公十七年》）。後來伴隨著「自然之天」觀念的形成，「天常」、「天則」的頻繁出現，開始產生了對「自然之天」道的認知。有人說，老子的「道」是從管仲、范蠡等人的「天道」中抽象出來的，此說可能沒錯。老子也講「天道」，《老子》七十七章說：「天之道，其猶張弓歟，高者抑之，下者舉之，有餘者損之，不足者補之。天之道損有餘而補不足，人之道則不然，損不足以奉有餘」，七十三章說：「天之道不爭而善勝，不言而善應」，但老子主要談論還是從具化的天道中抽象出來的普遍的「道」。《管子》中「道」論部分應該說就是受老子影響而來，《管子》非一時的作品，像《管子》四篇為戰國時人所作可能性很大。陳鼓應說：「老子的思想發展到戰國時代，形成了兩個主要學派，即黃老之學和莊學。兩者都繼承了老子的道論，但又加以不同的發展。就黃老之學來說，由『道生法』可以看出，它使老子的道論向著更積極的方向發展，引出了一系列社會政治準則；而莊學則把道演化成了一種人生境界。」〔註28〕不過，與其說管仲學派是由老子思想發展而來，不如說是管仲學派吸收了老子思想的精華部分，改造、完善了所繼承的早期的樸素「天道」觀，使自己的社會政治學說在理論上有了堅實的根基。

　　《管子》在提出「天道」的同時，還提出了地理環境之規律的「地道」，其實可以一併稱之為「天地之道」，以用來指導「人情」。「天道」和「人情」是《管子》政治思想的兩個基本前提〔註29〕，將天道用於人情，就形成了「人道」。《管子》認為「道在天地之間」（《心術上》），由此將《老子》的「有物混成，先天地生」（二十五章），與天地割裂的「道」拉進了現實。「道」不再是超越萬物的絕對，而是普遍存在於萬物之中，這在世界本原問題的探討上有所反映，《管子》提出了與道的內涵相似的更多的物質性本原：水、地、精氣等。「地者，萬物之本原，諸生之根菀也」，「水者何也？萬物之本原也，諸生之宗室也，美惡、賢不肖、愚俊之所產也」（《水地》）；「凡物之精，此則為生，下生五穀，上為列星，流於天地之間，謂之鬼神」，「能正能靜，然後能定。定心在中，耳目聰明，四肢堅固，可以為精舍」（《內業》）。談論「天道」要比普遍的「道」現實的多，在《管子》那裏，「天道」意味著要與「人道」溝通、關聯。

　　《管子》中論「天道」處很多，且基本都由「天道」而入「人道」。《君臣下》說：「神聖者王，仁智者君，武勇者長，此天之道，人之情也。天道人

〔註28〕陳鼓應，黃帝四經今注今譯〔M〕，北京：商務印書館，2007：47。
〔註29〕任繼愈，中國哲學發展史（先秦）〔M〕，北京：人民出版社，1983：370。

情，通者質，寵者從，此數之因也」，「天道」與「人情」是可以相通的。《形勢》篇曰：「得天之道，其事若自然；失天之道，雖立不安。其道既得，莫知其為之；其功既成，莫知其澤之。藏之無形，天之道也」，這裡提出了對後世影響很大的「天道自然」一說。《重令》篇曰：「天道之數，人心之變。天道之數，至則反，盛則衰；人心之變，有餘則驕，驕則緩怠」，以天道「至則反」來說明人心。《霸言》曰：「立政出令用人道，施爵祿用地道，舉大事用天道」，這裡天道、地道、人道三者並舉。《侈靡》：「萬世之國，必有萬世之寶。必因天地之道，使其內無使其外，使其小毋使其大。」《形勢解》：「天之道，滿而不溢，盛而不衰。明主法象天道，故貴而不驕，富而不奢，行理而不惰」，「主有天道，以御其民，則民一心而奉其上，故能貴富而久王天下。失天之道，則民離叛而不聽從，故主危而不得久王天下」，「行天道，出公理，則遠者自親；廢天道，行私為，則子母相怨。」《白心》：「持而滿之，乃其殆也。名滿於天下，不若其已也。名進而身退，天之道也。」

通過對「天道」的認知，人們意識到它對「人道」的重要，由此在「天人關係」上產生了人要依循「天道」，要「尊天」、「順天」的思想，「人與天調，然後天地之美生」（《五行》）。《版法解》曰：「萬物尊天而貴風雨。所以尊天者，為其莫不受命焉也」，《形勢》篇曰：「其功順天者天助之，其功逆天者天違之。天之所助，雖小必大；天之所違，雖成必敗。」那麼如何「尊天」呢？天以「時」顯，《山權數》曰：「天以時為權」，故「尊天」、「順天」要因時而動，《牧民》曰：「不務天時則財不生」，《禁藏》篇曰：「順天之時」，《勢》篇曰：「天因人，聖人因天。天時不作勿為客。」這裡特就「天因人」作一說明，《國語·越語下》范蠡說：「死生因天地之刑，天因人，聖人因天；人自生之，天地形之，聖人因而成之」，與《管子》此句基本相同。從字面來看，這裡的「天」似有人格意志之意，有人因此作「天」與「人」互動解，認為是「天人感應」之意。從《管子·勢》和《國語·越語下》整段的意思來看，這裡的「天」其實還是自然之天。那「天因人」意味著什麼呢？這應是當時人們依靠直覺而形成的對「天」的一種樸素的認知，認為「天」之各種要素，像日月、四時、風雨等，都是特意為適應人類生存而存在。

《管子》「天道論」最重要還不是提供了一個完美、至善的「道」的理念，而是由「道」生「法」，由「道」生「禮」，為「法」、「禮」的形成尋找到了共同的根源，《心術上》謂：「法出乎權，權出乎道」，《樞言》謂：「法出乎禮，

禮出於治，治禮，道也。」道、法、禮三者的關係將在後面章節中單獨論述。

3.4.2　心術論

　　《心術》上下、《內業》、《白心》是《管子》中哲學意味最濃的幾篇，我們一般習慣稱之爲「《管子》四篇」。最早提出「《管子》四篇」說的是郭沫若和劉節，二人均以爲這四篇爲稷下宋鈃、尹文的著作。郭沫若認爲這四篇主要在談心與情，「心欲其無拘束，情欲其寡淺」，「主張見侮不辱，禁攻寢兵」，接近墨子、名家的思想。〔註 30〕劉節將其歸於《莊子·天下》中「宋鈃、尹文」一派，認爲四篇應以《白心》爲中心，以救世爲旨。〔註 31〕

　　這四篇的特殊性，其實早在宋代就爲人所關注，如晁公武說：「（仲書）既爲富強，又頗以禮義廉恥化其國俗，如《心術》、《白心》諸篇，亦嘗側聞正心誠意之道，其能一天下、致君爲五霸之盛，宜矣」〔註 32〕，張嵲在《讀管子》文中謂：「及讀《心術》上下、《白心》、《內業》諸篇，則未嘗不廢書而歎，益知其功業之所本，然後知世之知管子者殊淺也。」〔註 33〕二人都認爲四篇對管仲的功業有重要、甚至本質上的影響，晁公武還認爲四篇實爲儒家的正心誠意之道。近代自郭沫若、劉節提出《管子》四篇說後，關於四篇的作者和主旨爭議甚多。羅根澤先是讚同劉節的觀點，後又認爲四篇「純爲道家之主張，與『圖傲救世』之宋鈃、尹文，宗旨全殊」。〔註 34〕蒙文通的觀點則更複雜，先認爲四篇爲「道家之旨而入於儒家」〔註 35〕，又認爲是「愼到之書，而足以發楊朱之蘊也」〔註 36〕，後又再認爲「如果從或使論來看，也可以說是接子的學說，《白心》一篇把『或使』理論闡發得很明透」〔註 37〕。長沙馬工堆黃老帛書出土後，由於與《管子》四篇的內容頗多相似，再次掀起四篇研究的高潮，朱伯崑、裘錫圭、馮友蘭、張岱年、李存山、胡家聰、白奚、金德建、李學勤、

〔註 30〕郭沫若，郭沫若全集·歷史編（第一卷）〔M〕，北京：人民出版社，1984：551。

〔註 31〕劉節，劉節文集〔M〕，廣州：中山大學出版社，2004：209。

〔註 32〕〔宋〕晁公武撰，孫猛校注，郡齋讀書志校證〔M〕，上海：上海古籍出版社，1990：491。

〔註 33〕黎翔鳳，管子校注〔M〕，北京：中華書局，2004：1544。

〔註 34〕羅根澤，管子探源〔M〕，長沙：嶽麓書社，2010：56。

〔註 35〕蒙文通，古學甄微〔M〕，成都：巴蜀書社，1987：77。

〔註 36〕蒙文通，古學甄微〔M〕，成都：巴蜀書社，1987：256。

〔註 37〕蒙文通，古學甄微〔M〕，成都：巴蜀書社，1987：281。

孫開泰、吳光等均有論述，但觀點依舊混亂不一。祝瑞開甚至認爲「這四篇顯然不是有機的統一體」，雖「同源於道家，但卻表達了兩種不同而且針鋒相對的觀點」，「《心術上》（包括《心術上》和《白心》）是道家和法家的結合，《心術下》（包括《心術下》和《內業》）則是道家和儒家的結合。」〔註38〕眾說差異如此之大，足見其思想內容之複雜，其實這恰也應合了《管子》整本書的複雜性。日本學者金谷治認爲四篇的思想與《管子》整體是一致的，在宋代就被認爲是管仲功業的依據，他反對劉節、郭沫若視四篇爲宋鈃、尹文的著作而將它們從整部《管子》中分離出來的做法〔註39〕；力主《管子》思想一致性的張岱年，在同宋鈃、尹文、慎到、田駢的思想作一番考查比較後，肯定四篇爲管仲學派的作品〔註40〕；張舜徽在《周秦論道發微》一書中認爲其四篇揭示了周秦之際道家思想的「君人南面之術」。〔註41〕

從文本內容來看，四篇確各有側重：《內業》篇主要談精氣說、養生之道，《心術上》爲前經後傳的形式，講「虛無」、「因循」，《心術下》大體與《內業》篇相重複，一般認爲是其副本，講治國和治心，《白心》強調「靜」、守道、放棄「功」「名」、拒絕知識和注意養生。但它們的哲學基調是一致的，從「道」、「精氣」、心性修養、滌除嗜欲成見、養身出發，進而談到治國，將治心、治身、治國三者聯繫在了一起，這裡可以用「心術論」予以概括它們的主旨。

何爲「心術」？簡單地說，就是講統治之術。法家的申不害、韓非重「術」，但他們講的一般是指權術，如韓非所說：「術者，藏之於胸中，以偶眾端，而潛御群臣者也」（《韓非子·難三》）。治國不能不講「術」，《管子·七法》云：「不可能不明於心術，而欲行令於人，猶倍招而必射之」，不明「心術」，就像背對著靶子卻想要射中一樣，「布令必行，不知心術不可」，但「心術」也決非心計，「實也、誠也、厚也、施也、度也、恕也，謂之心術」，將實、誠、厚、施、度、恕一系列美德置於心術中，就很難形成陰謀權術了。

〔註38〕祝瑞開，先秦社會和諸子思想新探〔M〕，福州：福建人民出版社，1981：192～200。

〔註39〕金谷治，《管子》思想的統一性〔J〕，管子與齊文化，北京：北京經濟學院出版社，1990：307～311。

〔註40〕張岱年，中國哲學史史料學〔M〕，北京：生活·讀書·新知三聯書店，1982：50。

〔註41〕張舜徽，周秦道論發微〔M〕，北京：中華書局，1982：199。

　　所謂「心術」實際是「心治」，是「心安」，「心安是國安也，心治是國治」
（《心術下》），通過「內業」，即內的心性修養，治心、治身、得道，最後將
其運用到治國方面，形成「君無爲而臣有爲」、「君無事而臣有事」的治國理念，
而「心」則成爲這一切的重要承載，陳鼓應稱稷下道家的核心是心學〔註42〕，
還是有一定道理的。下面以《管子》四篇爲核心，結合其他篇章，對「心術」
理論作一剖析。

　　1、精氣爲「道」之具象。《內業》說：「凡物之精，此則爲生。下生五穀，
上爲列星。流於天地之間，謂之鬼神；藏於胸中，謂之聖人。是故此氣，杲
乎如登於天，杳乎如入於淵，淖乎如在於海，卒乎如在於己。是故此氣也，
不可止以力，而可安以德；不可呼以聲，而可迎以音。敬守勿失，是謂成德，
德成而智出，萬物畢得。」從所描述的「精」的特徵來看，明顯就是「道」，
「精也者，氣之精也。氣，道乃生」，精氣實際是「道」的具象化，是一切生
命之源。

　　2、「心」爲精舍，心中藏心。《樞言》篇說：「道之在天者，日也。其在
人者，心也」，明確地提出「道」存於「心」說。《內業》篇對此說的更詳細
透徹些，「夫道者，所以充形也，而人不能固。其往不復，其來不捨。謀乎莫
聞其音，卒乎乃在於心；冥冥乎不見其形，淫淫乎與我俱生」，道是充實於心
的，雖不聞其聲，不見其形，但與身俱在，聚集於心。《心術上》將道駐心中
比喻爲「神將入舍」，舍即爲館舍之意。這個精舍是個什麼樣子呢，具有什麼
屬性呢？「凡心之刑，自充自盈，自生自成」，「充」和「盈」意味著心性本
是虛的，《莊子‧人間世》說：「唯道集虛，虛者，心齋也」，二說非常接近。
「自充」、「自盈」、「自生」、「自成」說明「心」即是「道」，是本體，道入於
心，實即爲「以心藏心」，前一個是作爲形體的「心」，後一個是作爲本體的
「心」。《管子》認爲道、精氣、心是三位一體的，而「心」最能代表前二者。

　　3、養氣、修心、養身以得「道」。「道」是普遍存在的，《內業》謂：「不
見其形，不聞其聲，而序其成」，「無根無莖，無葉無榮，萬物以生，萬物以
成」，雖然看不見、摸不著，但確實存在，「彼道不遠，民得以產。彼道不離，
民因以知。」如何才能得道呢？《內業》說：「凡道無所，善心安愛。心靜氣
理，道乃可止」，虛靜是心、道、氣之本然。「道之情，惡音與聲」，「心之情，
利安以寧」，而耳目之聲色、「憂樂喜怒欲利」都會傷「心」、傷「道」，只有

〔註42〕陳鼓應，管子四篇詮釋〔M〕，北京：商務印書館，2006：41。

去除這些欲望，重新回歸虛靜，「道乃可得」，「心乃反濟」（《內業》）。爲此，《管子》提出一系列方法，如搏氣、雲氣、寬氣、不大充大攝、正形、攝德、定心、大心等，其目的就在於去除欲望。《心術上》曰：「虛其欲，神將入舍；掃除不潔，神乃留處」，「潔其宮，開其門，去私毋言，神明若存。紛乎其若亂，靜之而自治」，「去欲則宣，宣則靜也」，「不潔則神不處」，把精舍（心）打掃乾淨，去除私欲，不亂言，道自然入駐於心。因此得道與否在於是否養身：皮膚裕寬、耳目聰明、四肢堅固，是否心治，「我心治，官乃治，我心安，官乃安。治之者心也，安之者心也」（《內業》）

4、君處其道，臣循其理。心、道是一體的，心治即道治。《九守》篇曰：「心不爲九竅，九竅治。君不爲五官，五官治」，《管子》認爲國君在國家的統治上應採取「無爲而治」的方式。《心術上》曰：「心術者，無爲而制竅者也」，這是對「心術」本義的又一揭露。「心之在體，君之位也；九竅之有職，官之分也。心處其道，九竅循理。嗜欲充益，目不見色，耳不聞聲。故曰上離其道，下失其事。毋代馬走，使盡其力；毋代鳥飛，使弊其羽翼」（《心術上》）。這段話以「體」喻「國」，以「心」喻「君」，以「竅」喻「臣」；心是身體的主宰，君主是國家的主宰；九竅是身體的器官，有官能的分工，百官爲政府的職能機構，也有不同的職務和分工；心（君）的任務是「處其道」，即處於主控的地位，充當主控的角色，「執一不失，能君萬物」（《內業》），九竅（百官）的任務是「循其理」，處於從屬的地位，執行具體的實際應用工作；君臣之間體現出一種主從統攝關係，「別交正分之謂理，順理而不失之謂道」（《君臣上》）；作爲心（君）如果被欲望充噬，就會使耳、目等九竅（百官）難以盡職，「上離其道，下失其事」，因此，心（君）不要干涉、參與九竅（百官）的事務，「物過而目不見，聲至而耳不聞」，「毋代馬走」，「毋代鳥飛」，即心（君）無爲而九竅（百官）有爲。君臣分工，各務其事，這是「無爲而治」要義之一。

5、虛無虛靜，靜因其道。「靜」是無爲之治的關鍵，君的主要事務就是「虛靜」。「人主貴能漠靜自處，不爲臣下先倡」〔註43〕，《心術上》曰：「毋先物動，以觀其則。動則失位，靜乃自得。」爲什麼要虛靜呢？因爲「道」有兩個屬性：虛無無形和可安不可說，故「道不遠而難極也，與人並處而難得也」，只有「虛其欲」、「掃除不潔」，神（道）才會「入舍」、「留處」，只有

〔註43〕張舜徽，周秦道論發微〔M〕，北京：中華書局，1982：206。

「去私毋言」，才會「神明若存」。相反，世人皆欲求智，但「莫索其所以智」，只有聖人（君主）「能虛無」、「不言」，做到虛靜，才能得道。因此君主所要做的是：靜乃自得以得其道，心處其道以守其道，不離其道以行其道，虛無虛靜處其道。

作爲君主，要虛無虛靜處其道，但並非執拗閉固重靜，「殊形異埶，不與萬物異理」（《心術上》），而是必須面對外在事物千變萬化的複雜局面，順應萬物之理，如此才能做到「天下治」。如何順應萬物之理，這牽涉到中國傳統哲學中一個重要的命題「因」，「其處也若無知，其應物也若偶之，靜因之道也」（《心術上》）。所謂「因」，即因順之意，不求智，表面看起來似乎無知，實際是眞正的「知」。「偶之」並非對立的意思，而是兩相順應，「其應物也，若偶之，言時適也。若影之象形，響之應聲也。故物至則應，過則舍矣。舍矣者，言復所於虛也」（《心術上》），依照客觀時勢，如影隨形，如回音，一模一樣，無爲。《勢》篇說：「動靜者比於死，動作者比於醜，動信者比於距，動詘者比於避。夫靜與作，時以爲主人，時以爲客，貴得度。知靜之修，居而自利；知作之從，每動有功。故曰，無爲者帝」，虛靜而不重靜，因時而動，才是無爲。「無爲之事，因也。因也者，無益無損也」（《心術上》），「無爲」的實質在於「因」，只有「因」，才能做到無益無損。「因也者，捨己而以物爲法者也。感而後應，非所設也；緣理而動，非所取也」（《心術上》），有所預設，有所利取，都不是「因」，以物爲法才是因。君主虛無虛靜，靜因其道，是「無爲而治」要義之二。

6、始無始，法無法，和以反中。《白心》篇口：「建當立首，以靖爲宗，以時爲寶，以政爲儀，和則能久」，「和」是爲政之精髓，也是善政之追求。「和」之關鍵在於不偏執一端；「天不爲一物枉其時，明君聖人亦不爲一人枉其法。天行其所行而萬物被其利，聖人亦行其所行而百姓被其利。是故萬物均、百姓平矣」（《白心》），天和聖人能遍行而利萬物、百姓；「驕之餘卑，卑之餘驕」，「日極則仄，月滿則虧」，盛極必衰；只有能者無名，從事無事，法無法，始無始，終無終，弱無弱，做到不中有中，才是「和」，「無遷無衍，命乃長久。和以反中，形性相葆。一以無貳，是謂知道。」和以反中是「無爲而治」要義之三。

通過上面的梳理，「心術」論修心以治國的義理已很明顯，是一種道德修養論，而非權謀、心計之類。「心術」論在認知問題上涉及不多，《心術上》：

「其所知，彼也；其所以知，此也」，「物固有形，形固有名」，《白心》篇的「正名」、「奇名」等，但這些都只是在論述修養時的順便捎帶。正如丁原明所說：「把人們的注意力指向了社會體制理論的探索和外在事功方面，從而有別於原始道家的『靜觀』、『玄覽』，又使其道氣論、心術論渾然一體，並從中發展出治國論。」〔註44〕「心術」理論在記錄齊桓公和管仲對話的《中匡》篇中論述了其在爲政實踐中的應用：

> 公曰：「寡人願聞國君之信。」對曰：「民愛之，鄰國親之，天下信之，此國君之信。」公曰：「善。請問信安始而可？」對曰：「始於爲身，中於爲國，成於爲天下。」公曰：「請問爲身。」對曰：「道血氣以求長年，長心，長德。此爲身也。」公曰：「請問爲國。」對曰：「遠舉賢人，慈愛百姓，外存亡國，繼絕世，起諸孤。薄稅斂，輕刑罰，此爲國之大禮也。」公曰：「請問爲天下。」對曰：「法行而不苛，刑廉而不赦，有司寬而不凌。菀濁困滯者，法度不亡，往行不來，而民游世矣，此爲天下也。」

齊桓公想聽聽國君威信方面的事，管仲以「民愛」、「鄰國親」、「天下信」回答；而要想「爲國」、「爲天下」，則必須從「爲身」開始，「道血氣，以求長年、長心、長德」，將養身、修心、爲國、爲天下連在了一起。《老子》說：「聖人處無爲之事，行不言之教」，《管子》的「心術」論則將「無爲而治」運用到現實政治中。

「心術」論對現實政治另一重要影響是君主在國家政治體系中核心地位的確立。「心」爲體之主，君爲國之主，無「心」則體不存，無「君」則國不存，《七臣七主》說：「故一人之治亂在其心，一國之存亡在其主」，《白心》篇說：「一以無貳，是謂知道。將欲服之，必一其端，而固其所守」，都是強調君主的核心地位。《管子》中涉及君權的部分將在下一節具體討論。

3.4.3 有機整體論

如前所述，《管子》是一部「百科全書式」的著作，其內容涉及面之廣、思維方式之複雜多維是先秦諸子經典中罕見的，於是，就出現了《管子》雜家說，這實際是對《管子》中雜多內容的一種形式化的膚淺的解讀。對此，後現代主義者大衛・格里芬的有機整體論可以給我們很好的啟示，他認爲世

〔註44〕丁原明，黃老學論綱〔M〕，濟南：山東大學出版社，1997：150。

界是一個由有機體和無機體密切相互作用的網絡，整個宇宙中整體與部分、部分與部分之間都是相互包含的，動力因和目的因相互依賴、相互作用，共同決定事物的運動，在運動方面，整體運動是第一位的，而分離運動是第二位的，整體中每一部分除與其他部分以及整體發生關係外，還存在更為重要的產生自決的、主體性的內在關係，一事物的活動除對相鄰的活動產生影響外，還對不相鄰的活動產生影響。〔註 45〕《管子》中複雜多元的內容和「至善」的治國理念實際就是這種有機整體論的一種典範。作為一部治國經典，在充分突出部分內在主體性、自決性的同時，更以開放的視野審視部分與部分之間的關係與互動，如君臣民之間、道德義利法之間、士農工商之間等，這是符合政治「至善」是一種整體的善的特徵的。《管子》中有機整體理論最具代表性的有兩個：思想理論體系層面的陰陽五行說和由陰陽五行說引出來得政治實踐層面的「一體之治」說。

1、陰陽五行說。陰陽和五行本是人們用來反映自然現象的觀念。胡適依據齊文化中的「八神將」崇拜（其中有「陰主」和「陽主」）認為「陰陽的信仰起於齊民族，後來經過齊魯儒生的燕齊方式的改變和宣傳，便成了中國中古思想的一個中心思想」。〔註 46〕「陰陽」成為哲學範疇大約在春秋初期，最為代表性的是伯陽父以「陰陽」論述地震，此以陰陽對舉並論及陰陽運動的失衡。「五行」觀念可能與古代生產勞動有關，《左傳·昭公二十九年》記載有「五行之官」，《尚書·甘誓》中有「威侮五行」，《尚書·洪範》將水、火、木、金、土五種物質與鹹、苦、酸、辛、甘聯繫在一起，使五行初具哲學意味。西周末年，史伯提出「土與金、木、水、火雜，以成百物」（《國語·鄭語》），視「五行」為世界本原。龐樸認為陰陽和五行形成了中國文化的基本結構。〔註 47〕

陰陽和五行思想本是兩個各自獨立發展的文化體系，後來才逐漸融合。白奚認為：「陰陽思想和五行思想合流的材料，最早見於《管子》，在《管子》的《幼官》、《四時》、《五行》、《輕重己》一組文章中，呈現在我們面前的已經是一些融陰陽與五行為一體的，以陰陽說為精神實質、以五行說為表現形式的較

〔註 45〕〔美〕大衛·格里芬著，馬季方譯，後現代科學——科學魅力的再現〔M〕，北京：中央編譯出版社，1995。
〔註 46〕胡適，中國中古思想史長編〔M〕，合肥：安徽教育出版社，2006：80。
〔註 47〕龐樸，中國文化十一講〔M〕，北京：中華書局，2008：45。

為完整的宇宙圖式。」〔註48〕《管子》把整個宇宙看作是一個按五行法則構成的龐大母系統，然後以四時和五方為核心，向外延伸拓展，將各種自然萬物都納入進來，在這個系統內部的各個要素之間，通過關聯性思維相聯繫起來，「具有鮮明的同構關係和統一的運動節奏」〔註49〕，最終形成一個有機的整體。

促使這個系統內在運動的是陰陽的對待。《乘馬》篇說：「春秋冬夏，陰陽之推移也；時之短長，陰陽之利用也；日夜之易，陰陽之化也。然則陰陽正矣，雖不正，有餘不可損，不足不可益也。」即四季更迭、日夜變化等自然現象的發生是由於陰陽自身的推移、利用、變化，並且從整體來看，陰陽是平衡的，但在運動過程中會呈現出彼此之間的不平衡，這種彼此之間相對的不平衡是不可調節的。《四時》篇將「春秋冬夏，陰陽之推移」理論作了具體的闡述：「東方曰星，其時曰春，其氣曰風，風生木與骨」，「南方曰日，其時曰夏，其氣曰陽，陽生火與氣」，「西方曰辰，其時曰秋，其氣曰陰，陰生金與甲」，「北方曰月，其時曰冬，其氣曰寒，寒生水與血。」這裡將陰陽擴展為風、陰、陽、寒四種氣，四種氣的運動流轉以形成春夏秋冬四時。由於陰陽在系統中的動力因作用，《四時》篇認為：「陰陽者，天地之大理也」，將陰陽的這種對待轉化視為天地萬物運動的總規律。

《管子》的《幼官》、《四時》、《五行》、《輕重己》等篇在五行體系的具體闡說上略有差異，如《幼官》中並沒有提到水、木、金、火、土與五方相結合，這可能與它形成於早期，思想體系尚不成熟有關，但這並不影響其整體主義的思維方式。這個體系的實質在於內在的陰陽律和外在的五行形式，「自然界的四時流佈以及人類社會的農政教令等一方面是按照五行圖式的安排來運作的，另一方面又是由陰陽消長的規律決定的」〔註50〕，通過人為構造的形式，將天地萬物置於同一框架體系中。《四時》篇說：「陰陽者，天地之大理也；四時者，陰陽之大經也；刑德者，四時之合也。刑德合於時則生福，詭則生禍」，在這個體系內，凡符合內在陰陽之理的，就和諧生福，反之則生有災禍。葛瑞漢說：「中國人選擇的是一種問題的全盤解決」〔註51〕。

〔註48〕白奚，稷下學研究——中國古代的思想自由與百家爭鳴〔M〕，北京：生活・讀書・新知三聯書店，1998：108。

〔註49〕劉長林，中國系統思維〔M〕，北京：中國社會科學出版社，1990：295。

〔註50〕白奚，稷下學研究——中國古代的思想自由與百家爭鳴〔M〕，北京：生活・讀書・新知三聯書店，1998：239。

〔註51〕〔英〕葛瑞漢，論道者〔M〕，北京：中國社會科學出版社，2003：359。

　　《管子》中這個體系大致模式如下，首先建立一個時空座標體系：《四時》篇將東方與春季、木相配，南方與夏季、火相配，西方與秋季、金相配，北方與冬季、水相配，中央總纜四時屬土；《幼官》中的時空配法與《四時》基本相同，只是採取了「十二天」為一節的辦法，中央為五和時節，統領四方，東方為春，為八舉時節，含八個節氣，南方為夏，為七舉時節，含七個節氣，西方為秋，為九和時節，含八個節氣，北方為冬，為六行時節，含七個節氣；由於四時與五方無法完全對應，《五行》篇提供了一個解決辦法，不採用春夏秋冬四分法，將一年用五均分，每段七十二天。其次在這個四時五行的時空體系中，自然萬物以日、月、星、辰、歲、陰、陽、風、雨、寒、骨、膚、氣、血、甲、青、赤、黃、白、黑、酸、苦、甘、辛、鹹、宮、商、角、徵、雨、燥、濕、和等這些事物的基本屬性概念名稱歸類納入，這是一種取象、隱喻、轉喻的表達，如葛瑞漢所言：「對概念與客體相適合的寬鬆度持一種更自然的認可和較隨意的接受」〔註52〕，而這正體現了這個體系的強大包容性和廣泛的可聯繫性。第三，陰陽五行體系的最終指向是人類的社會、政治生活，像出令、祭祀、農工商生產、軍事等各種政事均被納入，「務時而寄政」（《四時》）。《地員》篇用五行解釋、分類土壤，以說明土壤的所宜物種，指導農業生產；《水地》篇用「五量」、「五味」、「五色」、「五藏」等闡釋水的屬性，以說明聖人之治，其樞在水；《立政》中「虞師」、「司空」、「由田」、「鄉師」、「工師」的五官排序，實按火、水、土、木、金五行排列的。《管子》論述陰陽五行體系的篇章中，《幼官》（包括《幼官圖》）的地位可能最為重要。「幼官」二字，有多種解說，何如璋、聞一多、郭沫若認為「幼官」當作「玄宮」之誤，「玄宮」也就是明堂。「明堂者，天道之堂也。所以順四時，行月令，宗祀先王，祭五帝」〔註53〕，是君主道德教化、頒佈政令的地方。胡家聰認為：「這是一篇政論文字割裂開來，分配於五行相生的五行方位；而政論的前一半是政治學說，後一半是軍事學說。政論文字被陰陽五行各段文字隔開，兩者之間的思想內容並無內在聯繫」〔註54〕，這一觀點明顯是錯誤的，陰陽五行體系的構建，就是要將天、地、人溝通起來，將與國家治理有關的

〔註52〕艾蘭，汪濤，范毓周，中國古代思維模式與陰陽五行說探源〔M〕，南京：江蘇古籍出版社，1998：3。
〔註53〕徐堅，初學記〔M〕，北京：中華書局，1962：327。
〔註54〕胡家聰，管子新探〔M〕，北京：中國社會科學出版社，2003：238。

各種因素「統一」起來。《管子》分爲八組，「經言」是《管子》最重要的部分，而《幼官》和《幼官圖》位於「經言」之末，這樣的位置本身就具有「總結」、「核心」之意。黎翔鳳先生在校注《管子》時，有三個「專用之法」，其中之三爲「中心理論」法，他認爲：「《管子》以《幼官》爲中心，《乘馬》爲輔」，該篇爲「腦神經中樞，理論體系由是出焉」〔註55〕，足見陰陽五行體系在《管子》政治思想中的地位。

《揆度》篇說：「事名二、正名五而天下治。」所謂「事名二」指的就是陰陽規律，事物之間的對待轉化，「天策陽也，壞策陰也」；所謂「正名五」指事物的定性分類，自然和社會的秩序，「權也，衡也，規也，矩也，準也」；「人君失二、五者亡其國，大夫失二、五者亡其勢，民失二、五者亡其家。此國之至機也，謂之國機」，陰陽五行體系是「國機」，關係國家存亡命運。

有人認爲「陰陽五行」思想，實際是在宣揚天人感應、災異懲罰思想，如「春行冬政肅，行秋政雷」之類，近代梁啓超先生曾經直接斥此爲迷信之源〔註56〕。這是用今日科學的眼光來要求古人的理論。陰陽五行思想後確發展爲讖緯迷信之類，但在《管子》這裡尚未形成。胡家聰認爲《管子》中的陰陽五行理論屬於五行相生的體系，找不見五行相勝的痕跡。〔註57〕不過，張固也認爲《立政》中「虞師」、「司空」、「由田」、「鄉師」、「工師」的五官排序，已經暗含火、水、土、木、金五行相勝的意韻。〔註58〕從五行相生比較成熟、五行相勝尚處萌芽狀態，並結合《管子》中的「天」是指自然之天來看，其陰陽五行理論主要還是要求執政者順天道而行政，不違背月令而行事，《幼官》說：「畜之以道，養之以德。畜之以道，則民和；養之以德，則民合。和合故能習，習故能偕，偕習以悉，莫之能傷也」，讖緯迷信的成份基本不見。

「陰陽五行」是中國傳統思維方式的主幹——系統思維——的一個典型範式，已經具備現代系統論的一些特徵，如整體性、結構性、反饋性、調節性、平衡性、信息傳輸性等，劉長林認爲其本質是一種樸素的普通系統論。〔註59〕

2、一體之治說。陰陽五行理論體系對整體性的強調直接導致了實踐層面

〔註55〕黎翔鳳，管子校注〔M〕，北京：中華書局，2004：21。
〔註56〕顧頡剛，古史辨（第五冊）〔M〕，上海：上海古籍出版社，1982：353。
〔註57〕胡家聰，管子新探〔M〕，北京：中國社會科學出版社，2003：114。
〔註58〕張固也，《管子》研究〔M〕，濟南：齊魯書社，2006：90。
〔註59〕劉長林，中國系統思維〔M〕，北京：中國社會科學出版社，1990：295。

「一體之治」思想的形成。陰陽五行側重於哲學理論的思考,「一體之治」側重於政治實踐。「一體之治」說出自《七法》篇:

> 若夫曲制時舉,不失天時,毋壙地利。其數多少,其要必出於計數。……故兵也者,審於地圖,謀十官,日量蓄積,齊勇士,遍知天下,審御機數,兵主之事也。……風雨之行者,速也。飛鳥之舉者,輕也。雷電之戰者,士不齊也。水旱之功者,野不收,耕不獲也。金城之守者,用貨財,設耳目也。一體之治者,去奇說,禁雕俗也。不遠道里,故能威絕域之民。不險山河,故能服悍固之國。獨行無敵,故令行而禁止,故攻國救邑,不恃權與之國,故所指必聽。定宗廟,育男女,天下莫之能傷,然後可以有國。制儀法,出號令,莫不響應,然後可以治民一眾矣。

這一節講的是用兵的「計數」,即軍事作戰要有計劃,各個方面都要考慮到,「審於地圖,謀於日官,量蓄積,齊勇士,遍知天下,審御機數」,充分準備,要靠整體綜合的實力最終取得「治民一眾」,包括天時、地利、統帥、糧草、兵器、敵情、訓練、宗廟、繁育、儀法、號令等。與「一體之治」相背的是「奇說」、「雕俗」。

其實「一體之治」的思維是貫穿於《管子》政事管理的方方面面的。「一體之治」的思維方式的意義至少有這樣兩個方面:

(1)能根據各個要素之間的關聯性,尋找到因果聯繫鏈上的根源處。如《七法》:

> 賊盜傷國眾,……眾傷則百姓不安其居。……,百姓不安其居則輕民處而重民散。輕民處,重民散則地不闢;地不闢則六畜不育,六畜不育則國貧而用不足,國貧而用不足則兵弱而士不屬,兵弱而士不屬則戰不勝而守不固,戰不勝而守不固則國不安矣。

這是這樣一個序列:國不安的原因是戰不勝而守不固,戰不勝而守不固的原因是兵弱而士不屬,兵弱而士不屬的原因是國貧而用不足,國貧而用不足的原因是六畜不育,六畜不育的原因是地不闢,地不闢的原因是輕民處、重民散,輕民處、重民散、百姓不安居的原因是國眾傷,國眾傷的原因是賊盜,共通過八個「因果鏈」,最終尋找到「國不安」的根源。《治國》篇:「民富則安鄉重家,安鄉重家則敬上畏罪,敬上畏罪則易治也。民貧則危鄉輕家,危鄉輕家則敢淩上犯禁,淩上犯禁則難治也」,《五輔》篇:「夫民必知義然後

中正，中正然後和調，和調乃能處安，處安然後動威，動威乃可以戰勝而守固」，都是採用這種邏輯推理的辦法溯本求源。

（2）能全面完整地思考某項事物所必須的因素和條件，提高正確性的概率。

《管子》中這種通盤考慮的例子特別多。《立政》篇提到的「三本」：德當其位、功當其祿、能當其官，君主對三者中任何一項不審，都會造成國亂；「九敗」概括了十種會致國家政治失敗的學說：寢兵之說、兼愛之說、全生之說、私議自貴之說、群徒比周之說、金玉貨財之說、觀樂玩好之說、請謁任舉之說和諂諛飾過之說，任何一種都具有極大的威脅性；「四固」，國家安全能夠穩定的四個方面：卿相得眾、大臣和同、兵主足畏、民懷其產。《君臣下》篇提到會導致國家危險的「四亂」：宮亂、家亂、國亂、眾亂。《七法》篇認爲治理天下共有「七法」：則、象、法、化、決塞、心術、計數。《八觀》篇從正反兩個角度提到好壞國家的八個類型：饑飽之國、貧富之國、侈儉之國、實虛之國、治亂之國、強弱之國、興滅之國、存亡之國。《兵法》篇在論述用兵勝利的條件時，共列出了十項：「定一至，行二要，縱三權，施四機，發五教，設六行，論七數，守八應，審九器，章十號。」這十項意味著在兵法這個大系統下又有十個小系統：一至指「一氣專定」的戰必勝決心；二要指「蓄之以道」、「養之以德」；三權指鼓、金、旗號令；四機指對敵情、敵政、敵將、敵士瞭解；五教指「目以形色之旗」、「耳以號令之數」、「足以進退之度」、「手以長短之利」、「心以賞罰之誠」；六行指殺、生、貴、賤、貧、富；七數指則、象、法、化、決塞、心術、計數；八應指聚財、論工、製器、選士、政教、軍訓、遍知天下、明於機數；九章指日章、月章、龍章、虎章、鳥章、蛇章、鵲章、狼章、韓章。這十個小系統相互之間有重合，且古人可能有湊數緣故，如「十號」並未明指。

縱覽《管子》全書，這種整體主義思維更明顯。首先，治國必有法，「法者，存亡治亂之所從出」（《任法》）；其次，稱霸需國強民富，「民事農則田墾，田墾則粟多，粟多則國富。國富者兵強，兵強者戰勝，戰勝者地廣」（《治國》）；第三，民俗是社會生活和文化中重要的穩定因素，「未之令而爲，未之使而往，上不加勉，而民自盡竭，俗之所期也」（《立政》）；第四，外交方面，既強調「德不加於弱小，威不信於強大，征伐不能服天下，而求霸諸侯，不可得也」（《重令》）的政治外交，又採用來天下之財的經濟外交；第五，軍事上「國

之所以安危者，莫要於兵」（《參患》），強調軍隊的重要；第六，道德教化方面，認為「國有四維」，「四維不張，國乃滅亡」（《牧民》）。

　　總之，「一體之治」是《管子》有機整體理論的重要實踐，是天道論、心術論、陰陽五行體系在治國領域的具體運用，包含著「深刻而具體的萬物相互聯繫、相互制約的樸素整體觀念，並形成了一套相當有特色的理事方法」〔註60〕。《七法》曰：「欲正天下，財不蓋天下，不能正天下；財蓋天下，而工不蓋天下，不能正天下；工蓋天下，而器不蓋天下，不能正天下；器蓋天下，而士不蓋天下，不能正天下；士蓋天下，而教不蓋天下，不能正天下；教蓋天下，而習不蓋天下，不能正天下；習蓋天下，而不遍知天下，不能正天下；遍知天下，而不明於機數；不能正天下。」這是對「一體之治」的最好總結，「欲正天下」，財、工、器、士、教、習、遍知、機數均不可少。

〔註60〕王德敏，劉斌等，管子十日談〔M〕，合肥：安徽文藝出版社，1997：217。

第四章 《管子》的「國家本位」思想

　　國家在一個政治思想體系中處於什麼樣的地位，最能體現這個體系的政治觀和理想追求。在中國傳統的國家政治格局中，共有有四個層次：天（聖人、經典）、君主、百官和萬民，中國傳統政治哲學所探討的主要理論問題就是這四個層次及其相互關係。〔註 1〕在這四個層次中，君和民的地位最爲特殊：君主，全國只有一個，不允許有第二個；民則是這四個層次中人數最多者，是社會財富和力量的主要來源。在這四個層次的彼此錯綜複雜的關係中，君民關係又是居於最核心、主導地位的一對，對現實政治影響最大。探討君與民之間的關係及各自在國家中的位置，有利於正確認識一種政治思想體系的實質內涵。

4.1 「民體以爲國」的國家起源理論

　　英文 state（國家）本是一個西方政治學術語，起源於拉丁詞「status」，表示立場、狀況、條件或者身份的意思。中世紀學者開始把「status」政治化，用來特指統治者或王國的優越地位和條件，「在國家疆域內建立政權並通過一系列制度實施權威的政治社會」〔註 2〕，這一含義一直沿用至今。「國家」一詞是中國先秦時期「家國同構」體系下產生的一個名詞，《左傳》：「國家之敗，由官邪也。」〔註 3〕荀子說：「國家無禮則不寧。」〔註 4〕《中庸》：「國家將興，

〔註 1〕周桂鈿等，中國傳統政治哲學〔M〕，石家莊：河北人民出版社，2007：22。
〔註 2〕燕繼榮，政治學十五講〔M〕，北京：北京大學出版社，2004：45。
〔註 3〕楊伯峻，春秋左傳注〔M〕，北京：中華書局，1990：89。

必有禎祥；國家將亡，必有妖孽。」〔註5〕《尚書》有「天子建國，諸侯立家」〔註6〕一說，因此，「國家」在中國古代意味著「國」和「家」兩層意思，「國」為天子之國，「家」則非指家庭、家政，而指諸侯國，「國」「家」聯用，實為「天下」。近代西學東漸，遂用「國家」一詞附會「state」。英文中還有兩個詞，「country」和「nation-state」，「country」是一個地域概念，指「在某一地域之內的人文的和自然的通稱單位」，「nation-state」是一個國際政治概念，指「以民族為基礎所形成的政治共同體」〔註7〕，我們也一併用「國家」統之。

政治學意義上的國家起源是個複雜的問題，論證有多種：神授說、理念說、契約說、衝突說和要素說等。1、神授說。主張君權神授，如中世紀經院哲學家托馬斯‧阿奎那，我國漢朝的董仲舒。2、理念說。古希臘羅馬時期的亞里士多德、西塞羅等認為國家是自然產生的、為了某種「善」而建立起來的聯合體。3、契約說。主張國家是自然狀態下的人們由於生活的不方便和不安全，於是按照理性原則達成社會契約，交出自己的部分權力組成國家。此說發源於古希臘伊壁鳩魯，近代西方的格勞秀斯、斯賓諾莎、霍布斯、洛克、盧梭等人從自然法的角度對此給予了完善。4、國家要素說。認為國家是由領土、人民、主權和政府所構成的，以主權為中心的社會共同體，如美國政治學家迦納認為：「國家是由許多人民所組成的社會，永久佔有一定的領土；不受或幾乎不受外來的控制；有一個為人民習慣服從的組織的政府。」〔註8〕5、衝突說。恩格斯認為國家是階級矛盾不可調和的產物，是社會在一定發展階段上的產物，是一種歷史必然，「這個社會陷入了不可解決的自我矛盾，分裂為不可調和的對立面而又無力擺脫這些對立面。而為了使這些對立面，這些經濟利益互相衝突的階級，不致在無謂的鬥爭中把自己和社會消滅，就需要有一種表面上凌駕於社會之上的力量，這種力量應當緩和衝突，把衝突保持在『秩序』的範圍以內，這種從社會中產生但又自居於社會之上並且日益同社會脫離的力量，就是國家。」〔註9〕

〔註4〕〔清〕王先謙，荀子集解〔M〕，北京：中華書局，1988：23。
〔註5〕〔宋〕朱熹，四書集注〔M〕，北京：中華書局，1983：33。
〔註6〕楊伯峻，春秋左傳注〔M〕，北京：中華書局，1990：94。
〔註7〕燕繼榮，政治學十五講〔M〕，北京：北京大學出版社，2004：45。
〔註8〕孫關宏，胡雨春，任軍鋒，政治學概論〔M〕，上海：復旦大學出版社，2005：76。
〔註9〕〔德〕恩格斯，家庭、私有制和國家的起源〔M〕，北京：人民出版社，1972：166。

　　出於論證自己的政治主張考慮，先秦諸子對政治學意義上的國家起源也多有探討。墨子認為「古者民始生未有形政之時」，也就是處於自然狀態時，人各懷其私，「一人則一義，二人則二義，十人則十義。其人茲眾，其所謂義者亦茲眾」，由於意見分歧越來越大，最後出現爭鬥，「交相非」，「父子兄弟作怨惡，離散不能相和合。天下之百姓皆以水火毒藥相虧害。至有餘力，不能以相勞。腐餘財，不以相分，隱匿良道，不以相教，天下之亂，若禽獸然」；而這種混亂的狀況在於沒有統一的意志，「無政長」，「是故選天下之賢可者，立以為天子」（《墨子‧尚同上》），隨後設三公，建諸侯，以制止爭鬥，由此「一同天下之義」的國家形成。商鞅把社會歷史劃分為三個階段：上世「親親而愛私」，「親親則別，愛私則險民眾，而以別險為務，則民亂」；中世賢者出，「立中正，設無私，而民說仁」，「凡仁者以愛為務，而賢者以相出為道。民眾而無制，久而相出為道，則有亂」；下世聖人出，分「土地貨財男女」，「立禁」，「立官」，「立君」（《商君書‧開塞》）。孟子和荀子並沒有明確談國家的起源問題，但孟子論證「人倫」的形成和荀子論證「禮」的形成可以看作他們對國家起源的看法。孟子認為由於「洪水氾濫」，「禽獸逼人」，自然環境惡劣，這種情況下，堯舜等聖人出，「中國可得而食」，但又「逸居而無教」，「近於禽獸」，聖人「使契為司徒，教以人倫」（《孟子‧滕文公下》）。荀子說：「人生而有欲，欲而不得，則不能無求，求而無分界，則不能不爭。爭則亂，亂則窮。先王惡其亂也，故制禮義以分之，以養人之欲，給人之求，使欲必不窮乎物，物不屈於欲，兩者相持而長，是禮之所起也。」（《荀子‧禮論》）

　　概括來看，墨子將國家的起源歸為意見不一，以證明自己的「尚同」主張；商鞅歸為親親、仁愛，以證明「法」之必須；孟子歸為自然災難和逸居無教；荀子歸為人類的欲望、惡的本性，以證明人倫和禮制。

　　《管子》是怎麼看這一問題的呢？《君臣下》篇：

> 　　古者未有君臣上下之別，未有夫婦妃匹之合，獸處群居，以力相征。於是智者詐愚，強者凌弱，老幼孤獨不得其所。故智者假眾力以禁強虐，而暴人止。為民興利除害，正民之德，而民師之。是故道術德行，出於賢人。其從義理兆形於民心，則民反道矣。名物處違是非之分，則賞罰行矣。上下設，民生體，而國都立矣。是故國之所以為國者，民體以為國。君之所以為君者，賞罰以為君。

　　《管子》認為國家起源於「自然狀態」下的混亂：上下未別、夫婦未合、

獸處群居、以力相征、智者詐愚、強者凌弱，於是「智者」、「賢人」出，興利、正德、處名物，分是非，行賞罰而國家形成。這裡將國家的形成歸功於「智者」、「賢人」，有誇大他們能力之嫌，但對「自然狀態」的描寫還是很準確的，比墨子、商鞅、孟子、荀子的表述要全面。墨、商、孟、荀雖認為國家成立的目的是「求善」，但都有一個主要傾向：墨子視國家為專制的代名詞，商鞅為法制，孟子為人倫，荀子為禮制。《管子》不但將這些方面全包括進來，還特別提到「興利」。「体（體）」，《管子尹知章注》認為是「礼（禮）」之誤〔註10〕，實則不然，《說文解字》云：「體，總十二屬也」〔註11〕，也即總體之意。因此，「國之所以為國者，民體以為國」是指「民」是國家構成中的主體，無「民」不成「國」，這一認識直接導致了《管子》民本理論的形成。《管子》還認為：「君之所以為君者，賞罰以為君」，「君」就是「智者」、「賢人」，主要起維護秩序的作用。《管子》的這種國家起源理論非常接近於亞里士多德、西賽羅等的理念國家起源說，國家是為某種「善」而形成的聯合體，是為了結束自然狀態下混亂的秩序而建立的。正是基於這樣的君主起源和民本認識，《管子》的政治思想理論呈現出以國家為本位，國家的利益具有至上性、優先性特徵。

4.2 《管子》民本思想

4.2.1 「以人為本」

「民本」概念最早見於《尚書・夏書・五子之歌》，「民可近，不可下，民惟邦本，本固邦寧」。民本思想的形成與古人對君權來源的認識緊密聯繫。自有國家、政治以來，君主就一直是國家權力的實際載體，在國家政治格局中處於特殊的重要地位。夏商時期，神人交融，人們認為君權是上天（亦是自己的祖先）賜予的，如夏桀說：「天之有日，猶吾之有民」〔註12〕，商紂王說：「我生不有命在天乎！」〔註13〕西周滅商後，為說明自己統治權的合法性，

〔註10〕 黎翔鳳，管子校注〔M〕，北京：中華書局，2004：570。

〔註11〕 〔漢〕許慎撰，〔清〕段玉裁注，說文解字注〔M〕，上海：上海書店，1992：166。

〔註12〕 〔漢〕司馬遷，史記〔M〕，北京：中華書局，1959：96。

〔註13〕 〔漢〕司馬遷，史記〔M〕，北京：中華書局，1959：107。

開始將天與祖先神分離，認為「天命」是可以轉移的，天在隨時尋找「天命」的代理人。這時雖依舊認為君權源自天，但已開始有「皇天無親，惟德是輔」（《尚書·蔡仲之命》）的認識，提出君主要樹立「明德愼罰」（《尚書·康誥》）的觀念，以保證君權的不丟失。〔註14〕周公總結認為「唯命不於常」（《左傳·襄公三十一年》），「天命」並非固定不變的，誰有德，誰能得到民眾支持，誰就會得到天命；還總結出維護君權的三條原則：尊天、敬德和保民。民在國家政治格局中由開始的無關緊要的從屬地位逐漸上升到天依民意定君存亡的地位，「民之所欲，天必從之」（《尚書·泰誓》）。春秋時期，各諸侯國政局動盪激烈，有的國君被民眾趕跑，有的因民眾支持而上臺，民的背向直接決定著國家的興衰存亡，史囂精闢地概括為「國將興，聽於民；將亡，聽於神」（《左傳·莊公三十二年》），有關民的問題逐漸上升為國家政治中的根本問題，民也逐漸成為國之根本。

大致來看，先秦時期民的地位經歷了三個發展階段：國家政治格局中無關緊要的從屬品，天從民意和政在得民。民的地位的不斷抬升是與人格意志天的地位不斷下降互為彼此的，對自然之天的認識，使神話式的天賦君權觀念逐漸轉變為民賦君權。「民本」一般是指君與民的關係而言，但從民本思想形成的歷程來看，存在一個不可忽視的前提：人格意志天觀念的消失。也就是說在民本思想的形成過程中，「人本」是其一個重要的背景條件。

《管子》中的「以人為本」與近代西方的人本主義、當代中國科學發展觀中的「以人為本」有同樣的語詞表達，但其所指要簡單的多，只是與「神本」、「物本」相對立的一個概念。

前面在談天道論時，對這一問題其實已有所涉及。《管子》人本思想的樹立是建立在對自然之天的認識和精氣論的基礎上的。《管子》認為精氣是萬物的生命本原，「凡物之精，此則為生。」人也不例外，「凡人之生也，天出其精，地出其形，合此以為人」，「氣，道乃生，生乃思，思乃知」（《內業》），對人的身體、思維、智慧作了一個非神學的解釋。在《管子》中，天地已不再是神，都只是自然的存在物，人們尊天、順天，但不迷信天。四時、月令、物候的知識，土壤的科學分類，治理水患，礦藏的探尋等古代科技思想，都反映出人對天地的探索、認知乃至改造的思想意識。

《五輔》：

〔註14〕張豈之，中國思想史〔M〕，西安：西北大學出版社，1993：4～8。

上度之天祥，下度之地宜，中度之人順，此所謂三度。故曰：

天時不祥，則有水旱；地道不宜，則有飢饉；人道不順，則有禍亂。

此三者之來也，政召之。

天祥、地宜、人順，人都可以揣度而知，人類有能力認識、把握天地萬物的規律，並審時以舉事，不再受天地自然的任意擺佈。《度地》篇認為影響人類生活的有五害：水、旱、風霧雹霜、厲、蟲。五害的性質都是一樣的，給人類帶來災難、傷殺，「知備此五者，人君天地矣」，人如果能治理住五害，意味著人已經是天地的主宰了。

《管子》中，經常將人與天地並舉，「一曰天之，二曰地之，三曰人之」（《九守》），「天以時為權，地以財為權，人以力為權，君以令為權」（《山權數》），這種表達形式意味著人獲得了與天地同等的地位，《形勢》篇說得更明白，「有無棄之言者，必參於天地也。」

人格化天的時代，天就是神，這時在天、君、民的三元格局中，主張以神為本，君、臣、民都是唯神是從，聽命於神。在《管子》的國家起源理論中，神化的天被排除出去，代之的是自然之天。只有將神（天）在格局中的根本地位取消，「以人為本」才可能進一步孕育出民本觀念，「以人為本」觀念對民本理論的形成有著重要的前提意義。《管子》的「以人為本」思想主要反映在其對天與人的關係論述中，而《霸言》篇中出現的被今天很多學者認為是我國歷史上「以人為本」概念的首次提出，甚至有人用近代西方的人本主義相比附，實際上所表達的內容主旨是「以民為本」。

4.2.2 「以民為本」

「以人為本」將人類的決定權從神拉回到人類自身，人自己把握人類社會包括政治的決定權。而在君、臣、民的三元格局中，民最終代替神成為新的根本。《老子》四十九章說：「聖人無常心，以百姓之心為心。」韓非子說：「君上之於民也，有難則盡其死，安平則盡其力」（《韓非子·六反》）。孔子說治國要重民，「所重：民、食、喪、祭」（《論語·堯問》）。《孟子·盡心下》：「民為貴，社稷次之，君為輕。」《荀子·哀公》：「君者，舟也；庶人者，水也。水則載舟，水則覆舟。」

民本思想在齊地是有歷史文化傳承的，如東夷齊文化中的「夷俗仁」、「禮」俗、和「君子之國」等。姜齊初祖太公認為：「天下非一人之天下，乃天下之

天下也。同天下之利者則得天下，擅天下之利者則失天下」〔註15〕，論述了「天下」、「天下之人」和「得天下者」三者之間的關係，意識到天下之人即「民」在天下的地位及其對「得天下者」重要性。姜齊太公還對如何「愛民」有具體的論述，《說苑‧政理》記載：「武王問於太公曰：『治國之道若何？』太公對曰：『治國之道，愛民而已。曰：『愛民若何？』曰：『利之而勿害，成之勿敗，生之勿殺，與之勿奪，樂之勿苦，喜之勿怒，此治國之道，使民之誼也，愛之而已矣。」〔註16〕

《管子‧霸言》曰：

> 主尊臣卑，上威下敬，令行人服，理之至也。使天下兩天子，天下不可理也：一國而兩君，一國不可理也；一家而兩父，一家不可理也。夫令，不高不行，不摶不聽。堯舜之人，非生而理也；桀紂之人，非生而亂也。故理亂在上也。夫霸王之所始也，以人為本。本理則國固，本亂則國危。

這段話有這樣幾層意思：第一，一個國家只能有一個統治核心，一個君主，否則會引起國亂；第二，民眾的理、亂與否取決於君主，君主要成霸王之功，必須重視「人」（即民）的問題，只有人的問題解決了，國家才會穩固。這段話最引人注目的就是「以人為本」這四個字，但很明顯，從文本內容來看，這段話的主題是君民關係，談霸王之道，要從重人（民）開始，因為人（民）是國家構成中的主體，故國要以民為本，君要以民為本。

民對君、對國的重要性，在《管子》中經常被提及。《霸言》篇說：「夫爭天下者，必先爭人。明大數者得人，審小計者失人。得天下之眾者王，得其半者霸。」《五輔》說：「古之聖王，所以取明名廣譽、厚功大業，顯於天下，不忘於後世，非得人者，未之嘗聞。暴王之所以失國家，危社稷，覆宗廟，滅於天下，非失人者，未之嘗聞。……故曰：人不可不務也，此天下之極也。」《權脩》：「天下者，國之本也；國者，鄉之本也；鄉者，家之本也；家者，人之本也；人者，身之本也；身者，治之本也。」《霸形》篇中說的更明確：

> 桓公在位，管仲、隰朋見。立有間，有貳鴻飛而過之。桓公歎曰：「仲父，今彼鴻鵠有時而南，有時而北，有時而往，有時而來，

〔註15〕曹勝高，安娜譯注，六韜‧鬼谷子〔M〕，北京：中華書局，2007：7。
〔註16〕〔漢〕劉向撰，向宗魯校證，說苑校證〔M〕，北京：中華書局，1987：151。

四方無遠，所欲至而至焉，非唯有羽翼之故，是以能通其意於天下乎？」管仲、隰朋不對。桓公曰：「二子何故不對？」管子對曰：「君有霸王之心，而夷吾非霸王之臣也，是以不敢對。」桓公曰：「仲父胡爲然？盍不當言，寡人其有鄉乎？寡人之有仲父也，猶飛鴻之有羽翼也，若濟大水有舟楫也。仲父不一言教寡人，寡人之有耳，將安聞道而得度哉。」管子對曰：「君若將欲霸王舉大事乎？則必從其本事矣。」桓公變躬遷席，拱手而問曰：「敢問何謂其本？」管子對曰：「齊國百姓，公之本也。」

齊桓公初認爲，自己要成霸王之事，有管仲、隰朋這些霸王之臣就足夠了。管仲則不然，他認爲要想成霸王之事，必須重「本」，齊國的老百姓才是「本」。《形勢》篇說：「持滿者與天，安危者在人」，能否保持強盛，在於順從天道，而國之安危，則在於是否得人，將民（人）置於與天道同樣重要的地位。《說苑‧建本》記載：「齊桓公問管仲曰：『王者何貴？』曰：『貴天。』桓公仰而視天。管仲曰：『所謂天者，非蒼蒼莽莽之天也，君人者以百姓爲天。百姓與之則安，輔之則強，非之則危，背之則亡。』」〔註17〕荀子將君民關係比作舟與水的關係，《形勢解》中有與其很類似的比喻，「蛟龍，水蟲之神者也。乘於水則神立，失於水則神廢。人主，天下之有威者也。得民則威立，失民則威廢。蛟龍待得水而後立其神，人主待得民而後成其威」，君與民的關係，就像蛟龍與水之間一樣，君無民則威廢。

重本該如何呢？在上述《霸形》篇中，管仲有進一步論證，他說：「人甚憂饑，而稅斂重；人甚懼死，而刑政險；人甚傷勞，而上舉事不時。公輕其稅斂，則人不憂饑；緩其刑政，則人不懼死；舉事以時，則人不傷勞。」如果吃不飽但賦稅卻很重，害怕死亡卻有嚴刑酷法，很勞苦卻舉事不斷，老百姓就會流失，相反，減輕賦稅，緩其刑政，舉事以時，天下的老百姓就像流水一樣來歸附。齊桓公遵循管仲的建議，「使稅者百一鍾，孤幼不刑，澤梁時縱，關譏而不徵，市書而不賦；近者示之以忠信，遠者示之以禮義」，如此執行數年，終「百姓歸之如流水」。

故在《管子》的開篇之作《牧民》中，很明確地提出：「政之所興，在順民心；政之所廢，在逆民心」，也就是制定政策，要依民意，符合民情，要「愛之，利之，益之，安之」（《樞言》），這是一切政策的出發點和落腳點，「得眾

〔註17〕〔漢〕劉向撰，向宗魯校證，說苑校證〔M〕，北京：中華書局，1987：73。

而不得其心，則與獨行者同實」（《參患》）。這種順民心、民意的做法，《牧民》將其概括爲「予之爲取」的爲政原則：

> 民惡憂勞，我佚樂之；民惡貧賤，我富貴之；民惡危墜，我存安之；民惡滅絕，我生育之。能佚樂之，則民爲之憂勞；能富貴之，則民爲之貧賤；能存安之，則民爲之危墜；能生育之，則民爲之滅絕。故刑罰不足以畏其意，殺戮不足以服其心。故刑罰繁而意不恐，則令不行矣；殺戮眾而心不服，則上位危矣。故從其四欲，則遠者自親；行其四惡，則近者叛之。故知予之爲取者，政之寶也。

「予之爲取」通俗地說就是通過給予別人好處，最後自己獲得好處，以實現不同利益主體之間的統一。「予之爲取」的爲政理念在齊太公那裏已有雛形，《六韜·武韜》論述了「無取」與「取」之間的關係，「無取於民者，取民者也；無取於國者，取國者也；無取於天下者，取天下者也。」〔註18〕《管子》將「無取」和「取」之間的辯證關係進一步發展爲「予」和「取」的關係。首先，「民」位於價值關係中的主體地位，「君」是客體，「君」要爲「民」服務，實現「民」的價值需要，即「民惡憂勞，我佚樂之；民惡貧賤，我富貴之；民惡危墜，我存安之；民惡滅絕，我生育之。」然後「君」位於價值關係中的主體地位，「民」變爲客體，「民」爲「君」服務，實現「君」的價值需要，即「能佚樂之，則民爲之憂勞；能富貴之，則民爲之貧賤；能存安之，則民爲之危墜；能生育之，則民爲之滅絕」（《牧民》）。

概括來看，《管子》中的民本思想大致有這些比較鮮明的特色。

第一，順民心，重視與俗同化。前面已經說過，「順民心」就是依民情、民意，也就是與俗同化。與俗同化在齊國是有傳統的。太公望時，就特別提出「因其俗」，而與魯國的「變其俗」不相同。司馬遷在記述管仲本人的政治實踐時，也特別提到其爲政的一個特點，「與俗同好惡」，「俗之所欲，因而予之，俗之所否，因而去之。」〔註19〕前面《牧民》篇謂民有「四欲」（欲快樂、欲富貴、欲存安、欲子孫繁衍）和「四惡」（惡憂勞、惡貧賤、惡危墜、惡滅絕），這就是「俗」。只有與俗同化，瞭解老百姓所想要的和不想要的，才是真正的「民本」。

《管子》重法，主張以法治國。《重令》篇說：「安國在乎尊君，尊君在

〔註18〕 〔漢〕劉向撰，向宗魯校證，說苑校證〔M〕，北京：中華書局，1987：52。
〔註19〕 〔漢〕司馬遷，史記〔M〕，北京：中華書局，1959：2132。

乎行令，行令在乎嚴罰。罰嚴令行，則百吏皆恐。……故明君察於治民之本，本莫要於令。」《法法》篇說：「計上之所以愛民者，爲用之愛之也。爲愛民之故，不難毀法虧令，則是失所謂愛民矣。夫以愛民用民，則民之不用明矣。夫至用民者，殺之危之，勞之苦之，饑之渴之；用民者將致之此極也，而民毋可與慮害己者，明王在上，道法行於國，民皆捨所好而行所惡。」從上述引文「罰嚴令行，則百吏皆恐」、「治民之本，本莫要於令」、「至用民者，殺之危之，勞之苦之，饑之渴之」、「道法行於國，民皆捨所好而行所惡」來看，似乎有濃厚的嚴刑酷法氣味，因俗愛民的民本思想全無，有人稱之爲「法本」，準確地說應是「法治」。「法治」與「民本」對治國來說是並行不悖的，不存在互不相容的對立。「民本」所對應的是「神本」、「君本」，是指政治格局中誰居於根本的問題，「法治」與「德治」相對應，是指治國採用什麼方法的問題。二者非但不矛盾，而且還相得益彰。《重令》說：「治民之本，本莫要於令」，這裡的「令」不能等同於嚴刑酷法，準確地說應是制度之義。愛民並非匿民，而要「明必死之路，開必得之門」（《牧民》），讓老百姓知道什麼該做，什麼不該做。《管子》反對赦罪，「凡赦者，小利而大害者也，故久而不勝其禍。毋赦者，小害而大利者也，故久而不勝其福。故赦者，奔馬之委轡；毋赦者，痤疽之礦石也。」赦罪，表面上似乎是愛民，實際是害民，「上赦小過，則民多重罪，積之所生也」（《法法》）。在法與民之間，法的實施要以民心向背爲準。《形勢解》：「人是之所以令則行，禁則止者，必令於民之所好，而禁於民之所惡也。」《明法解》：「明法之道，在民所欲，以求其功，……立民所惡，以禁其邪。」如果法令超過了民力，不適合民情，也就失去了其權威性，《權脩》篇說：「民力竭，則令不行矣」，《版法》說：「民不足，令乃辱。民苦殃，令不行。」《法法》說：「法不法則令不行」，「令不行」的原因有多種：設法不宜，賞罰不宜，君主不以身先之等。

第二，民本要落到實處，有實際意義，要特別關注民生。《形勢解》說：「蒞民如父母，則民親愛之。道之純厚，遇之有實，雖不言曰吾親民，而民親矣。蒞民如仇讎，則民疏之。道之不厚，遇之無實，詐偽並起，雖言曰吾親民，民不親也」，民本不是掛在口頭上的言語，要發自內心地去親民、愛民，要「道之純厚，遇之有實」，給老百姓以真正的好處。《小匡》篇曰：「公修公族，家修家族，使相連以事，相及以祿，則民相親矣。放舊罪，修舊宗，立無後，則民殖矣。省刑罰，薄賦斂，則民富矣。鄉建賢士，使教於國，則民

有禮矣。出令不改，則民正矣。此愛民之道也。」《五輔》篇說「德有六興」：
「闢田疇，制壇宅，修樹藝，勸士民，勉稼穡，修牆屋，此謂厚其生。發伏
利，輸墆積，修道途，便關市，慎將宿，此謂輸之以財。導水潦，利陂溝，
決潘渚，潰泥滯，通鬱閉，慎津梁，此謂遺之以利。薄徵斂，輕徵賦，弛刑
罰，赦罪戾，宥小過，此謂寬其政。養長老，慈幼孤，恤鰥寡，問疾病，弔
禍喪，此謂匡其急。衣凍寒，食饑渴，匡貧窶，振罷露，資乏絕，此謂振其
窮。凡此六者，德之興也。六者既布，則民之所欲，無不得矣。」老百姓惡
貧賤，欲富貴，可以通過「厚其生」、「輸之以財」、「遺之以利」中的具體措
施得以實現；老百姓惡嚴刑酷法，故在政策法令上要「寬其政」；還有些老百
姓情況特殊，可以通過一些像國家救濟、慰問的辦法來「匡其急」、「振其窮」。
《管子》主張治國之道，必先富民，書中列舉了大量的富民措施，這部分內
容將在後面治國實踐的章節單獨論述。

　　第三，民本綱領是建立在「君民一體」認識的基礎上。一般認爲，民在
國家政治格局中是作爲君的對立面出現的，民本理論也就經常被視爲是一種
「後非眾無與守邦」（《國語‧周語上》）的政治統治術，君主穩固自己統治的
一種手段。民本理論的這種政治性，實質是不應輕易予以否定的，尤其是在
秦漢以後專制主義色彩特別濃的背景下。《管子》對民本的認識，也主要是基
於君、國統治的需要。不過同時，我們也應注意到《管子》在「民」和「人」
二詞的使用上並沒有賦予什麼區別意義，二者經常混用，這意味著它在談民
本的時候，經常是站在君民相同一的「人」的立場去考慮的，而非強烈的君、
民對立格局。《君臣上》：「明君順人心，安情性，而發於眾心之所聚。是以令
出而不稽，刑設而不用。先王善與民爲一體。與民爲一體，則是以國守國，
以民守民也」，只有君民一體，君民聯心，民才會有一種政治共同體的認同，
有一種爲國即是爲己的自覺意識。君民一體的認識，還體現在《管子》對民
的範圍界定上。《小匡》篇曰：「士、農、工、商四者，國之石民也。」在《管
子》看來，士、農、工、商四者，只是職業性質的不同，並沒有什麼貴賤高
低之分，都是國家的基石。《管子》中的「民」是一個範圍很大的概念，這就
導致君與民是不可能對立的。在涉及到具體利益時，《管子》認爲民（這裡指
狹義的，除士之外的民）的利益應先於士的利益，「先其士者之爲自犯，後其
民者之爲自贍」（《侈靡》）。《法禁》篇說：「昔者聖王之治人也，不貴其人博
學也，欲其人之和同以聽令也。《泰誓》曰：『紂有臣億萬人，亦有億萬之心；

武王有臣三千而一心。』故紂以億萬之心亡，武王以一心存。故有國之君，苟不能同人心，一國威，齊士義，通上之治以爲下法，則雖有廣地眾民，猶不能以爲安也，君失其道，則大臣比權重以相舉於國，小臣必循利以相就也」，「人之和同」即爲君民一體。

人是集自然屬性與社會屬性於一身的動物，對利欲的追求是人之自然本性；人又是影響國家、社會穩定的重要因子，「從國家管理的角度來說，既要重視人的社會性，又必須充分尊重人的自然本性」，「如果只是強調人的社會性，就很容易把人當作工具來利用；如果只強調人的自然本性，則又會容易形成無政府主義傾向。」〔註 20〕《管子》的民本思想既對人之利欲本性給予了認可，又充分意識到民之穩定對國家和君主的重要意義。既是一種統治術，也是「重人」理念的體現。

《七法》曰：「治人如治水潦，養人如養六畜，用人如用草木」，文中以「水潦」、「六畜」、「草木」喻人，有人認爲這是統治階級對百姓的歧視，抹殺人的尊嚴和價值，只是把人當作「會說話的工具」〔註 21〕。這種望文生義式的研究結論是由未確切領會《管子》治國理念所致。其實唐尹知章對這句話已作很準確的解讀：「治水潦者，必峻其堤防。養六畜者，必致其閒皂，堅其羈絆。用草木者，時入山林，輪轅不失其宜，樵蘇各得其所。」〔註 22〕所謂「峻其堤防」是指通過禮法並用來規範教化；「致其閒皂，堅其羈絆」實是無爲而治，雖設有管理的官員，但處「閒」的狀態，但同時老百姓卻猶如被鐵鍊栓住一樣，不願離去，「不推而往，不引自來」（《禁藏》）；《權脩》篇有「一年之計，莫如樹穀；十年之計，莫如樹木；終身之計，莫如樹人」，人才是要靠培養而來，如同草木一樣，而且草木用途各異，人才也一樣。

當然，對《管子》的民本思想也不能隨意比附誇大。除不能想當然地稱爲「人本主義」外，更不能將其稱爲「民主主義」。林肯曾用「由人民構成、由人民統治並對人民負責」來定義什麼是民主的政府，這個定義凸現了民主的三個核心特徵：第一，對「人民」的強調意味著政治平等，即對政治權力和影響的平等分配；第二，政府「由」著人民強調了大眾參與的重要性；第

〔註 20〕邵先鋒，《管子》與《晏子春秋》治國思想比較研究〔M〕，濟南：齊魯書社，2008：54。

〔註 21〕邵先鋒，《管子》與《晏子春秋》治國思想比較研究〔M〕，濟南：齊魯書社，2008：57。

〔註 22〕黎翔鳳，管子校注〔M〕，北京：中華書局，2004：111～112。

三，政府「爲」著人民突出了民主意味著按公共利益實施的統治理由。〔註23〕如用這三個特徵來比衡《管子》的民本思想，只能說在依民意、重民方面有類似處，至於民權、民治基本是無從談起的。

先秦政治思想中對民的態度可以分爲輕民和重民兩種，「輕民」主張君與民基本處於嚴重的對立狀態，「重民」則認爲君主要注意民對自己地位存在、鞏固的重要性，將君民對立轉化成君民一體，《管子》屬於後者。中國古代社會結構的一個顯著特徵是家國同構，這就決定了在國家和個人的利益關係上，個人需服從國家的整體利益，這是一種國家本位觀。《管子》以治國爲務，國家本位是其爲政的一個重要原則之一。不過，它在強調富國強兵的同時，並不忽視個人的利益和價值，尊重人的自然本性，這是《管子》民本理論的特色所在。

4.3 「以國爲國」的國家本位觀

4.3.1 百體從心，君爲政本

上述《管子》國家起源理論認爲「君」（智者）的出現是爲了結束在「自然狀態」下上下未別、夫婦未合、獸處群居、以力相征、智者詐愚、強者淩弱的混亂狀態。「仁智者君」，「君之所以爲君者，賞罰以爲君」（《君臣下》），「審於時而察於用，而能備官者，可奉以爲君也」（《牧民》），也就是說君主的出現是社會發展到一定階段需秩序化的必然要求，是文明進步的體現。他是作爲一種職能功用而出現的，「爲民興利除害，正民之德」（《君臣下》）；通過爵賞，罰罪，出號令，明憲法，來維護社會生活秩序，「孟春之朝，君自聽朝，論爵賞校官，終五日。季冬之夕，君自聽朝，論罰罪刑殺，亦終五日。正月之朔，百吏在朝，君乃出令，布憲於國。五鄉之師，五屬大夫，皆受憲於太史。大朝之日，五鄉之師，五屬大夫，皆身習憲於君前。太史既布憲，入籍於太府，憲籍分於君前。五鄉之師出朝，遂於鄉官，致於鄉屬，及於游宗，皆受憲」（《立政》）。

毋庸置疑，君主通過執行爵賞罰罪、出令布憲，將現實的一些政治權力（如立法權、決策權、人事任免權等）順理成章地歸爲己有，「明王之所操者

〔註23〕〔英〕安德魯·海伍德，政治學核心概念〔M〕，天津：天津人民出版社，2008：157～156。

六：生之，殺之，富之，貧之，貴之，賤之」（《任法》）。這自然也就使君主成為國家政治格局四個層次中最核心的，是政治之中心，主宰著國家和百姓的命運。《心術上》說：「心之在體，君之位也。」《立政》篇說：「令則行，禁則止，憲之所及，俗之所被，如百體之從心。」《重令》篇說：「安國在乎尊君。」《七臣七主》說：「權勢者，人主之所獨守也。」在《管子》看來，這種君權是合法的，其合法性源自於天高地下的自然秩序，「天，覆萬物，制寒暑，行日月，次星辰，天之常也。治之以理，終而復始。主，牧萬民，治天下，菹百官，主之常也。治之以法，終而復始」（《形勢解》）。

　　與古希臘具有民主制、貴族制、君主制等多種政體形式不同，中國古代的政體只有君主制一種形式。君主制的基礎是主權在君，而之所以把主權交給君主，在於心理上「渴求得到權威庇護，而又盼望將這種權威託付給能夠維護一種既定生活方式的可靠之人」。〔註24〕人類社會的秩序、道德、文明與君主緊密相聯，有沒有君主是影響國家治亂的因素中首要的、基本的，先秦諸子對此多有論述。《商君書·開塞》說：「夫利天下之民莫大於治，而治莫康於立君」；《韓非子·難一》說：「國無君不可以為治」；《荀子·富國》說：「無君以治臣，無上以制下，天下害生縱慾」。君主是維繫國家治亂安危的核心人物，這是先秦政治思想的共識，《管子》對此持同樣觀點。《管子》認為君主是道德的化身，「道也者，上之所以導民也。是故道德出於君」，「主身者，正德之本也；官治者，耳目之制也。身立而民化，德正而官治」，「道德定而民有軌矣」（《君臣上》）；君主知人善任，選賢任能，是官吏的任免者，「是故知善，人君也」，「論材量能，謀德而舉之」（《君臣上》），「論賢人，用有能，而民可使治」（《五輔》）；君主是法令的制定者、實施者，「夫生法者，君也」（《任法》），「君之所以為君者，賞罰以為君」（《君臣下》）；君主是軍權、作戰的掌控、指揮者，「萬乘之國，兵不可以無主」（《權脩》），「宿走所征伐之國，使群臣、大吏、父兄、便辟左右不能議成敗，人主之任也」（《地圖》）；君主是吏治的監察者，「博為之治而計其意」，「名為之說而況其功」（《宙合》）。

　　《管子》中最能直接體現「君為政本」的就是關於君臣關係論述，君臣同為國家的政治治理者，但權力、職責有明確的區分，大臣必須尊重君主的核心地位。上章在講《管子》的「心術」論已有所涉及，《君臣》上下篇等則

〔註24〕〔英〕布倫達·拉爾夫·劉易斯著，榮予，方力維譯，君主制的歷史〔M〕，北京：生活·讀書·新知三聯書店，2007：1。

將「百體從心」原則予以具體展開。「爲人君者，修官上之道，而不言其中；爲人臣者，比官中之事，而不言其外。君道不明，則受令者疑；權度不一，則修義者惑。民有疑惑貳豫之心，而上不能匡，則百姓之與間，猶揭表而令之止也。是故能象其道於國家，加之於百姓，而足以飾官化下者，明君也。能上盡言於主，下致力於民，而足以修義從令者，忠臣也。上惠其道，下敦其業，上下相希，若望參表，則邪者可知也」（《君臣上》），這裡提出了君臣之間的「明別」原則，君主是國家首腦，「修官上之道」，大臣只做「官中之事」，不允許超越自己的職責。何爲「官上之道」呢？「天有常象，地有常形，人有常禮。一設而不更，此謂三常。兼而一之，人君之道也」，也就是說君主把握天、地、人三者的規律，審時度勢、立法決策，統領全域，「執要而待之」（《君臣上》）。在君臣之間，必須以君爲本，「君臣共道則亂，專授則失」（《明法》），大臣專權，「臣爲亂臣，國家之衰也可坐而待之」（《君臣下》）。《四稱》認爲「有道之臣」如是：「委質爲臣，不賓事左右；君知則仕，不知則已。……事君有義，……近君爲拂，遠君爲輔，……不謗其君，不毀其辭。君若有過，進諫不疑；君若有憂，則臣服之。」爲維護君主的地位，《君臣下》提出要提防一些亂臣篡權之人：一是要防止「牆有耳，伏寇在側」；二是要防止上通下達的「中央之人」；三是要防止「四亂」，即「內有疑妻之妾，此宮亂也；庶有疑適之子，此家亂也；朝有疑相之臣，此國亂也；任官無能，此眾亂也」。通過上述君臣關係的論述，然後再來看歷史上對管仲頗有非議的「三歸」問題可能就容易理解了。

> 桓公立仲父，致大夫曰：「善吾者入門而右，不善吾者入門而左。」有中門而立者，桓公問焉。對曰：「管子之知，可與謀天下，其強可與取天下。君恃其信乎？內政委焉；外事斷焉。驅民而歸之，是亦可奪也。」桓公曰：「善。」乃謂管仲：「政則卒歸於子矣，政之所不及，唯子是匡。」管仲故築三歸之臺，以自傷於民。（《說苑·善說》）

> 齊桓公宮中七市，女閭七百，國人非之。管仲故爲三歸之家，以掩桓公，非自傷於民也！（《戰國策·東周策》）

不管是讓齊桓公相信自己不會篡權還是掩飾齊桓公的女色之好，都只一個主題：君爲政本。

4.3.2 國家本位原則

　　將君主置於政本的地位，在有利於國家、社會穩定的同時，也造就了君主專制獨裁的可能，「威勢獨在於主而不與臣共，法制獨制於主而不從臣出」（《明法解》）。在中國傳統政治思想中，尤其是秦統一後，君主實際成為了國家的代名詞，「『國家』和『民』在他們的理論中都是被擠盡了內涵的虛幻體，而君主作為主權者被賦予了更現實而完整的實體意義，特別是它與國家、民眾整體利益並沒有明確界限，在許多地方，它便成為後者利益的直接代表」〔註25〕。

　　君主擁有不受限制權力的政體形式被稱為專制君主制。專制是政治權力如何組織的一種形式，以壟斷、不受限制為特色。所要注意的是專制並不等於獨裁或極權。獨裁或極權是一種通過無所不在的思想控制與公開的恐怖、暴行而建立起來的無所不包的統治形式，對社會各方面和個人存在完全政治化。君主制是指政治權力由君主個人支配的統治體系，其特色是「權力在君」，與集體、政府等相對應。君主制與專制之間並不存在必然聯繫，專制可以指個人，也可以指集體，只要權力不受限制就可以稱為專制。君主制是中國古代政治體制的主要形式，依據君主制與專制結合的程度不同，可將中國的君主制以戰國為界簡單地劃分為早期的賢明君主制和晚期的專制君主制兩個階段。早期，也即君主制形成的初期，君主的權力由於受到各方面因素的限制，是有限的，甚至「含有一定量的共和民主因素」〔註26〕。

　　自西周末年始，人們就已經意識到君權單一權威原則的可能危害，開始把國與君加以區分。到春秋時，出現了「崇社稷」說和「尚公」說，認為誰當君主不重要，關鍵是國家利益不受損害，君主雖是國家的政治核心，但當與國家利益發生衝突時，國家利益應至上。《左傳·昭公二十七年》記載吳公子光殺王僚，襲王位，季札歸國後說：「苟先君無廢祀，民人無廢主，社稷有奉，國家無傾，乃吾君也」，也就是說不管誰當君主，只要國家利益不受損害就可以。商鞅說：「堯舜之位天下也，非私天下之利也，為天下位天下也」，「今亂世之君臣，區區皆欲擅一國之利而管一官之重，以便其私，此國之所以危也」（《商君書·權脩》），反對君主以公為私，國家才是目的，君主只是工具。

〔註25〕劉澤華，中國傳統政治思維〔M〕，長春：吉林教育出版社，1991：331。
〔註26〕王連升、宣兆琦，論齊國的開明君主制〔J〕，《管子學刊》編輯部，管子和齊文化，北京：北京經濟學院出版社，1990：442。

晏子也曾說過:「君爲社稷死,則死之;爲社稷亡,則亡之。若爲己死,而爲己亡,非其私暱,誰敢任之」(《左傳・襄公二十五年》)。

「崇社稷」說或「尚公」說都是強調國家利益,認爲國家運行的目的僅僅在於國家本身,君主必須服從國家利益來限制其權力。前一節中談及的「民本」思想也是一種限制君主權力的理念,認爲君主地位要想得以穩固必須要愛民、富民、利民,以民爲本。一般以爲,在先秦諸子體系中,法家主張「國家至上論」以限制君權,儒家主張「民本論」以限制君權。這兩條路徑在《管子》中卻相互交融在了一起,因爲《管子》認爲「民體以爲國」,重民與重國是一致的。當然也正如前面所言,「國家」和「民」在後來實際上是被擠盡了內涵的虛幻體,「國家至上」和「全民目的」只是一種表現形式,「實際上爲君主提供了一條通向專制權力的曲徑。」〔註27〕但也不能因君主制後期的專制趨向而將前期比較開明的君主制事實一概予以否定,而且專制的演化也是由後期多種因素共同造就的,二者之間不存在必然聯繫。

所謂「國家本位」是指在國家的各種政治活動中以國家利益爲中心的一種價值取向。《管子》以治國爲務,其內容涉及政治、經濟、軍事、法制、道德教化、外交、科技等諸多方面,之所以涉及面如此之廣,就在於這些方面是治國之中所必須面對的,國家是其中心論題,它始終在圍繞著如何國強民富而展開論述,可見「國家本位」是其一基本政治原則。

「國家本位」思想在《管子》中大致有如下諸種體現。

首先,「崇社稷」說和「天下」觀念。《管子》中也有明確的崇社稷說,《大匡》篇記載了管仲與召忽的一段對話,召忽願爲公子糾死,管仲則曰:「夷吾之爲君臣也,將承君命,奉社稷,以持宗廟,豈死一糾哉?夷吾之所死者,社稷破,宗廟滅,祭祀絕,則夷吾死之;非此三者,則夷吾生。夷吾生,則齊國利;夷吾死,則齊國不利。」社稷、宗廟、祭祀都是國家的象徵,管仲爲政,並不是爲某個人、某個君主,爲得是齊國的利益,在管仲心中,齊國的地位要高於公子糾乃至後來的齊桓公。

不僅如此,中國傳統文化中的一個核心價值觀念「天下」在《管子》中頻繁出現,這說明《管子》對現實政治的考慮,其視野並非僅局限在齊國之內。「天下」觀念是中國古代政治文化中一個重要命題,「古籍中以家、國、天下連稱,指積家成國,積國成天下,故三代統一諸國,稱有天下;由統一

〔註27〕劉澤華,中國傳統政治思維〔M〕,長春:吉林教育出版社,1991:332。

而分裂，稱失天下。所說天下，指全中國。統一天下，即統一全中國」〔註28〕，「所謂『王天下』，實即等於現代人理想中的創建世界政府」，「他們常有一個『天下觀念』超乎於國家觀念之上。他們常願超越國家的疆界，來行道於天下，來求天下太平。」〔註29〕孔子盛讚管仲「相桓公，霸諸侯，一匡天下」（《論語‧憲問》），「天下」可謂管仲在實現齊國富強後的終極關懷。管仲的這種「天下」關懷滲透於《管子》的諸多政論文字中。《中匡》篇記載：

> 公曰：「寡人願聞國君之信。」對曰：「民愛之，鄰國親之，天下信之，此國君之信。」公曰：「善。請問信安始而可？」對曰：「始於為身，中於為國，成於為天下。」公曰：「請問為身。」對曰：「道血氣以求長年，長心，長德。此為身也。」公曰：「請問為國。」對曰：「遠舉賢人，慈愛百姓，外存亡國，繼絕世，起諸孤，薄稅斂，輕刑罰，此為國之大禮也。法行而不苛，刑廉而不赦，有司寬而不凌，苑濁困滯，皆法度不亡，往行不來，而民遊世矣，此為天下也。」

這裡清晰地反映了《管子》「理想天下」的模樣：法令推行而不苛刻，刑罰簡精而不隨便亂赦，官員寬厚，屈辱窮困者，皆有法令制度保護，往行不受約束，百姓和樂於世。同時也表達了國君要有「為天下」的政治自覺和能力。《管子》中以「天下」的開闊視野來談其治國理念的很多。《權脩》曰：「欲為天下者，必重用其國；欲為其國者，必重用其民；欲為其民者，必重盡其民力。」《輕重甲》說：「輕重無數，物發而應之，聞聲而乘之。故為國不能來天下之財，致天下之民，則國不可成。」《心術下》：「聖人若天然，無私覆也；若地然，無私載也」，「私者，亂天下者也。」《牧民》篇說：「天下不患無臣，患無君以使之；天下不患無財，患無人以分之」，而且還進一步提出：

> 以家為鄉，鄉不可為也；以鄉為國，國不可為也；以國為天下，天下不可為也。以家為家，以鄉為鄉，以國為國，以天下為天下。
>
> 毋曰不同生，遠者不聽；毋曰不同鄉，遠者不行；毋曰不同國，遠者不從。如地如天，何私何親？如月如日，唯君之節。

治理一家、一鄉、一國乃至天下者，要像天地日月一樣，不徇私親，要以家為本，以鄉為本，以國為本，以天下為本。

其次，「令尊於君」。《任法》篇說：「夫生法者，君也」，法令是由君主制

〔註28〕 商務印書館編輯部編，辭源〔K〕，北京：商務印書館，1979：683。
〔註29〕 錢穆，中國文化史導論〔M〕，北京：商務印書館，1994：37，48。

定而產生的。這就極有可能使君主要凌駕於法令之上。對此,《管子》並不這麼認為,而是法令雖然由君主產生,但法更出於道。《心術上》說:「法出乎權,權出乎道」,《法法》篇說:「憲律制度必法道」,君主治國以天道為準,君主只是將法從道中提煉出來,因此,君主是要守法的,故《任法》篇進一步說:「君臣上下貴賤皆從法,此謂為大治。」君主制定法令的目的是為了「舉錯而已」,使人有法可循,不但不為自己的利益,「使法擇人,不自舉也;使法量功,不自度也」(《明法》),而且還要「置法以自治,立儀以自正也」(《法法》),用法來約束自己。法令在制定出來以後,有其嚴肅性,為保證法令的至高無上的權威,故不能隨意更改,「法不可以無恒」(《任法》),更要「不為君欲變其令,令尊於君」(《法法》)。君主要帶頭守法,起一種楷模、表率的作用,否則「為人上者釋法而行私,則為人臣者援私以為公」(《君臣上》),國家就會混亂。

《重令》篇說:

> 凡君國之重器,莫重於令。令重則君尊,君尊則國安;令輕則君卑,君卑則國危。故安國在乎尊君,尊君在乎行令,行令在乎嚴罰。罰嚴令行,則百吏皆恐;罰不嚴,令不行,則百吏皆喜。故明君察於治民之本,本莫要於令。故曰:虧令者死,益令者死,不行令者死,留令者死,不從令者死。五者死而無赦,唯令是視。故曰:令重而下恐。

政治格局中,要尊君;治國方式方面,要重法令。「令重則君尊,君尊則國安」,在法令、君主、國家三者之間,國安是最終目的,國安在於尊君,尊君則以重令為前提,故從「令尊於君」來看,國家的利益是處於本位的。

第三,以國家強盛為幸福。《霸形》篇記載了這樣一段故事:

> 宋伐杞,狄伐邢、衛。桓公不救,裸體紉胸稱疾。召管仲曰:「寡人有千歲之食,而無百歲之壽,今有疾病,姑樂乎?」管子曰:「諾。」於是令之縣鍾磬之榱,陳歌舞竽瑟之樂,日殺數十牛者數旬。群臣進諫曰:「宋伐杞,狄伐邢、衛,君不可不救。」桓公曰:「寡人有千歲之食,而無百歲之壽,今又疾病,姑樂乎!且彼非伐寡人之國也,伐鄰國也,子無事焉。」宋已取杞,狄已拔邢、衛矣。桓公起,行筍虡之間,管子從,至大鍾之西,桓公南面而立,管仲北鄉對之。大鍾鳴,桓公親管仲曰:「樂夫,仲父!」管子對曰:「此臣之所謂

哀，非樂也。臣聞之，古者之言樂於鍾磬之間者不如此。言脫於口，
而令行乎天下，遊鍾磬之間，而無四面兵革之憂。今君之事，言脫
於口，令不得行於天下，在鍾磬之間，而有四面兵革之憂。此臣之
所謂哀，非樂也。」

　　從一個人的幸福觀可以得出他的價值理念，是追求個人享樂，還是集體、
國家利益至上。齊桓公認為自己雖貴為一國之君，擁有無盡的財富，但卻沒
有百歲之壽，還不如及時行樂，無須整天理朝政，勞煩國事。管仲則正相反，
他認為齊桓公所謂個人享樂的幸福實是他的悲哀，真正的幸福是令能行於天
下而沒有人違背，國家周外沒有戰爭之擔憂，國家強盛。很明顯，這裡將國
家利益置於了君主個人享樂之上。

　　第四，任公不任私。《管子》認為公是「天道」的最根本特徵，「天公平
而無私，故美惡莫不覆。地公平而無私，故大小莫不載」（《形勢解》），因此，
公即強調國家利益，也就成為一普遍的政治原則。君主要以「公」來治理天
下，「一言得而天下服，一言定而天下聽，公之謂也」（《內業》），「不為重寶
虧其命，故曰：令貴於寶。不為愛親危其社稷，故曰：社稷戚於親。不為愛
人枉其法，故曰：法愛於人」（《七法》），重令，重社稷，重法。《任法》曰：
「聖君任法而不任智，任數而不任說，任公而不任私，任大道而不任小物，
然後身佚而天下治。」《權脩》篇說：「地之生財有時，民之用力有倦，而人
君之欲無窮。以有時與有倦養無窮之君，而度量不生於其間，則上下相疾也。
是以臣有殺其君，子有殺其父者矣。故取於民有度，用之有止，國雖小必安；
取於民無度，用之不止，國雖大必危」，國君要取民有度，不要因一己私欲而
損害國家利益。在官吏的任免上，國君也要慎重，要選拔那些能致力於國家
利益的人，「君之所慎者四：一曰大德不至仁，不可以授國柄；二曰見賢不能
讓，不可與尊位；三曰罰避親貴，不可使主兵；四曰不好本事，不務地利，
而輕賦斂，不可與都邑。此四務者，安危之本也。故曰卿相不得眾，國之危
也；大臣不和同，國之危也；兵主不足畏，國之危也；民不懷其產，國之危
也」（《立政》）。

　　第五，朝議、神權、二守、諫諍以制約君權。最有可能對「國家本位」
理念產生破壞作用的就是君權的肆意氾濫，因此，為凸出「國家」地位，減
弱君權，除上述的一些原則性綱領外，在《管子》中，還能看到一些具體、
實用的制度和措施。

　　朝議制度。朝議制度發源於原始社會末期各氏族、部落和部落聯盟議事會的一種決策制度，初步形成於先秦時期，在秦漢時期得以確立。其功用有二：一是保證君主決策的科學性；一是對君主權力起一種制約作用。《周禮・秋官・朝士》中就記載了西周時的三朝制度：周天子之宮有五門，由外而內依次為皐門、庫門、雉門、應門、路門，路門內為燕朝，路門外為治朝，皐門、庫門外為外朝，分別朝「國人」、諸卿大夫、執政大臣。這種朝議制度在《管子》中依稀可見，《立政》篇中的「孟春之朝，君自聽朝」、「季冬之夕，君自聽朝」、「正月之朔，百吏在朝」就是這種制度的反映。

　　神權約束。前面已述，《管子》中大部分所談論的天是「自然之天」，但是，出於「順民之經」、樹立君主權威和諸侯國之間鬥爭之需，人格化的、神聖之天還必須保存下來，只是更多地被當作一種政治工具。《形勢》篇實際是一篇論述君主如何保住自己尊貴地位的政治哲學論文，要求君主言可復、行可再，蛟龍能神在於得水，虎豹有威在於託幽，君主要務君之職，否則，就會山崩淵涸。「山高而不崩，則祈羊至矣。淵深而不涸，則沈玉極矣」，祈羊、沈玉為祭祀用品，這裡實際有雙重意味：一是如果君主處於尊位行君事，神權自然就會庇祐，「祈羊至」、「沈玉極」；另一是如果君主處於尊位而不行君事，祈羊則不至，沈玉則不極，最終山崩淵涸。《小匡》篇記載葵丘之會上，齊桓公開始有驕益之色，發出「昔三代之受命者，其異於此乎」之問，管仲遂以「鳳皇鸞鳥不降」、「庶神不格、守龜不兆」、無「龍龜假，河出圖，洛出書，地出乘黃」祥瑞之事等予以壓制。

　　國、高二守。西周早期有師、保制度，如周武王時，太公為師，周公為保，以輔佐天子管理軍國大事，其後演化為卿佐制度。《左傳・襄公十四年》記載：「有君而為之二，使師保之，勿使過渡……善則賞之，過則匡之，患則救之，失則革之，自王以下各有父兄子弟以補察其政。」「二」即為卿佐，職責為對君主「賞之」、「匡之」、「救之」、「革之」，以制約君主。《管子》中提及的國、高二守握有二軍，就是這種限制君權的卿佐設置。

　　諫諍。諫諍既是對君權的維護，同時也是對其的制約。在《管子》中，有許多管仲、鮑叔牙、東郭牙等敢於直諫的例子，而這些諫言，也是大部分為齊桓公所採納的。《大匡》篇記載，齊桓公準備「欲以諸侯間無事」小修兵革，管仲以「百姓病」而說服之。《戒》篇記載，桓公欲東遊，司馬進諫要仿先王之遊，管仲解釋曰：「先王之遊也，春出，原農事之不本者，謂之遊。秋

出，補人之不足者，謂之夕。夫師行而糧食其民者，謂之亡。從樂而不反者，謂之荒。先王有遊夕之業於人，無荒亡之行於身」，桓公欣然接受，稱爲「寶法」。

4.3.3 賢明君主制

《管子》將國家的利益放在其思想價值體系的核心位置，政治格局中的四個層次皆圍繞著國家展開活動：人格意志之天已被利用爲治國的工具；自然之天則是天道論之源；百姓被視爲國家存在的根本；臣爲國家治理的九竅分職；君主在被突出爲政本的同時，一方面通過限制君權來突出國家本位，另一方面還從正面塑造了以國家、天下爲重的賢明君主形象，「明名廣譽，厚功大業，顯於天下，不忘於後世」（《五輔》）。

《管子》清楚地認識到在君主制體系下，君主的典範作用不可低估。《七臣七主》篇說：「一國之存亡在其主，天下得失，道一人出」，《牧民》篇也說：「御民之轡，在上之所貴；道民之門，在上之所先；召民之路，在上之所好惡」，故「君求之則臣得之，君嗜之則臣食之，君好之則臣服之，君惡之則臣匿之。」具體來說，如果「主好本則民好墾草萊，主好貨則人賈市，主好宮室則工匠巧，主好文采則女工靡。夫楚王好小腰而美人省食，吳王好劍而國士輕死」（《七臣七主》），民眾喜歡以君主爲榜樣，因此君主首先自己要注意形象品行和好惡，以能夠對民眾有正確的引導，「毋蔽汝惡，毋異汝度」（《牧民》）。《七臣七主》篇隨後共列舉了七種類型的君主：申主、惠主、侵主、芒主、勞主、振主、亡主，以供君主「以還自鏡，以知得失」。在這七種類型君主中，除申主外，其他都屬不好的一類。所謂「申主」，即有所約束的君主，「任勢守數以爲常，周聽近遠以續明。皆要審則法令固，賞罰必則下服度。不備待而得和，則民反素也」，一個好的君主應能做到順應形勢，遵守數理，周聽兼明，法令適宜周密，誠信賞罰，虛靜無爲。《任法》篇從賞、罰、斷三個主術的角度將君主分爲三類：上主、中主和危主；上主不因己之愛惡去賞罰，置儀設法以度量決斷；中主以己之愛惡去賞罰並以己心斷；危主以臣之愛惡去賞罰，以臣意去決斷。《四稱》篇列了「有道之君」和「無道之君」兩種類型的君主，以作當政者借鑒之用；其中有道之君如是：「敬其山川、宗廟、社稷，及至先故之大臣，收聚以忠而大富之。固其武臣，宣用其力。聖人在前，貞廉在側，竟稱於義。上下皆飾，形正明察，四時不貸，民亦不憂，五

穀蓄殖。外內均和，諸侯臣伏，國家安寧，不用兵革。受其幣帛，以懷其德，昭受其令，以爲法式。」《正世》篇謂：「君道立，然後下從；下從，故教可立而化可成也。」

《管子》中的「明主」大致有如下幾個特徵。

第一、明主有廣博的愛心，爲民除害興利，有公正無私的道德品行，並善於以道化民。《管子》認爲賢明君主要以天下爲己任，「救天下之禍，安天下之危」（《形勢解》）。要爲民除害興利，《正世》篇說：「夫五帝三王所以成功立名，顯於後世者，以爲天下致利除害也。」對待百姓要「薄稅斂，毋苛於民，待以忠愛」（《五輔》），做到「德澤加入天下，惠施於萬物」（《形勢解》）。在處理政事時，要「如地如天，何私何親，如日如月，唯君唯節」（《牧民》），具有象日月天地一樣的品行，《任法》篇說：「任公而不任私，任大道而不任小物」，「以公正論」，「以法制行之，如天地之無私也」，《法法》篇說：「不以祿爵私所愛。」在高尚的道德品行的感召下，然後「能象其道於國家，加之於百姓」（《君臣上》），將「道」用於國家、百姓治理中，「飾大義，審時節，上以禮神明，下以義輔佐者」（《君臣下》），最終飾官化下，天下歸附。

第二、明主能「不失其常」、「不易其則」。《形勢解》說：「天不失其常，則寒暑得其時，日月星辰得其序」，「地不易其則，故萬物生焉」，天地日月星辰都有自己的運行規律，古今一也，從不改變，作爲明主也如是，要有恆常穩定的行爲，只有「主不失其常」，群臣才會「得其義」，百官才會「守其事」，百姓才會「安焉」。《法法》篇說的更明白，「號令已出又易之，禮義已行又止之，度量已制又遷之，刑法已錯又移之。如是，則慶賞雖重，民不勸也；殺戮雖繁，民不畏也。故曰：上無固植，下有疑心。國無常經，民力必竭，數也」，號令、禮義、度量、刑法之類，一經制定，就不能隨意更改，因此，明主要有「固植（志）」，這是必然之理。《任法》篇說：「聖君任法而不任智，任數而不任說」，「法」、「數」皆有規則不變之義，「智」、「說」則表面似乎精巧，但經常變易，而且「任何知性設計、個人知識的統治，都無疑是掛一漏萬，舉一廢百，偏離政治對象的本性」〔註30〕，老子說：「以智治國，國之賊；不以智治國，國之福」（六十五章），與此同理。

第三、明主善於選賢任能，知人善任。明主治理國家，首先在務人。因此，明主必須「論賢人，用有能」（《五輔》），挑選有德行，有才能的人務事。

〔註30〕謝揚舉，道家哲學之研究〔M〕，西安：陝西人民出版社，2003：170。

對所挑選的人要「盡知其短長，知其所不能益」(《君臣上》)，並在使用時要「任其所長，不任其所短」(《形勢解》)。

第四、明主能善用「南面之術」。「南面之術」即爲君的一些管理手段，如法、令、勢、賞罰等，《明法解》說：「人主者，擅生殺，處威勢，操令行禁止之柄，以御其群臣」，明主善於用手中的生殺大權，獨尊的地位，法令制度來控制群臣。《任法》篇認爲「法者，天下之至道也，聖君之寶用。」《五輔》曰：「凡君國之重器，莫重於令。」明君如能很好地運用法令，則會君尊而國安。《版法解》曰：「立三器，則國治」，「三器者何也？曰：號令也、斧鉞也、祿賞也。」《法法》說：「凡人君之所以爲君者，勢也。故人君失勢，則臣制之矣。勢在下，則君制於臣矣；勢在上，則臣制於君矣」。《明法解》說：「明主在上位，有必治之勢，則群臣不敢爲非」，「故明主操必勝之數，以治必用之民；處必尊之勢，以制必服之臣」，如此則「不可得欺也」。

第五、明主能兼聽獨斷。《明法解》說：「明主者，兼聽獨斷，多其門戶。群臣之道，下得明上，賤則言貴，故姦人不敢欺。」所謂「兼聽」，即在決策前彙集各方面的信息，徵詢意見，而且不分貴賤。《牧民》篇說：「言室滿室，言堂滿堂，是謂聖王。」如何兼聽呢？《管子》提出「嘖室之議」的方式。《桓公問》篇：

> 齊桓公問管子曰：「吾念有而勿失，得而勿忘，爲之有道乎？」對曰：「勿創勿作，時至而隨。毋以私好惡害公正，察民所惡，以自爲戒。黃帝立明臺之議者，上觀於賢也。堯有衢室之問者，下聽於人也。舜有告善之旌，而主不蔽也。禹立建鼓於朝，而備訊唉。湯有總街之庭，以觀人誹也。武王有靈臺之復，而賢者進也。此古聖帝明王所以有而勿失，得而勿忘者也。」桓公曰：「吾欲效而爲之，其名云何？」對曰：「名曰嘖室之議。曰法簡而易行，刑審而不犯，事約而易從，求寡而易足。人有非上之所過，謂之正士。內於嘖室之議，有司執事者，咸以厥事奉職，而不忘爲此嘖室之事也。請以東郭牙爲之，此人能以正事爭於君前者也。」桓公曰：「善。」

郭沫若考證認爲「嘖（音責）之爲字，義同於諫」〔註31〕，「嘖室」即「諫室」。

〔註31〕郭沫若，郭沫若全集‧管子校注（第七卷）〔M〕，北京：人民出版社，1984：269。

管仲首先託古以言今，列舉了歷史傳說中黃帝的「明臺之議」、堯的「衢室之問」、舜的「告善之旌」、禹的「建鼓於朝」、湯的「總街之庭」、武王的「靈臺之復」，這些都是先聖廣開言路、兼聽自戒的方法。然後建議仿傚先聖，創建「嘖室之議」，由善於直諫的東郭牙主持，廣納正士（即諫士），上下大小官吏除盡職於本分工作外，也要經常參與嘖室之事。

在「兼聽」的基礎上，君主最後作判斷的決策時應有獨立性，即「獨斷」。《霸言》：「夫權者，神聖之所資也；獨明者，天下之利器也；獨斷者，微密之營壘也。此三者，聖人之所則也。」「權」之目的在於治理的有效性，「明」在於不被假象所迷惑，「斷」在於於紛亂的各種意見中決斷。君主的權力是最大的，地位是最尊的，君主在政治決策的時候，要聽取旁人的意見但能不為旁人所左右。「兼聽」在於考慮周密，「獨斷」在於令行於是。「獨斷」以「兼聽」為基礎，「兼聽」並不非議「獨斷」。

第六、明主慎己，「有過則反」。《版法解》曰：「明君能勝六攻」，「六攻者何也？親也、貴也、貨也、色也、巧佞也、玩好也。」「六攻」即六種損壞明主形象的事物。《君臣下》謂：「君有過而不改謂之倒」，如有「倒君」，國家坐而衰之。明主對於自身的過錯，從不隱瞞，《小稱》謂：「身不善之患，毋患人莫己知」，就像「丹青在山，民知而取之。美珠在淵，民知而取之」，「民之觀也察矣，不可遁逃」，君主的過錯，百姓看得很清楚，因此，對於過錯，明主首先要敢於自省，「明王有過則反之於身」，要敢於承認自己的過錯，對「善罪身者」，百姓不會抓住他的過錯不放，對「不能罪身者」，百姓終將罪之。

《管子》對賢明君主形象的論述還有很多，這裡只列舉了主要幾項，其餘的在別的章節有論述。「明主之治天下也，必用聖人，而後天下治」（《形勢解》），明主是以聖人為自己參照的標準，德行、才能、術數皆全。在賢明君主的領導下，「萬民之心皆服而從上，推之而往，引之而來」，形成「民毋敢立私議自貴者，國毋怪嚴，毋雜俗，毋異禮，士毋私議」（《法法》）理想和諧的社會秩序。

《管子》的政治思想理念中最引現代人詬病非議的就是將治國稱為「牧民」，他們認為《管子》雖提出「富民」、「利民」等理念，但終將百姓置於牲畜的地位，「養民」與「養牲畜」等同，是一種對人格的極端歧視。這實際是用現代的「公民」、「人民」觀念去隨意比附古人的思想。《說文解字》釋「牧」

爲「養牛人也」〔註32〕，這是「牧」的原義。後引申爲官吏的稱號，《左傳·哀公十三年》：「王會諸侯，則伯帥侯、牧以見王」〔註33〕，明顯這裡與「侯」並列，已屬諸侯一類。這一意思在《周禮·天官·大宰》中看的更明確，「乃施典於邦國，而建其牧」，「繫邦國之民：一曰牧，以地得民。」〔註34〕《周禮》的解釋與《管子·牧民》「凡有地牧民者」的提法正好吻合，可見以「牧」稱管理者主要是因「有地」的緣故，這只是一種譬喻，而對「民」使用「牧」字更無什麼等級歧視之意。「牧民」在當時已成治理國家的一個通用術語，《左傳·襄公十四年》有「天生民而立之君，使司牧之，勿使失性」〔註35〕，《淮南子·精神訓》說：「夫牧民，猶畜禽獸也」〔註36〕，《孟子·公孫丑下》曰：「今有受人之牛羊而爲之牧之者，則爲之求牧與芻矣，求牧與芻而不得，則反諸其人乎？抑亦立而視其死與？」〔註37〕袁永飛認爲用「牧」來表達治理國家，「正是《管子》政治思想構建的政治文明模式的關鍵說明，透過它，可以發現其政治文明模式的具體形態，是農業型的政治文明模式。這種政治文明模式以中國傳統社會的農業三大要素即地利（耕地）、天時（曆法）和人力（勞動者）爲基本前提，以地利融會天時與人力的考量作爲思維指導，以聖王作爲政治管理者，以臣民作爲政治管理對象，以農產品的豐厚作爲政治管理目標，建立了與它相對應的政治文明體系」，是一種「追求富足、公法、和諧、大治的聖王政治管理模式。」〔註38〕

〔註32〕〔漢〕許慎撰，〔清〕段玉裁注，說文解字注〔K〕，上海：上海書店，1992：126。

〔註33〕楊伯峻，春秋左傳注〔M〕，北京：中華書局，2005：1678。

〔註34〕〔漢〕鄭玄注，〔唐〕賈公彥疏，彭林整理，周禮注疏〔M〕，上海：上海古籍出版社，2010：58，54。

〔註35〕楊伯峻，春秋左傳注〔M〕，北京：中華書局，2005：1016。

〔註36〕何寧，淮南子集釋〔M〕，北京：中華書局，1998：549。

〔註37〕楊伯峻，孟子譯注〔M〕，北京：中華書局，1960：85。

〔註38〕袁永飛，《管子》政治思想的當代審查〔J〕，郭因，龔武主編，管學論集（上）〔M〕，合肥：黃山書社，2010：243～254。

第五章 《管子》的禮、法構建

　　梁啓超曾將先秦政治思想總結爲四大潮流：無治主義，人治主義，禮治主義和法治主義。〔註1〕無治以老、莊爲代表，主張小國寡民，無爲自治，去除現存的禮、法制度，反樸歸眞，回歸大道。人治以儒、墨爲代表，也就是賢人政治，也可稱爲「德治」；孔子講「爲政在人」（《禮記·中庸》），孟子說「法先王」，荀子說「法後王」；墨家強調「尚賢」。禮治以儒家爲代表，《荀子·禮論》謂：「人生而有欲，欲而不得則不能無求，求而無度量分界則不能不爭，爭則亂，亂則窮，先王惡其亂也，故制禮義以分之」〔註2〕，《禮記·坊記》稱「禮者，因人情之節文以爲民坊者也」〔註3〕，用根據人情而加以修正的「禮」來道德教化，防患於未然，使人人成爲「自善之民」。法治以法家爲代表，主張「憲令著於官府，刑罰必於民心，賞存乎愼法，而罰加乎姦令者」〔註4〕（《韓非子·定法》），即制訂具體的成文法令，依靠國家權力，採用賞罰手段來強制執行，以治理社會。先秦政治思想的這四大潮流，我們習慣於某家對應某一或二潮流，實際這四大潮流的精髓於任一家中均有所反映，程度、側重不一而已，以治國爲務的《管子》更是將這四大潮流完全鎔鑄在了一起。無治、人治理念於前兩章節已有所涉及，本章主要以禮、法爲主線來探討《管子》的治國方式。

〔註1〕梁啓超，先秦政治思想史〔M〕，天津：天津古籍出版社，2003：224。

〔註2〕〔清〕王先謙，荀子集解〔M〕，北京：中華書局，1988：436。

〔註3〕李學勤主編，十三經注疏·禮記正義（上中下）〔M〕，北京：北京大學出版社，1999：1400。

〔註4〕〔清〕王先謙，韓非子集解〔M〕，北京：中華書局，1998：397。

5.1 「不摹古，不留今」的開放精神

文德爾班說：「人是有歷史的動物」〔註 5〕，人的政治思維不可能割斷歷史；而歷史往往是理解現實、認識現實和產生新的認識的源泉。《管子》所呈現的開放精神，為大家所共識。在先秦齊文化中，有三次大規模的變法運動：始祖姜齊「因其俗，簡其禮」，管仲改革和威王時期的鄒忌變法，其中後兩次正處於《管子》成書時間。「因其俗，簡其禮」常被用來形容齊文化的開放和革新精神，「變其俗，革其禮」（《史記·魯世家》）則被用來形容魯文化的因循和保守。在《管子》的歷史觀上，我們經常津津樂道於其「與時變」（《正世》）的思想，讚賞它的不因循保守。此說大體不差，但卻易誤導對《管子》開放精神的真正理解。法家思想提倡「不摹古」，《商君書·更法》曰：「然則反古者未必可非」，《韓非子·五蠹》曰：「世異則事異。」後人將《管子》歸於法家，「不摹古」是因素之一。不過，《管子》在提倡「不摹古」同時又強調「不留今」，即既不盲從古人，也不拘泥於今人。「不摹古」意味著「與時變」，「不留今」則意味著「與俗化」，由於「俗」是禮之起源，「與俗化」實際意味著對「古」的認可。

《管子》對古代的先王、聖道是持肯定態度的，這表現在書中多有「先聖」、「王道」、「聖人」之類言詞，且常以堯、舜、黃帝等舉例說明。《小問》記載：

> 桓公問管仲曰：「寡人欲霸，以二三子之功，既得霸矣。今吾有欲王，其可乎？」管仲對曰：「公嘗召叔牙而問焉。」鮑叔至，公又問焉。鮑叔對曰：「公嘗召賓胥無而問焉。」賓胥無趨而進，公又問焉。賓胥無對曰：「古之王者，其君豐，其臣教。今君之臣豐。」公遵遁繆然遠，二三子遂徐行而進。公曰：「昔者大王賢，王季賢，文王賢，武王賢。武王伐殷，克之，七年而崩。周公旦輔成王而治天下，僅能制於四海之內矣。今寡人之子不若寡人，寡人不若二三子。以此觀之，則吾不王必矣。」

齊桓公在自己霸業已成之後，想成就王道，管仲、鮑叔、賓胥無都持反對意見，理由是齊桓公「德」性不足。就連以賢著稱的周武王雖克殷成功，但七年後就崩逝，而周公旦也只能通過制禮來治理天下，這些在《管子》看

〔註 5〕 〔法〕文德爾班，歷史與自然科學〔M〕，北京：商務印書館，1964：61。

來也都是因「德」性不足而離「王天下」還很遠，可見其將「王天下」的先王聖道置於極高的位置。

《更法》曰：「神農既沒，以強勝弱，以眾暴寡，故黃帝作爲君臣上下之義、父子兄弟之禮、夫婦妃匹之合，內行刀鋸，外用甲兵。」《桓公問》曰：「黃帝立明臺之議者，上觀於賢也；堯有衢室之問者，下聽於人也；舜有告善之旌，而主不蔽也；禹立諫鼓於朝，而備訊也；湯有總街之庭，以觀人誹也；武王有靈臺之復，而賢者進也。此古聖帝明王所以有而勿失，得而勿忘者也。」《任法》曰：「昔者堯之治天下也，猶埴之在埏也，唯陶之所以爲；猶金之在爐；恣冶之所以鑄。其民引之而來，推之而往，使之而成，禁之而止。故堯之治也，善明法禁之令而已矣。黃帝之治天下也，其民不引而來，不推而往，不使而成，不禁而止。故黃帝之治也，置法而不變，使民安其法者也。」《五輔》曰：「古之聖王，所以取明名廣譽、厚功大業，顯於天下，不忘於後世，非得人者，未之嘗聞。暴王之所以失國家，危社稷，覆宗廟，滅於天下，非失人者，未之嘗聞。今有土之君，皆處欲安，動欲威，戰欲勝，守欲固，大者欲王天下，小者欲霸諸侯，而不務得人，是以小者兵挫而地削，大者身死而國亡。」《揆度》篇：「燧人以來，未有不以輕重爲天下也。共工之王，水處什之七，陸處什之三，乘天勢以隘制天下。至於黃帝之王，謹逃其爪牙，不利其器，燒山林，破增藪，焚沛澤，逐禽獸，實以益人，然後天下可得而牧也。至於堯舜之王，所以化海內者，北用禹氏之玉，南貴江漢之珠，其勝禽獸之仇，以大夫隨之。」《輕重戊》篇：「虙戲作，造六法，以迎陰陽，作九九之數以合天道，而天下化之。神農作，樹五穀淇山之陽，九州之民乃知穀食，而天下化之。燧人作，鑽燧生火，以熟葷臊，民食之無茲胃之病，而天下化之。黃帝之王，童山竭澤。有虞之王，燒曾藪，斬群害，以爲民利，封土爲社，置木爲閭，始民知禮也。當是其時，民無慍惡不服，而天下化之。夏人之王，外鑿二十虻，韘十七湛，疏三江，鑿五湖，道四涇之水，以商九州之高，以治九藪，民乃知城郭、門閭、室屋之築，而天下化之。殷人之王，立皂牢，服牛馬，以爲民利，而天下化之。周人之王，循六法，合陰陽，而天下化之。」此類甚多，不一枚舉。

《法法》篇：「黃帝唐虞，帝之隆也，資有天下，制在一人。當此之時也，兵不廢。今德不及三帝，天下不順，而求廢兵，不亦難乎？」黃帝、唐虞時，德行高隆，天下大順，統治穩固但都不會廢除軍備，而今天天下並不安定，

有人卻有「廢兵」之議，這在《管子》看來就是盲目「留今」。

當然《管子》中「與時變」的例子也很多，如《侈靡》篇曰：

「古之時與今之時同乎？」曰：「同」。「其人同乎？不同乎？」曰：「不同。可與政其誅。偕、堯之時，混吾之美在下，其道非獨出人也。山不同而用棧，澤不弊而養足，耕以自養，以其餘應良天子，故平。牛馬之牧不相及，人民之俗不相知，不出百里而來足。故卿而不理，靜也。其獄一踦腓，一踦屨而當死。今周公斷滿稽，斷首滿稽，斷足滿稽，而死民不服，非人性也，敝也。地重人載，毀敝而養不足，事末作而民興之，是以下名而上實也。聖人者，省諸本而游諸樂，大昏也，博夜也。」

《管子》認為古時資源不會被亂採亂伐，原因並非有什麼好的管理之道，而在於資源充足，供給有餘，人民也因此容易治理；當今雖刑罰嚴重，人民依舊難於管理，原因在於資源匱乏，因此要施侈靡之法，一反「儉樸」之傳統，「賤有實，敬無用」，以求財富的重新分配。

我們常為《管子》「不慕古，不留今」的歷史觀所吸引，而不去思索隱含在這種歷史觀背後的真正意味。「聖人者，明於治亂之道，習於人事之終始者也。其治人民也，期於利民而止。故其位齊也，不慕古，不留今，與時變，與俗化」（《正世》），這句話應作如是理解：聖人能很好地治理人民，關鍵在於知人情、知事理，明治亂之道，以利民為目的，而無關於是「古」還是「今」。對於《管子》一面提倡「不慕古」，一面又常以先王為例，有的學者認為《管子》是表面打著「先王」的旗號而實際是「法後王」，這只能說明其理解膚淺。《管子》所關心的是「知人事」，「明治亂」，並非拘泥於「古」、「今」之「時」辯。《勢》篇有言：「動靜者比於死，動作者比於醜。……夫靜與作，時以為主人，時以為客，貴得度。」乍看起來，「時以為主人，時以為客」似矛盾之語，其實不然：在靜還是作（動）的選擇上，以時為主，時不到，勿妄作；在「時」與「度」之間，以「度」為主，「度」不到，「時」也未來。

「不慕古」，否定過去是容易做到的。「不留今」，不拘泥於當前，則要比「不慕古」難得多。「不慕古，不留今」的歷史觀實際是對「古」、「今」之辯的超越，是對「時」的超越。正是在這種「古」、「今」的張力作用下，《管子》才呈現出真正的開放，將無治、人治、禮治、法治統一運用於治國實踐中。法家人物後來多災難，《管子》之原型的管仲能壽終正寢，與這種超越的歷史觀十分有關。

5.2 《管子》「禮」論

「禮」是中國文化的一大表徵，唐孔穎達說：「中國有禮義之大，故稱夏；有服章之美，謂之華。華、夏一也。」〔註6〕《管子》深諳「禮」在國家管理中的重要性，將其列於國之「四維」（禮、義、廉、恥）之首，《五輔》篇也將其列入治國「五經」（德、義、禮、法、權）之一。今本《管子》，對禮之源、禮之用、禮之儀、禮之義均有論述。

5.2.1 《管子》的民俗觀

從禮的功能角度看，禮起源於先民因權力和財富的分割而引起的社會分化，至於具體由什麼萌芽出來的，大致有五種說法：風俗說、人情說、祭祀說、禮儀說和交往說。〔註7〕這四種說法，均有合理之處，故都應該視爲禮之源。

民俗是國家形成之前維護社會關係的主要精神紐帶，在民間具有深厚的根基，並對後來形成的國家政治有著不可輕視的影響，尤其在未形成宗教政治的中華文明中，民俗有著類似於宗教的作用。國家出現後，民俗朝兩個方向發生演化，一是在民間繼續深入，一是進入國家上層，與權力相結合，形成統治之制度和思想。〔註8〕民俗是社會系統的一重要構成要素，與經濟、政治、道德、制度、人文意識之間有著難以割斷的聯繫。齊太公理齊後，很聰明地採取了順應當地已有的傳統民俗方針；管仲將這一方針繼承並發揚，認爲國家社會治理要充分認識、尊重民俗，並將齊地那些原始的民風民俗很自然地延用、融入到治國管理中，而且不少治國觀念以民風民俗爲立論基石。

《正世》篇將「察民俗」作爲治理天下者在從事之前必須要做的準備工作之一，明君要善於因俗而動。其舉例說，如果「民躁而行僻」，民風貪婪，行爲急噪，那麼「賞不可以不厚，禁不可以不重」，必須要重賞和重罰。訂立法令，設立賞罰要依據當地的民俗特點，如果民貪行躁，依舊從輕誅罰，罪過不發，則是助長淫亂和邪僻，看似有愛人之心，實際在害民。《水地》篇從水爲萬物本原的立論出發，通過考察齊、楚、越、秦、晉、燕、宋水之特徵，指出各地民風民俗的特質：

〔註6〕李學勤主編，十三經注疏·春秋左傳正義（上中下）〔M〕，北京：北京大學出版社，1999：1587。
〔註7〕楊志剛，中國禮儀制度研究〔M〕，上海：華東師範大學出版社，2001：4。
〔註8〕劉澤華，中國傳統政治思維〔M〕，長春：吉林教育出版社，1991：340。

夫齊之水道躁而復，故其民貪麤而好勇。楚之水淖弱而清，故其民輕果而賊。越之水濁重而洎，故其民愚疾而垢。秦之水泔㝡而稽，淤滯而雜，故其民貪戾，罔而好事齊。晉之水枯旱而運，淤滯而雜，故其民諂諛葆詐，巧佞而好利。燕之水萃下而弱，沉滯而雜，故其民愚戇而好貞，輕疾而易死。宋之水輕勁而清，故其民閒易而好正。是以聖人之化世也，其解在水。故水一則人心正，水清則民心易。一則欲不污，民心易則行無邪。是以聖人之治於世也，不人告也，不戶說也，其樞在水。

這些特質是君主「化世」所必須要掌握的第一手材料，「水一則人心正，水清則民心易。一則欲不污，民心易則行無邪」，根據民俗的「正」、「易」程度，採取對應的法令政策。

《形勢解》曰：「明主之治天下也，必用聖人，而後天下治；婦人之求夫家也，必用媒，而後家事成。故治天下而不用聖人，則天下乖亂而民不親也；求夫家而不用媒，則醜恥而人不信也。」這裡用男女婚姻需媒妁之言的民俗來譬喻君主治國需要賢德人才的輔助。《形勢解》從對春夏秋冬生長、收藏的季節民俗的認識推理出治國也要賞罰並用。《小稱》和《戒》篇都記載了管仲臨死前告戒齊桓公要遠離易牙、豎刁、公子開方的一段話。易牙烹飪其子以調味於齊桓公，豎刁自刑而為齊桓公治內，公子開方為侍奉齊桓公而十五年不回家看望其家人。這些在管仲看來都屬於品質惡劣的，違背了最起碼的民俗人倫：愛子、愛身、愛親。

《管子》中關於民風民俗的具體內容列舉的並不多，但治國要重民俗的觀念是無容置疑的。《權脩》篇的「審其好惡」、「觀其交遊」，《牧民》篇的民之「四惡」、「四欲」，《小匡》的「群居而州處」，讓人「相語」、「相親」、「相陳」以成事，都體現了對民俗的重視和利用。

當然，對不好民俗也不是一味的認可接受，而是要「正其習俗」（《形勢解》）。如何正？《管子》反對強制：一是要給予民利，給民以實實在在的好處，「國富則安鄉重家，安鄉重家則雖變俗易習……，而民不惡也」（《治國》）；二是通過禮義等教「化」的辦法，《七法》謂：「不明於化，而欲變俗易教，猶朝揉輪而夕欲乘車」，而且從小處做起，「謹小禮，行小義，修小廉，飾小恥」（《權脩》）三是君主垂範，「天子服文有章，而夫人不敢以燕以饗廟。將軍大夫以朝，官吏以命，士止於帶緣。散民不敢服雜采，百工商賈不得服長

鬡貂，刑餘戮民不敢服絻，不敢畜連乘車」（《立政》）。在治國要順民俗、正民俗的理念之下，《管子》將違反民俗者歸爲「不牧之民」，採取法誅的方式處理，「上不行君令，下不合於鄉里，變更自爲，易國之成俗者，命之曰不牧之民。不牧之民，繩之外也；繩之外誅」（《法法》）。

清代樸學大師惠士奇著有《禮說》十四卷，他說：「行禮順先典循故事，所謂禮俗」，「有一家之俗，有一國之俗，有天下之俗。一家之俗，大夫主之，一國之俗，諸侯主之，天下之俗，天子主之，而皆以一人爲轉移。」〔註9〕即禮源於俗，禮是俗的昇華，將不同的異俗上升爲共同遵循的禮，《七法》篇說：「一體之治者，去奇說，禁雕俗也」，即爲升俗爲禮。在民間即爲「俗」，至國家層面即爲「禮」，《法禁》篇所說的「施於國則成俗」中的「俗」，《重令》篇中的「國有經俗」，《法法》篇「國之成俗」都已是「禮」的含義。

《周禮‧大宰》曰：「禮俗以馭其民」〔註10〕，保留下來的、經過正易的、新養成的以及昇華了的禮於治國均具有積極意義，如《立政》所說：「上不加勉，而民自盡竭，俗之所期也。」從國家管理的角度看，尊重、順應民俗，不但可以獲取民心，而且由於「鄉殊俗」，各地民俗不樣，百姓習慣於家鄉的風俗，就不會四處流動，「則民不流矣」（《侈靡》）。

5.2.2 《管子》對「周禮」的承繼

《管子》重「禮」首先體現在治國的典章制度方面對「周禮」的承繼。南宋葉適認爲管仲是承繼了唐虞三代的理想王道的，他說：「（《周禮》）蓋周召之徒，因天下已定，集成其書，章明一代之典法，殆堯舜禹湯所無有，而古今事理之粹精特聚見於此。……凡國之政將一斷於是書」〔註11〕，但後人不識《周禮》爲周公之政法精粹，「專以《春秋》達王道，《詩》《書》《周官》取具而已」，甚至認爲「大小行人、司儀所以親待諸侯邦國之禮，學者徒謂其揖讓周旋之美都」，「此意至周衰惟管仲知之，故其言曰『招攜以禮，懷遠以德，德禮不易，無人不懷』」，惟「管仲識《周禮》尚存」。〔註12〕章學誠也謂：

〔註9〕〔清〕惠士奇，禮說‧天官上〔M〕，文津閣四庫全書本，北京：商務印書館，2006：3。
〔註10〕〔漢〕鄭玄注，〔唐〕孔穎達疏，彭樸整理，周禮注疏〔M〕，上海：上海古籍出版社，2010：41。
〔註11〕〔宋〕葉適，習學記言序目〔M〕，北京：中華書局，1977：83。
〔註12〕〔宋〕葉適，習學記言序目〔M〕，北京：中華書局，1977：90～91。

「管商法制，義存政典，禮教也。」〔註13〕《周禮》為周公之政法精粹，《管子》乃管仲政治思想的彙集，顧頡剛認為《周禮》與《管子》同為齊文化下的產物〔註14〕，二者自然有淵源關係。楊向奎也認為「周禮在齊」〔註15〕。

西周初年，周公制禮，將禮開始制度化、政治化。《禮記‧明堂位》謂：「武王崩，成王幼，周公踐天子之位以治天下，六年朝諸侯於明堂，制禮作樂，頒度量而天下大服。」這裡所制之「禮」即今之《周禮》，又稱《周官》，為周公所建官政之法。當然，《周禮》成書時間可能較遲，被後人認為是「託古改制」之書，書中所載與周朝實際並不完全相符，理想化色彩明顯，但如同《管子》思想源於管仲一樣，《周禮》之典章制度始於周公是無須過度懷疑的，顧頡剛先生對此曾有論證。〔註16〕為行文方便，這裡將《周禮》和「周禮」視為等同。「周禮」的制定，對西周的政治秩序的建立，社會的管理有著重要作用，「是治國的大經之法」〔註17〕，同樣以治國為務且具有開放精神的《管子》是不可能置前人經驗不顧的。《商君書‧更法》曰：「然則反古者未必可非，循禮者未必足多也」，而《管子》則不然。

比較《管子》與《周禮》，發現二者之間有頗多相似之處。

首先，在士、農關係上有共通之處。《周禮‧小司徒》：「上地家七人，可任也者家三人。中地家六人，可任也者二家五人。下地家五人，可任也者家二人」〔註18〕，惠士奇認為其意為「上地」家有四人為閒，「中地」兩家有七人為閒，「下地」家有三人為閒。「國無閒民則國擾，家無閒民則家索，野無閒民則野荒。九職以三農冠其首，以閒民殿其終，誠重之也」〔註19〕，閒民非遊民。《管子》中有四民之分：士、農、工、商，《小匡》謂：「制國以為二十一鄉：商工之鄉六，士農之鄉十五。」《說文》：「士，事也」〔註20〕，「士

〔註13〕〔清〕章學誠著，葉瑛注，文史通義校注〔M〕，北京：中華書局，1985：40。
〔註14〕顧頡剛，「周公制禮」的傳說和《周官》一書的出現〔J〕，文史（第六輯），北京：中華書局，1979。
〔註15〕楊向奎，周禮在齊論——讀惠士奇「禮說」〔J〕，管子學刊，1988（3）：3～9。
〔註16〕顧頡剛，「周公制禮」的傳說和《周官》一書的出現〔J〕，文史（第六輯），北京：中華書局，1979。
〔註17〕楊向奎，宗周社會與禮樂文明〔M〕，北京：人民出版社，1997：282。
〔註18〕〔漢〕鄭玄注，〔唐〕孔穎達疏，彭樸整理，周禮注疏〔M〕，上海：上海古籍出版社，2010：387。
〔註19〕〔清〕惠士奇，禮說〔M〕，文津閣四庫全書本，北京：商務印書館，2006：7。
〔註20〕〔漢〕許慎撰，〔清〕段玉裁注，說文解字注〔M〕，上海：上海書店，1992：20。

古以稱男子，事謂耕作也」〔註21〕，士的原義是農耕，士人就是農人。《揆度》篇有：「上農挾五，中農挾四，下農挾三」，與《小司徒》表述相類，所謂「挾五」，乃供五人之食之義，亦即供給「閒人」或「士」。《問》篇中亦多有「士」、「農」、「餘子」關係的表達：「士之有田而不使者幾何人」，「士之身耕者幾何家」，「餘子仕而有田邑，今入者幾何人」，「餘子之勝甲兵有行伍者幾何人」？

第二，在度量淳制上有相通。《周禮·內宰》有「佐後立市……，出其度量淳制」〔註22〕，《質人》中也有「一其淳制」，《管子·君臣上》則有：「衡石一稱，斗斛一量，丈尺一綧制。」

第三，「相壤定籍」、「地可以正政」通於「周禮」。《管子·乘馬數》有「相壤定籍」法：「郡縣上臾之壤守之若干，間壤守之若干，下壤守之若干。故相壤定籍，而民不移。振貧補不足，下樂上。故以上壤之滿補下壤之眾，章四時，守諸開闔，民之不移也，如廢方於地」，將土地分為「上臾之壤」、「間壤」、「下壤」三等，徵收賦稅，以「振貧補不足」；在《管子·地員》中還有更詳細的土壤分類；《管子·乘馬》謂：「地均，以實數。……地者政之本也，是故地可以正政也。地不平均和調，則政不可正也；政不正，則事不可理也」，提出以地正政。上述這些都可以在《周禮》中找到，《遂人》曰：「以土均平政。辨其野之土，上地、中地、下地，以頒田裏。上地，夫一廛，田百畝，萊五十畝，餘夫亦如之。中地，夫一廛，田百畝，餘夫亦如之。下地，夫一廛，田百畝，萊二百畝，餘夫亦如之」〔註23〕，《旅師》曰：「旅師掌聚野之鋤粟、屋粟、閒粟而用之。以質劑致民，平頒其興積，施其惠，散其利，而均其政令」〔註24〕，《司稼》曰：「巡野觀稼，以年之上下出斂法」〔註25〕，《土均》曰：「土均掌平土地之政，以均地守，以均地事，以均地貢。」〔註26〕

〔註21〕 楊樹達，積微居小學述林〔M〕，北京：中華書局，1983：72。

〔註22〕 〔漢〕鄭玄注，〔唐〕孔穎達疏，彭樸整理，周禮注疏〔M〕，上海：上海古籍出版社，2010：248。

〔註23〕 〔漢〕鄭玄注，〔唐〕孔穎達疏，彭樸整理，周禮注疏〔M〕，上海：上海古籍出版社，2010：553～554。

〔註24〕 〔漢〕鄭玄注，〔唐〕孔穎達疏，彭樸整理，周禮注疏〔M〕，上海：上海古籍出版社，2010：576。

〔註25〕 〔漢〕鄭玄注，〔唐〕孔穎達疏，彭樸整理，周禮注疏〔M〕，上海：上海古籍出版社，2010：609。

〔註26〕 〔漢〕鄭玄注，〔唐〕孔穎達疏，彭樸整理，周禮注疏〔M〕，上海：上海古籍出版社，2010：583。

第四，在行政制度設計上的相似。《周禮》用天地四時將國家的行政組織分為天官冢宰、地官司徒、春官宗伯、夏官司馬、秋官司寇、冬官司空。《管子·五行》曰：

> 昔者黃帝得蚩尤而明於天道，得大常而察於地利，得奢龍而辯於東方，得祝融而辯於南方，得大封而辯於西方，得后土而辯於北方。黃帝得六相而天地治，神明至。蚩尤明乎天道，故使為當時。大常察乎地利，故使為廩者。奢龍辨乎東方，故使為土師。祝融辨乎南方，故使為司徒。大封辨於西方，故使為司馬。后土辨乎北方，故使為李。是故春者土師也，夏者司徒也，秋者司馬也，冬者李也。

《五行》篇認為黃帝有「六相」：蚩尤當時（天）、大常廩者（地）、奢龍土師（東方、春）、祝融司徒（南方、夏）、大封司馬（西方、秋）、后土李（北方、冬），天地四方六官設置與《周禮》相似。〔註27〕

第五，對「屋粟邦布之藉」予以革新。《管子·輕重甲》記桓公與管子答問：

> 桓公曰：「寡人欲籍於室屋。」管子對曰：「不可，是毀成也。」「欲籍於萬民。」管子曰：「不可，是隱情也。」「欲籍於六畜。」管子對曰：「不可，是殺生也。」「欲籍於樹木。」管子對曰：「不可，是伐生也。」「然則寡人安籍而可？」管子對曰：「君請籍於鬼神。……昔堯之五更五官無所食，君請立五屬之祭，祭堯之五吏。春獻蘭，秋斂落，原魚以為脯，鯢以為殽。若此，則澤魚之正伯倍異日，則無屋粟邦布之藉。此之謂設之以祈祥，推之以禮義也。然則自足，何求於民也？」

「屋粟、邦布之藉」是「周禮」中賦稅徵收的一種，而管子認為這些徵收方式皆不妥，舉堯「藉於鬼神」為例，可謂變更「周禮」，推以堯之「禮」。

第六，《管子》與《周禮》營國、營城思想之異同。

中國古代都城的規劃思想體系有三種：《周禮》、《管子》和「象天法地」思想。〔註28〕《周禮》的城市規建思想主要集中在《考工記》裏，《周禮》「冬官」部分原缺，《考工記》為漢時人所補，但從思想內容上來看，它記述了先

〔註27〕顧頡剛，「周公制禮」的傳說和《周官》一書的出現〔J〕，文史（第六輯），北京：中華書局，1979。

〔註28〕吳慶洲，象天法地意匠與中國古都規劃〔J〕，華中建築，1996（2）：31～35。

秦時期的官營手工業工種規範和製造工藝，與《周禮》其他部分能做到表裏相通。

　　前面已述，《周禮》是周公政法的精粹，是被設計出來的、帶有明顯理想化特點的典章規範。它的城市規建思想，應只是一種指導性的「坯本」。〔註29〕在周初，「立國與築城是同一件事」，「以城表國，立城即是立國，城壞即是國亡，國的興滅與城的存亡是一而二、二而一的事。」〔註30〕因此，《周禮》之營城實以營國待之，在城市建設上突出「禮制」。首先，在選址上，要求「正」，「惟王建國，辨方正位，體國經野」（《天官冢宰》）；其次，在規模上，除天子的要有一定規模外，其他諸侯都城則要有所限定，「凡建邦國，以土圭土其地而制其域。諸公之地，封疆方五百里，其食者半。諸侯之地，封疆方四百里，其食者參之一。諸伯之地，封疆方三百里，其食者參之一。諸子之地，封疆方二百里，其食者四之一。諸男之地‧封疆方百里，其食者四之一」（《地官大司徒》）；第三，在佈局上，突出「王權」，「國畿」居中，其外以侯畿、甸畿、男畿、采畿、衛畿、蠻畿、夷畿、鎮畿、藩畿環繞（《夏官‧大司馬》）；第四，在功能上，突出政治性，經濟不是主要內容，「內有九室，九嬪居之，外有九室，九卿朝焉，九分其國，以為九分‧九卿治之」（《考工記‧玉人》）。

　　伴隨著社會的發展進步，早期城市文明的崛起，《管子》已將營國與營城分開。在營國方面，承繼了《周禮》對「禮」的強調，如《度地》篇曰：「天子有萬諸侯也，其中有公、侯、伯、子、男焉。天子中而處」，這與《周禮》突出「王權」是不二的；同時開始重視環境、地利，同篇又曰：「聖人之處國者，必於不傾之地，而擇地形之肥饒者。鄉山，左右經水若澤。內為落渠之寫，因大川而注焉。乃以其天材、地之所生，利養其人，以育六畜，天下之人皆歸其德而惠其義」，「此謂因天之固，歸地之利。」由於將營國與營城相分，《管子》在城的建設上把著眼點放在了環境和實用上。首先，在選址上，重視周圍地理環境，「凡立國都，非於大山之下，必於廣川之上。高毋近旱而水用足，下毋近水而溝防省」（《乘馬》）；其次，在規模上，強調規模要與人口、土地優劣相配，「上地方八十里，萬室之國一，千室之都四。中地方百里，萬室之國一，千室之都四。下地方百二十里，萬室之國一，千

〔註29〕蘇暢，《管子》城市思想研究〔M〕，北京：中國建築工業出版社，2010：154。
〔註30〕王閣森，唐致卿，齊國史〔M〕，濟南：山東人民出版社，1992：311。

室之都四」（《乘馬》），「百乘爲耕田萬頃，爲戶萬戶，爲開口十萬人，爲分者萬人，爲輕車百乘，爲馬四百匹。……千乘爲耕田十萬頃，爲戶十萬戶，爲開口百萬人，爲當分者十萬人，爲輕車千乘，爲馬四千匹。……萬乘爲耕田百萬頃，爲戶百萬戶，爲開口千萬人，爲當分者百萬人，爲輕車萬乘，爲馬四萬匹」（《揆度》）；第三，在佈局上，因地制宜，「因天材，就地利，故城郭不必中規矩，道路不必中準繩」（《乘馬》），「萬家之都，不可平以準」（《宙合》），「內爲之城，城外爲之郭，郭外爲之土閬，地高則溝之，下則堤之，命之曰金城」（《度地》）；第四，在城市功能上，已初具綜合性，尤其經濟性的「市」開始出現，這從「士農工商」均爲「國之石民」可以看出，「凡仕者近宮，不任與耕者近門，工賈近市」（《大匡》）。當然，對城的政治、軍事性意義，《管子》並未予以否認，《度地》篇論述「金城」的意義時就說：「人君之葆守也，臣服之以盡忠於君，君體有之以臨天下，故能爲天下之民先也」，在其他篇章中也多次提及。

　　《管子》在爵位等級、玄官、封禪、巡狩、鄉國編制、軍事組織等方面與《周禮》均可相通，這裡不一而論。《管子》與《周禮》之淵源，明代趙用賢在《管子書序》中論述甚詳，他說：「王者之法，莫備於周公，而善變周公之法者，莫精於管子」，「方周之興，去隆古汹穆之風未遠，而后稷、公劉，其深仁厚澤又培之於數百年之久，蓋風會既啓，而文明猶郁，周公起而當制作之任，其法制之綢繆，文章之繁猥，諸所經畫，莫不犁然具舉，而天下且以鴻厖淳固之俗，始鄉利於憲度著明之後，故其法雖密，而其服習者亦能安之而不悖。……管子固天下才也，豈其智不及此乎？是故當其謀之於垂纓下衽之日者，不過審舊法，擇其善者而從之，又其要則在事可以隱令，可以寄政，使諸侯不吾虞，而吾獨安國富民，以取盈於天下。故其書如《牧民》、《乘馬》、《幼官》、《輕重》諸篇，大抵不離《周官》以制用，而亦不盡局於《周官》以通其變」，「古今遞遷，道隨時降，王霸迭興，政由俗改，吾以爲周公經制之大備，蓋所以成王道之終。管子能變其常而通其窮，亦所以基伯道之始。」〔註31〕

5.2.3 《管子》中的禮儀和禮義

　　「禮」作爲中國古代政治思想文化中的一種極其重要且特別的形式，具

〔註31〕戴望，管子校正〔M〕，北京：中華書局，1954：1～2。

有複雜的多面屬性，可分爲典章制度、禮儀規範和意識形態三個層面，後兩者一般稱爲禮儀和禮義。

1、禮儀。禮儀是禮的外在形式部分，主要指一些「被組織得異常嚴密完整」〔註32〕的儀式和規範，通過這些儀規來體現禮的精神和本質，實現對社會秩序的維持。《論語・八佾》中記載孔子曾批管仲「樹塞門」、「有反坫」這些違禮行爲，對此，前面曾從「尊君」角度給予過解釋，孔子也認爲是有特殊緣由的，「有君命焉爾也」（《禮記・雜記下》）。其實管仲本人非但不違禮，而是重禮。在禮崩樂壞的春秋初年，在小的禮儀方面有違背是比較正常的社會現象，而能率領天下諸侯「尊王攘夷」可謂是當時最大的重禮行爲，孔子所批評的，「非禮的本質，而是指個人生活方面的小節。」〔註33〕管仲在大的禮儀方面是不僭越的，周襄王曾準備以上卿之禮待管仲，而管仲終以下卿之禮受之這一事件是最好的證明。總之，管仲曾在禮儀方面有違背行爲，但必須要考慮到當時的歷史背景以及管仲與齊桓公之間關係的具體情況，不能武斷地給予定性。在《管子》的文本中，同樣有很多重禮儀的表述，《形勢解》就說：「儀者，萬物之程序也。法度者，萬民之儀表也」，「動有儀則令行，無儀則令不行」，禮儀實已歸於法之內涵。

《小匡》篇記載了齊國會盟諸侯的葵丘之會等的情形，其中「甲不解壘，兵不解翳，弢無弓，服無矢，寢武事，行文道，以朝天子」，以及齊桓公「下拜，登受賞服、大路、龍旗九遊、渠門赤旗。天子致胙於桓公而不受」，這些都反映了禮儀的重要，如違背這些禮儀，就是如管仲所說：「爲君不君，爲臣不臣，亂之本也。」《小匡》篇還記載了管仲自魯回齊後與齊桓公相見的一套禮儀程序：

> 至於堂阜之上，鮑叔祓而浴之三。桓公親迎之郊。管仲詘纓捷衽，使人操斧而立其後。公辭斧三，然後退之。公曰：「垂纓下衽，寡人將見。」管仲再拜稽首曰：「應公之賜，殺之黃泉，死且不朽。」公遂與歸，禮之於廟，三酌而問爲政焉。

《管子》中對禮儀的表述是頗多的，尤其《幼官》、《輕重己》、《五行》、

〔註32〕〔法〕汪德邁，禮治與法治——中國傳統的禮儀制度與西方傳統的 IUS（法權）制度之比較研究〔A〕，儒學國際學術討論會論文集〔C〕，濟南：齊魯書社，1989。

〔註33〕於孔寶，管仲與孔子〔J〕，管子與齊文化〔M〕，北京：北京經濟學院出版社，1990：122。

《四時》等篇中，如《幼官》篇：「以爾壤生物共玄官，請四輔，將以禮上帝。」唐尹知章注：「玄官，主禮天之官」，「四輔，即三公四輔也，所以助祭行禮。」〔註34〕《弟子職》是一篇由精美韻文構成的學則，詳細記述了從早到晚弟子應該遵行的規矩和儀節，後被朱熹編入《儀禮經傳通解》中，歸入禮儀類。《立政》篇談及服制說：「衣服有制」、「舟車陳器有禁」，要「度爵而制服」，「雖有賢身貴體，毋其爵不敢服其服。」

不過《管子》看重的是禮儀所能體現的禮治功能，對繁文縟節是持反對意見的，《禁藏》篇說：「禮儀足以別貴賤」，只要做到對社會秩序的維持就夠了，不需要過多無用的規範行為，這反映了「簡其禮」的治國理念。

2、禮義。禮義屬於禮的意識形態部分，主要闡述與禮相關的原理。《管子》的國家起源理論中稱國家未形成之前是上下未別、夫婦未合、獸處群居、以力相征、智者詐愚、強者凌弱的混亂狀態，這裡已暗含伴隨著國家的出現，為制止上述狀況，禮也就出現了。禮的原理源自於天地之道，《君臣上》：「天有常象，地有常形，人有常禮」，是對天地之道的取法。《心術上》謂：「禮者，因人之情，緣義之理，而為之節文者也」，禮的原理、內容由「義之理」結合人情而來，「義者，謂各處其宜也」，義也就是天地之道在人類社會的具化，因此，禮實際也就是天道之理，稱為「有理」，「禮出乎義，義出乎理，理因乎宜。」

禮的根本要義在「不逾節」，即遵守秩序，《心術上》所謂的「明分」。人人各處其位而不逾節才會「上位安」（《牧民》），明確指出了「禮治」的目的在於維護君主的地位，這是禮治的實質所在——尊君。只有賢明君主置於至高無上地位而不動搖，君主體制才能按照最佳的機制有效運轉，故《侈靡》篇說：「禮義者，人君之神也」，禮義是君主地位得以尊貴的關鍵。禮的內容是什麼？《五輔》篇給予了清晰的表述：「上下有義，貴賤有分，長幼有等，貧富有度。」對此，我們一般習慣以「君君、臣臣、父父、子子」來強調其等級森嚴。禮強調等級秩序不假，尤其在儒家取的正統地位以後。但在禮治初期，秩序的意義要重於等級的需求。所謂「上下有義」應指職位有上有下，要各處其宜，如君主要無為，臣要有為；貴賤是指身份等級；長幼則指年齡上的差距，「長幼有等」人類與生俱來自然秩序；貧富有度則注入了禮的財富分配正義的理念，禮不僅僅是對秩序形式的強調，更有其實質性的經濟內容。上下、貴賤、長幼、

〔註34〕黎翔鳳，管子校注〔M〕，北京：中華書局，2004：158～159。

貧富被定爲禮之八經，也就是八條綱領，是禮的核心內容。

《樞言》說：「禮出於治。治、禮，道也。萬物待治、禮而後定。」《君臣下》曰：「君子食於道，則義審而禮明，義審而禮明，則倫等不逾」，「君子行於禮，則上尊而民順」，上尊而民順是王天下的必要條件之一。《七法》曰：「成功立事，必順於禮義。故不禮不勝天下，不義不勝人。」

《管子》中的禮，更多被強調的是「秩序」的含義，道德方面的內容並沒有被置入禮的本義中。禮的應用範圍和功能要寬於道德，如《霸形》篇說：「近者示之以忠信，遠者示之以禮義」，《樞言》也謂：「先王取天下，遠者以禮，近者以體」，體即爲忠信之意。禮本身不是道德，但這並不意味著禮不蘊涵道德價值，相反正是通過對禮的遵守，萬物各得其宜，孕育出眞正的道德。《管子》稱孕育出道德的禮稱爲「大禮」，「遠舉賢人，慈愛百姓，外存亡國，繼絕世，起諸孤；薄稅斂，輕刑罰，此爲國之大禮也」（《中匡》）。

5.3 《管子》「法」論

5.3.1 中國傳統「法治」內涵

1884 年，日本法學家惠積陳重在日本《法學協會雜誌》第一卷第五號上發表《論法律五大族之說》論文，將世界法系劃分爲「印度法族、中國法族、回回法族、英國法族、羅馬法族」五種。〔註 35〕所謂法系，是指在時間維度上（歷史淵源、文化傳統）和空間維度上（存在形式和運行方式）有相同「基因」的一個法律家族，「中國古代法律體系在時間上一以貫之，上下承繼數千年；在空間上影響了周邊的日本、朝鮮、越南等國的法律建置，形成一具備鮮明特徵的東亞文化圈。故在 19 世紀末被國外學界譽爲『中國法系』或『中華法系』。」〔註 36〕

法國學者勒內‧達維德在《當代主要法律體系》一書中對「中國法」存在的文化背景有過這樣一段分析：「（中國傳統所特有的關於社會秩序的概念）與西方的概念根本不同。作爲基礎的最根本的思想與任何宗教的教義都無關

〔註 35〕俞榮根，中國傳統法學述論——基於國學視角〔M〕，北京：北京大學出版社，2005：1。

〔註 36〕俞榮根，中國傳統法學述論——基於國學視角〔M〕，北京：北京大學出版社，2005：1。

係。它的公開設想是認爲存在一種天理，包含著天、地、人三者之間的相互作用。天地都聽命於不變的規律，人則是自己行爲的主宰；世界的安定與否取決於人的行爲。決定世界安寧和人的幸福的是和諧。和諧包括兩個方面。首先是人與自然之間的和諧，人的行爲應該與自然秩序協調一致。爲了避免瘟疫、歉收、水災、地震，在進行私人的或公開的活動時都必須考慮四季的循環，星辰的位置以及自然界的變故。當權者自己則更應成爲生活和自然秩序協調一致的表率；這是他們最根本的職責。因此，在當權者身上，道德和品行比技術和知識更爲重要的多。其次是人與人之間的和諧。在社會交往關係中，最應該講究的是和解精神與協調一致。判刑、懲罰和多數裁決的辦法都應盡可能避免。爭端應該加以『消除』，而不是判決或仲裁。提出的解決辦法應該在大家都認爲是公正的情況下，爲雙方自願地接受，任何一方都不會因之而丟面子。說服教育第一，而不是依靠權威或壓制。」〔註37〕基於上述認識，勒內・達維德認爲「他們尋求用訴訟以外的程序謀求解決爭端」，這一方法就是和解，而「法」在中國傳統社會中只處於次要的位置，「並不是解決人與人之間爭端的正常方法」，中國傳統觀念中雖不排斥「法」，但「只用於對付野蠻人：無視道德和社會的人、不可救藥的罪犯、異族以及對中國文明有不同看法的外國人」。〔註38〕不過，勒內・達維德認爲在戰國時期有個例外，就是法家的出現，他以韓非子爲例，認爲「確認永久性法律的必要性；這些法律應該爲官員們所懂得；個人應該嚴格地受其約束」與西方概念非常近似，但同時他認爲這些「正如 J・埃斯卡拉指出的『都是不無樸素性質的老生常談』」。〔註39〕勒內・達維德的上述分析總得來說是準確到位的，不過，他是從儒家和以韓非子爲代表的法家兩個對立的角度得出上述結論的。如果站在「管法」的立場來看，上述的對立可能就不存在了，《管子》的法理學說相對而言更能代表「中國法系」的特質。

從「法」之本身意義來看，法意味著規範、秩序，人類社會離不開「法治」，即使在人類歷史上有時會強調「人治」，但也並不排斥「法」對人類社

〔註37〕 〔法〕勒內・達維德，當代主要法律體系〔M〕，上海：上海譯文出版社，1984：485～486。

〔註38〕 〔法〕勒內・達維德，當代主要法律體系〔M〕，上海：上海譯文出版社，1984：486～487。

〔註39〕 〔法〕勒內・達維德，當代主要法律體系〔M〕，上海：上海譯文出版社，1984：484～489。

會的意義,「人」與「法」之間只是在不同理論體系下誰支配誰的問題,因此,「法」是人類社會得以維持的一普遍、必然之物,「法治」也因而是一個比較寬泛的概念。「法治」究竟作何定義,至今仍難有統一,原因在於在不同的社會秩序下,「法治」的內涵有很大的差異。

通過對西方「法治」概念的認識有助於我們深入理解包括《管子》在內的中國傳統「法治」的內涵。西方的「法」概念是建立在個體意識的基礎上的。西方社會在從母權社會向父權社會的轉變中,伴隨著私有制的產生,原來血緣關係觀念被徹底顛覆、崩潰,新的社會基礎不在是血緣,而是地區,或者說是城邦、國家。由於私有制的原因,西方人特別關注個體及其獨立意識。個體獨立性破壞了原始的以血緣為紐帶的群體關係,但同時在個體的基礎上又形成了以契約為基礎的新的群體關係,這就是我們今天所說的法律關係。建立在個體意識上的西方「法」最實質的內涵就是對個體權利的維護,以及為維護個體權利而每個人必須要有遵守法律的義務。由於對個體的強調,西方的「法治」實際是要限制國家的權力,保障國民個體的權利。

與其相反,中國古代在母權社會向父權轉變過程中,由於私有制並未形成,依舊是土地國有,原先的血緣關係並未解除,順利過度進入父權社會,並進一步放大為國家原則,也就是「家國同構」。因此,在中國古代,更多地講民族意識,講家、國群體意識。中國的「法」自然也就建立在這種宗法群體意識的基礎上,而並不涉及個體的權利和義務,「法」也就成為一種統治的工具。由於宗法親情的存在,道德自然也就處於比「法」高的地位,「法」受道德觀念的影響,其終極指向也就是道德歸宿。當然在商鞅、韓非那裏,他們將道德否定了,但他們依舊是在法與德之間考慮問題,依舊站在國家的立場考慮如何「治人」的問題,而並不涉及個體的權利。中西「法治」最本質的區別實際就是西方是要限制國家權力維護個體權利,稱之為「rule of law」,而中國是維護國家權力而限制個體權利,只能說是「以法治國」,翻譯為「rule by law」。基於這樣的認識,再來看中國、特別是《管子》中的「以法治國」的思想,就要清晰得多。

《國語‧齊語》記載管仲在任齊相後對齊桓公說:「設象以為民紀,式權以相應,比綴以度,薄本肇末,勸之以賞賜,糾之以刑罰,班序顛毛,以為民紀統」〔註40〕,所謂「設象以為民紀」即制定法令作為民眾的行為準則。《韓

〔註40〕徐元誥撰,王樹民,沈長玉點校,國語集解〔M〕,北京:中華書局,2002:218。

非子·五蠹》謂:「今境內之民皆言治,藏商、管之法者家有之」〔註41〕,這裡的「管法」指管仲學派的法理學說,其主要精髓部分保存於今本《管子》的《七法》、《任法》、《君臣》、《法法》、《明法》、《心術上》、《法禁》、《重令》、《五輔》、《八觀》、《治國》、《禁藏》、《君臣上》、《君臣下》、《七臣七主》等諸篇中。《管子》在將「法」視爲治國主要手段的同時,其在「法治」理論的內部構建上,還是有些獨特之處的,甚至在一些具體方面,與西方的「法」有共通之處。

5.3.2「任法而不任智」,以法治國

1、「法」之定義

什麼是法?《說文解字》釋:「法,本作灋,刑也。平之如水,從水。廌所以觸不直者,去之。」〔註42〕簡單地說,法就是規範的意思,是衡量人們社會行爲正確與否的標尺。《管子》對「法」的定義也基本如此。

> 法者,天下之程序也,萬事之儀表也。(《明法解》)
>
> 儀者,萬物之程序也。法度者,萬民之儀表也。(《形勢解》)
>
> 法律政令者,吏民規矩繩墨也。(《七臣七主》)
>
> 尺寸也,繩墨也,規矩也,衡石也,斗斛也,角量也,謂之法。
>
> (《七法》)
>
> 夫法之制民也,猶陶之於埴也,冶之於金也。(《禁藏》)
>
> 法者天下之儀也,所以決疑而明是非也。(《禁藏》)
>
> 如四時之不貣,如墾辰之不變,如宵如畫,如陰如陽,如日月
>
> 之明,曰法。(《正》)

「程序」、「儀表」、「規矩」、「繩墨」、「尺寸」、「衡石」、「斗斛」、「角量」、「陶」、「冶」等都表示「法」的規範屬性,規範性是法的最本質屬性。法提供了這種規範,人們才知道該做什麼,不該做什麼。《形式解》說:「無儀法程序,蚩搖而無所定,謂之蚩蓬之問」,如果沒有規範,人們就無所適從,社會就混亂無序。

〔註41〕〔清〕王先謙撰,鍾哲點校,韓非子集解〔M〕,北京:中華書局,1998:451。

〔註42〕〔漢〕許慎撰,〔清〕段玉裁注,說文解字注〔M〕,上海:上海書店,1992:470。

2、「法」與智巧

《管子》充分認識到規範對治國之意義，並在智巧和規範之間，選擇後者。《法法》曰：

> 政者，正也。正也者，所以正定萬物之命也。是故聖人精德立中以生正，明正以治國。故正者所以止過而逮不及也。過與不及也，皆非正也。非正，則傷國一也。故勇而不義，傷兵；仁而不法，傷正。故軍之敗也，生於不義；法之侵也，生於不正。故言有辯而非務者，行有難而非善者。故言必中務，不苟為辯；行必思善，不苟為難。規矩者，方圓之正也。雖有巧目利手，不如拙規矩之正方圓也。故巧者能生規矩，不能廢規矩而正方圓。雖聖人能生法，不能廢法而治國。故雖有明智高行，倍法而治，是廢規矩而正方圓也。

這裡比較詳細、辯證地討論了政、聖人、智巧和法四者之間的關係：為政治國之要在於「正」，正定萬物，過與不及皆非正，如肆意講仁而沒有限度就是非正；評判言辭，不在於是否智辯，而在於是否「中務」；評判行為，不在於難度大小，而在於是否「善」，「中務」、「善」皆為「正」；法雖拙但是「正」國的最好方式；聖人是「精德」者，具有超越常人的德和才，立中而自生正，故聖人能「生法」；聖人明智高行，能生法，但不能廢法以治國，治國必須以法；最後結論是聖人以智巧生法，但治國不能以智巧，而須以法，《任法》篇謂「聖君任法而不任智」，如果「捨法而任智」，則「民捨事而好譽」，必致亂國。

3、「法」與「無為」

《管子》認為「心之在體，君之位也」，「心術者，無為而制竅者也」，主張處於一國之核心地位的君主應無為治國；但其「無為」，是指君臣職分，君「處其道」，臣「循其理」，是指在具體的事務上無為，「上無事則民自試，抱蜀不言而廟堂既修」（《形勢》）。君主之所以能無為，在於萬事萬物自有其理、其法。無為而治即為「心治」，通過心之虛靜以除欲望，然後因循萬事萬物之理而至「國治」。王安石曾在《老子論》中說：「知無之為車用，無之為天下用，然不知其所以為用也。故無之所以為車用者，以有轂輻也；無之所以為天下用者，以有禮樂刑政也。如其廢轂輻於車，廢禮樂刑政於天下，而坐求

其無之爲用也，則亦近於愚矣。」〔註43〕萬事萬物雖有理，但人不識其「理」，行爲做事混亂無理，無爲對於治國來說也就失去價值意義了。故聖人、君主有一職責就是「生法」，「夫生法者，君也」（《任法》），其法生於道，符合事理，「法出乎權，權出乎道」（《心術上》），告訴百姓怎樣做才「合道」、「合理」。可見，無爲而治與以法治國並不矛盾，「無爲」是專指聖人、君主而言，而聖人、君主之所以能無爲，在於國家的各種事務有法在規範、指導，《白心》篇謂：「名正法備，則聖人無事。」

4、「以法治國」的意義

《管子》認爲「法制度量，王者典器」（《侈靡》），是「天下之至道」、「聖君之寶用」（《任法》）。《重令》篇說：「治國之器三」，「三器者何也？曰：號令也，斧鉞也，祿賞也」，號令、斧鉞、祿賞可以以「法」統之。作爲治國重器的法令，其主要功能大致如下：

首先，齊民一民，令重君尊。通過法令來統一思想和規範行爲，並達到令重君尊，以實現國家利益至上，這是中國統治「以法治國」的主要內涵。《君臣下》說：「齊民以政刑」；《任法》篇謂：「法，此先聖之所以一民者也」；《兵法》說：「製法儀，出號令，然後可以一眾治民」。《七法》篇說的更明白，「不明於法，而欲治民一眾，猶左書而右息之」，人習慣用右手寫字，左手按住紙，如果沒有法，就如同用左手寫字右手按住紙一樣，倒行逆施而事無成。前面談到《管子》理想的政治格局是「君民一體」，如何做到，《法禁》篇提出了十八條「聖人之禁」，其意就在「同人心，一國威，齊士義」。《正世》篇曰：「治莫貴於得齊」，在《管子》看來，這是國家能發達強盛的首要條件。《重令》篇說：「凡君國之重器，莫重於令。令重則君尊，君尊則國安；令輕則君卑，君卑則國危。故安國在乎尊君，尊君在乎行令，行令在乎嚴罰。罰嚴令行，則百吏皆恐；罰不嚴，令不行，則百吏皆喜。故明君察於治民之本，本莫要於令。」通過統一思想、行爲，統一權力於國君處，犧牲民眾的部分利益，以實現全民的大利益。

其次，興利除害，正定權利。在《管子》看來，「法」與國家是同時產生的，沒有法就沒有國家。《君臣上》在論國家起源時說：「君之所以爲君，賞罰以爲君」，君主設法，行賞罰，是國家形成的前提之一。國家形成的主要目

〔註43〕〔宋〕王安石，王安石全集〔M〕，上海：上海大眾書局，1935：532。

的就是爲民興利除害，而要實現這一目的，依靠的就是「法」，故「法者，民之父母也」（《法法》）。《七臣七主》說：「法者，所以興功」，「令者，所以令人知事也」，都是以爲民眾謀利爲目的。

前面說過，中國傳統「法治」一般定性爲國家對民眾的一種統治手段，基本不涉及國家與成員之間的權利問題。不過，這並不意味著中國「法治」中沒有「權利」成分。《明法》篇說：「以法治國，則舉錯而已。是故有法度之制者，不可巧以詐僞。有權衡之稱者，不可欺以輕重。有尋丈之數者，不可差以長短。」這裡很明顯是指通過制定措施來維護民眾的權利，當然，這主要是指民眾之間的權利關係，而非民眾與國家之間。「律者，所以定分止爭」（《七臣七主》），「分」即是權利之意。

第三，興善防姦。通過賞罰，讓民眾知道什麼是「善」，什麼是「惡」，達到「興善也如化」（《宙合》），使法令功用道德化，「民之道正行善也若性然」（《八觀》）。《權脩》：「見其可也，喜之有徵；見其不可也，惡之有刑。賞罰信於其所見，雖其所不見，其敢爲之乎？見其可也，喜之無徵；見其不可也，惡之無刑。賞罰不信於其所見，而求其所不見之爲之化，不可得也」，「申之以憲令、勸之以慶賞，振之以刑罰。故百姓皆說爲善，則暴亂之行無由至矣。」《君臣上》：「（典法）此明公道而滅姦僞之術也」；《明法解》：「故治國使眾莫如法，禁淫止暴莫如刑。故貧者非不欲奪富者財也，然而不敢者，法不使也；強者非不能暴弱也，然而不敢者，畏法誅也。故百官之事，案之以法，則姦不生；暴慢之人，誅之以刑，則禍不起」，「群臣皆出於方正之治而不敢爲姦」；《正世》：「法立令行，故群臣奉法守職，百官有常。法不繁匿。萬民敦愨，反本而儉力。」法能使行「善」成爲社會之習俗，禁止人做姦僞之事。

第四，強化吏治，合民眾、禁朋黨。《明法解》：「官不得枉法，吏不得爲私」；《幼官》謂：「法立數得，而無比周之民」，「比周」即爲結黨營私。《君臣上》說：「治國無法，則民朋黨而下比，飾巧以成其私。法制有常，則民不散而上合，竭情以納其忠」，無法，沒有規範，民眾的私交勝，容易形成小團體，團體之間相鬥而民分裂，相反，則民團結而不散。《法禁》篇說：「舉國之士以爲亡黨，行公道以爲私惠，進則相推於君，退則相譽於民，各便其身，而忘社稷，以廣其居，聚徒威群，上以蔽君，下以索民」，結黨營私，爲亂國之道，故《法禁》篇十八禁中明確列有：「以朋黨爲友」條。

第五，賞罰以致勝。《兵法》篇認爲「法度審」是取得戰爭勝利的條件之

一，「治眾有數，勝敵有理」，嚴肅法紀，賞罰分明，「則勇士勸也」，促使爭勝之心。

總之，《管子》主張以法治國，「法」關係到一國之存亡，「存亡治亂之所以出」，若「君臣上下貴賤皆從法」，將是「大治」（《任法》）。因此，要求「動無非法」，「先王之治國也，不淫意於法之外，不為惠於法之內」（《明法》），如無法，就會出現滅、侵、塞、擁四種亡國徵兆。

5.3.3 《管子》自然法理學說

1、天道、人情，善法之源

第一，因道生法。《法法》篇說：「明王在上，道法行於國」；《君臣上》說：「此道法之所從來」，「明君重道法而輕其國。」「道法」一詞，有人解釋為道和法，不夠準確。「道法」在結構上實屬偏正詞組，重心在「法」上，即源於「道」的「法」，既說明了「法」的性質，又指出了「法」之來源。「天道」是《管子》治國思想的哲學基石，自然也是其「法」理之源。《心術上》是篇前經後解性質的文章，其中在「經」的部分對「法」源於「道」作如下表述：「簡物小未一道，殺僇禁誅謂之法」，「解」的部分具體解釋為：「法者，所以同出不得不然者也。故殺僇禁誅以一之也。故事督乎法，法出乎權，權出於道。」「簡物小未」可以理解為「道」具體到萬事萬物之中，「道」在具化中，存在著變異損益的可能。為什麼有損益變化，這可以從「禮」的形成中得知緣由，「禮者，因人之情，緣義之理」，如果僅「緣義之理」，道不會有損益，但由於現實「人情」的存在，就有了悖理違道的可能。故立「法」的目的就是要通過「殺僇禁誅」使萬事萬物重歸於「道」，而立「法」的第一依據自然就是「道」了，正如《法法》篇所說：「憲律制度必法道。」

前面已說過，《管子》重務實，將「先天地生」的「道」拉進了人類生活的現實世界，更多地關注的是「天道」、「地道」和「人道」，要求「人道」要尊循天地之道。在《管子》那裏，「天道」可以具化為天地的自然變化規則，作為「人道」一部分的人間之「法」就是因循這些自然規則而設立的，這也是我們為什麼將「管法」定性為自然法的緣故。具體表現在：第一要仿傚天地公而無私的品格，「法天合德，象地無親，日月之明無私」（《明法解》）；第二要效法四時，「四時者，陰陽之大經也；刑德者，四時之合也。刑德合於時則生福，詭則生禍」（《四時》），「如四時之不忒，如星辰之不變，如宵如晝，

如陰如陽，如日月之明，曰法」（《正》）。

「社會之所以美好並且符合秩序，乃是由於事物的本性所使然而與人類的約定無關。一切正義來自上帝，唯有上帝才是正義的根源；但是如果我們當真能在這種高度上接受正義的話，我們就既不需要政府，也不需要法律了。毫無疑問，存在著一種完全出自理性的普遍正義；但是要使這種正義能爲我們所公認，它就必須是相互的」〔註44〕，這是盧梭站在契約論的立場對法的必要性和根源性的認識。他所謂的正義之源的「上帝」與我們的「道」是一致的，自身並非完美、帶有強制力、甚至某些時候似乎是邪惡的「法」，其生成之源是「上帝」，是「道」，其目的是爲了維護正義和追求善。《君臣上》曰：「天子出令於天下，諸侯受令於天子，大夫受令於君，子受令於父母，下聽其上，弟聽其兄，此至順矣。衡石一稱，斗斛一量，丈尺一綧制，戈兵一度，書同名，車同軌，此至正也。從順獨逆，從正獨闢，此猶夜有求而得火也。姦僞之人，無所伏矣，此先王之所以一民心也。是故天子有善，讓德於天。諸侯有善，慶之於天子。大夫有善，納之於君。民有善，本於父，慶之於長老。此道法之所從來，是治本也。」「至順」、「至正」、天子讓德於天、諸侯慶於天子、大夫納善於君、民本善於父慶於長老，這些都是追求「至善」的表現，是行爲之目的。勒內・達維德謂中國人以和解來謀求秩序和諧，而在《管子》這裡，「道法」源於「至善」，並以「至善」爲目的。正是基於對「道法」「至善」屬性的認識，《管子》雖強調「唯令是視」、「以法治國」，但法令只是治國的根本之「術」，服務於「至善」的理想國。與商鞅的「以刑去刑」〔註45〕的重刑觀念不同，《管子》認爲「刑罰不足以畏其意，殺戮不足以服其心」（《牧民》）。故明君應該「刑省罰寡，非可刑而不刑，非可罪而不罪」（《八觀》），能不用刑罰就不用，理想的境界是「公法行而私曲止，倉廩實而囹圄空」（《五輔》），「刑設而不用」（《君臣上》），這也可能是最高的「法治」境界。人們常將先秦法家分爲齊法（道法）家和秦法（晉法）家，其區別之根源就在於對「道」是否認可。

第二、因民情設法。《牧民》篇說：「政之所興，在順民心；政之所廢，在逆民心」，《管子》治國主張以民爲本，故民情、民意自然也就成爲其立法之依據。上法天道，下依民情，「不慕古，不留今」充分體現了現實主義關懷。《正世》篇說：「古之欲正世調天下者，必先觀國政，料事務，察民俗，本治

〔註44〕〔法〕盧梭著，何兆武譯，社會契約論〔M〕，北京：商務印刷館，2003：45。
〔註45〕高亨，商君書譯注〔M〕，北京：中華書局，1974：49。

亂之所生，知得失之所在，然後從事。故法可立而治可行。」一國之君，必須首先要瞭解國家各方面的發展情況，所謂「察民俗」，就是要瞭解民眾的喜惡愛好、風俗人情、生活環境等。

如何瞭解民意呢？《管子》中有不少篇章提出了具體的方案。比如《八觀》篇考察一國之情時所立的角度：婚姻嫁娶、喪葬祭祀、鄉村面貌、社會秩序、官吏行法、道德教化等；《問》篇共提出了六十多個類似今天社會調查提綱的式的問題；《桓公問》中的爭議得失、反映民意的「嘖室之議」；《任法》篇說：「先王善牧之於民者也。夫民別而聽之則愚，合而聽之則聖。雖有湯、武之德，復合於市人之言。是以明君順人心，安情性，而發於眾心之所聚。是以令出而不稽，刑設而不用。先王善與民爲一體。與民爲一體，則是以國守國，以民守民也。然則民不便爲非矣」，這裡「合而聽之」是指瞭解的方法，也就是博採眾長之意，而且還強調要「復合於市人之言」，也就是要同老百姓在說什麼，關心什麼，要「與民爲一體」。

在《管子》看來，如果不瞭解民情、民意，隨意立法行令，「行逆不修道，誅殺不以理」，一方面會「誅罰重而亂愈起」；另一方面雖「輕刑政」，但依舊「民淫躁行私而不從制，飾智任詐，負力而爭」，同樣邪亂不止（《正世》）。《法法》篇謂「君有三欲」：求、禁、令，「求多者，其得寡；禁多者，其止寡；令多者，其行寡」，否則不但求不得、禁不止、令不行，而且會君威受損，刑罰受侮，以下凌上。《形勢解》曰：「人主之所以令則行、禁則止者，必令於民之所好，而禁於民之所惡也」，故「法立而民樂之，令出而民衛之。法令之合於民心，如符節之相得也。」

《白心》篇：「難言憲術，須同而出。無益言，無損言，近可以免。故曰：知何知乎？謀何謀乎？審而出者彼自來。自知曰稽，知人曰濟。知苟適，可爲天下周。內固之，一可爲長久。論而用之，可以爲天下王」，這是對依民情設法的最好概括，設立憲令法術，最難的地方就在於與民眾之心相同，不增不減，不多不少，不偏不離，因此要縝密細審，不但自知，還要知人，只有同民心，才可謂法自來。

2、君生法，法於法，制定良法

慎到曾說：「法雖不善，猶愈於無法」〔註46〕，也就是說惡法亦是法，梁

〔註46〕慎到，慎子〔M〕，上海：華東師範大學出版社，2010：2。

啓超稱其是「慰情勝無之論」，自我寬慰的話，作爲治國之「法」，還是要盡可能圓滿。〔註 47〕上述「管法」的兩個立法依據：天道與民情，只是爲其提供了「善」之源，而要讓法能成爲民眾普遍服從的良法，尙須制定出良法。亞里士多德曾這樣界定「法治」內涵：一是大家普遍服從已成立的法，二是普遍服從的法是制定良好的法。〔註 48〕《管子》主要從以下兩個層面來保證「良法」的制定。

第一，法由賢明君主制定。《君臣上》說：「道者，誠人之姓也，非在人也。而聖王明君善知而道之者也。是故治民有常道，而生財有常法。道也者，萬物之要也。爲人君者，執要而待之，則下雖有姦僞之心，不敢殺也。夫道者虛設，其人在則通，其人亡則塞者也，非茲是無以理人，非茲是無以生財。民治財育，其福歸於上，是以知明君之重道法而輕其國也。故君一國者，其道君之也。王天下者，其道王之也。大王天下，小君一國，其道臨之也。是以其所欲者能得諸民，其所惡者能除諸民。所欲者能得諸民，故賢材遂；所惡者能除諸民，故姦僞省。如冶之於金，陶之於埴，制在工也。」道是人生之源，「善法」之源，但由於道爲虛設，因此如要落實到人類社會現實中並指導人的生活，必須通過人的轉化來發生作用。「其人在則通，其人亡則塞」，可以說，道若離開了人，也就沒什麼意義了，這點也反映了《管子》的「道」觀念是建立在人類現實基礎上的，並非遠離人道，兩相對立。將天道轉化爲人間可利用的法，君主的作用是關鍵，君主在天道與法之間的作用，猶如工匠在冶和金、陶和埴之間的作用。

《明法解》曰：「明主者，一度量，立儀表」；《立政》篇說：「君乃出令，布憲於國」；《法禁》篇謂：「君一置其儀。」《明法》對君主在「以法治國」格局中「生法」地位意義說的最全面、明白：「威不兩錯，政不二門。以法治國則舉錯而已」，只有「威不兩錯，政不二門」，才能保證法之統一性，不至於法令混亂，民眾不知適從。法由君主一人設立的單一立法體制，應是在君主政體下保證「法」的質量的最佳選擇，對此，不能以今天復合的和制衡的立法體制予以簡單地否定指責。有人依據《七臣七主》篇「法令者，君臣之

〔註 47〕 陳引弛，梁啓超學術論著集（傳記卷）〔M〕，上海：華東師範大學出版社，1998：33。
〔註 48〕 〔古希臘〕亞里士多德著，吳壽彭譯，政治學〔M〕，北京：商務印書館，1981：199。

所共立」一句提出君主並不是「管法」中的唯一立法者，大臣也是立法者。對此，應作如是理解：一、「管法」中的法的形式有多種，其中較低層次的，如行政上的具體的一些「令」是可以由大臣制定發佈的，其對較高的、統一的「法」影響不大；二、在法令的制定過程中，臣可以以討論、建議以及具體書寫操作等方式參與進來，而最終的「確定」是由君主來完成的。

之所以將君主處於「法治」格局中「生法」的地位，在於對其賢明君主的定位。在君、臣、民三者之間，其離道最近，具有大公無私、治身正德、虛靜無爲、聰穎智慧等一系列品行。這在立法者層面保證了「良法」產生的可能性。

第二，綜覈名實，法於法。《法法》篇說：「不法法，則事毋常。法不法，則令不行」，對於一國之治理，民眾之生活日常，法具有重要的地位，但如果法令不宜，非「良法」，即「法不法」，則民眾就不會服從遵守法令。西方的「法治」主要是從契約的角度來談守法的義務，不侵犯別人的權利，也就意味著是維護了自己的權利。中國傳統「法治」雖主要從國家本位的角度來談守法的義務，個體利益要服從國家全域利益，但同時認爲「法宜」也是守法義務得以可能的重要前提。「法宜」除因天道、順民情外，最重要的就是立法要「審」。首先要明則。《七法》曰：「根天地之氣，寒暑之和，水土之性。人民、鳥獸、草木之生物，雖不甚多，皆均有焉，而未嘗變也，謂之則」，立法必須首先要弄明白這些「則」，「不明於則，而欲出號令，猶立朝夕於運均之上，籌竿而欲定其末」，也就是說法是難以立住的。其次，要綜覈名實。物皆有名，「凡物載名而來，聖人因而財之」（《心術下》），因此要「修名而督實，按實而定名」（《九守》）。名實必須相當，名由實生，也就是法應符合實情，因此立法必須督名，做到不傷實，才會不亂於天下，而天下治。

3、法的形式與內容

自近代以來，我們在論述中國傳統「以法治國」思想時，經常會被一種習慣的定勢思維所限制，即通過比較中、西法治的不同，認爲西方的法治才是眞正的法治，而中國的「以法治國」則是統治階級的治國手段。中、西法治在體系內涵上確有很大差異，前面已有論述，西方關注個體權利和義務，中國則強調國家本位。上述不同是基於彼此不同的地理、經濟、社會、文化等諸多背景以及對秩序如何形成的不同認識，梁啓超稱西方爲放任論者，中國屬干涉論者。承認中、西法治的不同，是正確的；但如一味地貫之以階級

統治的工具，則似有過之。中國傳統「以法治國」理論強調國家本位，如前所述，是自有自己一整套法理體系的。由於強調中國傳統「法治」的統治工具屬性，導致在認識中國「法」的內涵時，經常簡單地以「刑法」概括，而將「法」的諸多內涵和形式予以否定，這不能不說是中國傳統政治思想研究的一大遺憾。

在《管子》中，刑法實只是「法」之一種，這在《管子》對法的定義中能很明顯地得出。中國傳統「法」，決不是一「刑法」能簡單地代表的。「法」在中國古代具有很寬泛的內涵，其表現形式也是多種多樣的。《尹文子·大道上》謂「法有四呈」，即四種表現形式：（1）不變之法，指君臣上下的禮制；（2）齊俗之法，指將不同的風俗統一；（3）治眾之法，指慶賞刑罰；（4）平準之法，指律度權衡。〔註49〕相對於《尹文子》對法的四種形式的高度概括，《管子》基本觀點與其類似，但形式更多樣、具體。

《七法》篇共分類列舉了治國、治軍中的七種基本法。近代學者何如璋認爲《七法》篇本名應是《兵法》〔註50〕，從《七法》內容來看，確在討論如何用兵選陣。不過從管仲「作內政而寄軍令」治國之術來看，法並沒有什麼治國、治軍之分，這從《七法》中也能看出來，「治民有器，爲兵有數，勝敵國有理，正天下有分」，這裡的「器」、「數」、「理」、「分」皆是「法」另一種表達形式，只是以「兵法」爲支點，便於展開討論。「七法」的分類形式爲：則、象、法、化、決塞、心術、計數。（1）則，指天地、寒暑、水土、人民、鳥獸、草木等自然之則，適用於「錯儀畫制」，即舉措、謀劃、禮儀、典章所要遵循的法。（2）象，指義、名、時、似、類、比、狀，爲「論材審用」、選拔人才時所要遵循的法。（3）法，指尺寸、繩墨、規矩、衡石、斗斛、角量，爲「治民一眾」時具體的法令。（4）化，指漸、順、靡，久、服、習，爲「變俗易教」時教化之法。（5）決塞，指予奪、險易、利害、難易、開閉、殺生，爲「驅眾移民」、發動民眾的法。（6）心術，指實、誠、厚、施、度、恕，爲「布令必行」、政治心理之法。（7）計數，指剛柔、輕重、大小、實虛、遠近、多少，爲「舉事必成」的籌劃之法。上述七法，應是「管法」的精神所在，是制定具體法令的原則之法。

《七臣七主》篇還從實在法的角度將法細分爲法、律、令三種具體形式，

〔註49〕周尹文撰，錢熙祚校，諸子集成·尹文子〔M〕，北京：中華書局，1954：1。
〔註50〕黎翔鳳，管子校注〔M〕，北京：中華書局，2004：105。

「夫法者，所以興功懼暴也；律者，所以定分止爭也；令者，所以令人知事也。法律政令者，吏民規矩繩墨也。」興功懼暴之法重在賞罰，定分止爭之律是重在規範，知事政令重在教民做事。

《管子》中其他如憲、憲令、憲律、法律、刑法等，只是對上述三種分類的具體表達而已。至於「版法」，尹知章注曰：「選擇政要，載之於版，以爲常法」〔註51〕，也是指法的具體頒發形式，非法之分類。「管法」具體有哪些條例內容，《管子》中保存下來的不多，但《法禁》篇記載的十八「聖人之禁」可能是其內容的一部分。

4、法的基本品質和法治的基本原則

作爲先秦「法治」思想的一個重要理論體系，「管法」在探討「以法治國」的政法主張時，自然不會忽略揭示法的基本品質和法治的基本原則，並將這些基本品質、原則在實踐中予以堅守。對此，前面已有所論及，像規範性、至上性、至善性等，這裡將前面未涉及的基本品質和原則一併歸納如下。

（1）統一、簡易性。在「管法「中，統一性具體體現在兩個方面。首先是立法權的統一。這在前面也已涉及，如《明法》所說：「威不兩錯，政不二門」，《霸言》篇說：「夫令，不高不行，不摶不聽」，《任法》篇引《周書》曰：「國法法不一，則有國者不祥。」立法權要高度集中，才利於在全國推行。第二是法的內容要統一，如《明法解》說的「一度量」，《法禁》篇的「一置其儀」等。法的內容統一，有利於官員守法、執法，民眾法法，如果不統一，官員、民眾不清其含義，困惑不明，就會出現私議，也爲違法徇私提供了可能，「則下之背法而立私理者，必多矣」（《法禁》）。正如《君臣上》所說：「君道不明，則受令者疑。權度不一，則循義者惑。」

簡易性是出於對法的現實有效性考慮。《管子》認爲「刑法繁則姦不禁」（《七臣七主》），控制的越多，一方面可能立法不宜，禁止了正常的人情慾望，另一方面民眾也難以正確明曉法令，在依法從事時不得便易。法是否能夠簡易與君主的欲望有關，「上無量則民乃妄，文巧不禁則民乃淫，不璋兩原則刑乃繁」（《牧民》），「君有三欲於民，三欲不節，則上位危。三欲者何也？一曰求，二曰禁，三曰令。求必欲得，禁必欲止，令必欲行。求多者其得寡，禁多者其止寡，令多者其行寡」（《法法》）。一方面君主物質利欲無止境，受其

〔註51〕黎翔鳳，管子校注〔M〕，北京：中華書局，2004：125。

影響百姓也重文巧，追逐利欲，自然胡作非爲，違法行事頻頻出現；另一方面雖設置繁多法令欲以控制，但禁令越多，於現實中難以執行，反而犯者愈多，不但達不到預期的效果，而且還損害了法令的威嚴和君主的尊嚴，「故未有能多求而多得者也，未有能多禁而多止者也，未有能多令而多行者也」（《法法》）。

（2）公開明確性。早期的法律爲顯示其威懾性採取秘而不宣的方式，「刑不可知，則其威不可測」〔註52〕（《左傳・昭公六年》），故法律條文不公開，遇事才置刑。這一觀念的弊端後逐漸被治國者所意識到，鄭國的子產就曾鑄刑鼎，公開明法。《管子》同樣意識到明法的重要意義，專著有《明法》、《明法解》，在《法禁》篇明確提出了聖王的「十八禁」，「版法」則是「選擇政要，載之於版」，以示於人，作爲常法。

《管子》認爲法之功用是「一民使下」，爲便於「使下」，因此應該是公開的，要人人知道，「明法而固守之」（《任法》）。其經常用日月作比喻，「日月之明無私，故莫不得光」，法律應該如日月之明而不隱晦。《權脩》篇說：「號令必著明」，《八觀》說：「憲令著明」，《版法解》說：「明刑法以敬之」、「必明經紀」，《形勢解》說：「明其法式」等。只有法明公開，民眾才會不疑，也就不會私議，法才會成爲民眾心中的信條，「法令往而民從之」（《任法》）。如果「國無明法」，老百姓不知道什麼是非法，什麼是合法，就很容易「輕爲非」（《明法解》）。明法除了能告訴人們什麼可做，什麼不可做，還能讓民眾心悅誠服並積極從善。「明賞不費，明刑不暴」（《樞言》），只要是明明白白規定的，再大的獎勵和懲罰，都不會有人認爲不妥，如果「明法以期」，民將會「興善也如化」（《宙合》），時間久了，就成了風俗。因此，治天下者，必「務明法術」（《明法解》），「行度必明，無失經常」（《問》），「賞罰明則德之至者也」（《樞言》）。《立政》篇：

> 正月之朝，百吏在朝，君乃出令布憲於國。五鄉之師，五屬大夫，皆受憲於太史。大朝之日，五鄉之師，五屬大夫，皆身習憲於君前。太史既布憲，入籍於太府，憲籍分於君前。五鄉之師出朝，遂於鄉官，致於鄉屬，及於游宗，皆受憲。憲既布，乃反致令焉，然後敢就舍。憲未布，令未致，不敢就舍，就舍謂之留令，罪死不

〔註52〕 李學勤主編，十三經注疏・春秋左傳正義（上中下）〔M〕，北京：北京大學出版社，1999：1227。

赦。五屬大夫，皆以行車朝，出朝不敢就舍，遂行。至都之日，遂
於廟，致屬吏，皆受憲。憲既布，乃發使者，致令以布憲之日，蚤
晏之時。憲既布，使者以發，然後敢就舍。憲未布，使者未發，不
敢就舍，就舍謂之留令，罪死不赦。憲既布，有不行憲者，謂之不
從令，罪死不赦。考憲而有不合於太府之籍者，曰侈專制，不足曰
虧令，罪死不赦。首憲既布，然後可以布憲。

這裡詳細記述了法令向全國公佈頒發的具體辦法和程序。國君出令，太
史頒發，一路由五鄉之師始，遞次傳至鄉官、鄉屬、游宗，布憲於國內各地
方行政區域；另一路是由五屬大夫始，頒行於邊防各屬吏，然後再依次遞傳
下去。在傳令過程中，要及時，「憲未布，令未致，不敢就舍」，也就是在時
間上讓下邊的人迅速知道法令，另外不得「虧令」，更不能「留令」，即不能
走樣，不能不明。在令頒發下去後，必須回報，以示已明令。通過這些程序，
做到法律公開化，「千里之內，束布之罰，一畝之賦，盡可知也」，在全國範
圍內，連細微的處罰，一畝田的貢賦，人人皆知，各級官員也要能做到依法
治國，「治斧鉞者不敢讓刑，治軒冕者不敢讓賞」(《君臣下》)。

（3）恒常穩定性。恒常穩定有兩方面所指，一是法的恒常穩定，《君臣
上》說：「法制有常」，體現了「法」的嚴肅性；一是指「法治」的始終一貫，
要「動無非法」(《明法解》)。

《任法》篇形容法要如「天地之堅」、「列星之固」，不隨意變化，並以黃
帝為例，黃帝能讓「民不引而來，不推而往，不使而成，不禁而止」，就在於
置法而不變，有一個穩定的法，不朝令夕改，民自然可以做到「安其法」。《法
禁》說：「絕而定，靜而治，安而尊，舉錯而不變者，聖王之道也。」法由君
設，「絕」、「安」、「靜」是君主特有的品行，這些品行也自然體現在法中。

「法」的這種穩定性對治國非常重要。《版法》說：「植固不動，倚邪乃
恐。倚革邪化，令往民移。」法要深植固守，不輕易改動，這樣那些邪惡就
不會有滋生的時間，如果隨意革變，損害了法的嚴肅性，邪惡就會產生，老
百姓也難守法遵令，「國更立法以典民，則不祥」(《任法》)。

《法法》篇說：

號令已出又易之，禮義已行又止之，度量已制又遷之，刑法已
錯又移之，如是，則慶賞雖重，民不勸也；殺戮雖繁，民不畏也。
故曰：上無固植，下有疑心。國無常經，民力必竭，數也。

「固植」即爲恒常穩定。民能尊令守法，除去前面所說的「法宜」外，還須恒常，否則與法不宜一樣，雖嚴刑酷法，對百姓沒有任何制約作用。相反，如果「法制有常」，則「民不散而上合」（《君臣上》），尊令重君，天下之治。

當然，保證「法」的恒常前提是「法」必須是「正法」，對於不合時宜的法，則不能僵化保守，「不慕古，不留今，與時變，與俗化」（《正世》）即是其意。法的恒常與變易是辯證統一的，對此，《白心》篇從哲學的角度給予了提煉，既要「不可廢舍」，保持穩定，又要「不可常居」，與時俱進，總之是「隨變斷事」、「知事以爲度」。《任法》篇有段論述，由於在語句表達形式上似有點混亂，導致後人雖看到了其在討論法的恒常與變易問題，但並未窺其對恒常與變易的深層次理解。原話是這樣的：

> 所謂仁義禮樂者，皆出於法，此先聖之所以一民者也。《周書》曰：國法法不一，則有國者不祥。民不道法則不祥。國更立法以典民則祥。群臣不用禮義教訓則不祥。百官伏事者離法而治則不祥。故曰：法者，不可恒也，存亡治亂之所從出，聖君所以爲天下大儀也。君臣上下貴賤皆發焉，故曰：法古之法也。

從形式上看，導致語義混亂的原因是引用了《周書》裏的話，加上後面連續兩個「故曰」，難以斷句。從內容上看，一會說要「一」才祥，一會說要「更立法」才祥，一會說「不可恒」，一會要「法古之法」。對此，後人基本執意於實在法中的恒常、變易考慮，呈現出兩種觀點：一是如尹知章的注中所認爲法既要「一」，恒常穩定，又要宜，要變易，「更立法」、「不可恒」，黎翔鳳對此觀點持認可態度；另一如俞樾、丁士涵、張佩綸等，通過添字及改變斷句的辦法，將「國更立法以典民則祥」改爲「國更立法以典民則不祥」，將「法者，不可恒也」改爲「法者，不可不恒也」，將最後的「古之法也」移入下段，認爲法要恒常穩定。〔註53〕

其實，如從整個語段加以分析，文中確論及法的恒常和變易的問題，但並非是實在法中的恒常和變易，而是自然法與人爲法治之間的恒常與變易。這段話以仁義禮樂皆出自法爲立論之始，爲證明仁義禮樂皆出自法，舉《周書》中的話作例證。《周書》中列舉了四種與法有關的祥與不祥，分別是：國法要法一，即立法要「政不二出」；民眾要依法從事即民要道法；立法要宜，與時變，即「國更立法」；治國要禮、法結合，群臣要用禮義教訓；臣要守法，

〔註53〕黎翔鳳，管子校注〔M〕，北京：中華書局，2004：902～905。

不能離法。上述四種「以法治國」中呈現出的法理要義,皆源於自然法則之本義,也就是說人為法治本於自然之法,但在實踐中存在具體的應用。自然法是恆定的,在具體運用時則不能拘泥一「法」字而忽略了「人為法治」的複雜多樣的層面,這才是「法者,不可恆」的真義。最後總結,「君臣上下貴賤皆發焉,故曰:法古之法也」,這裡的「古之法」可以理解為最本義的原始自然法,也可理解為《周書》對法的認識。

恆常穩定在「法治」上的體現就是「動無非法」。《明法》說:「先王之治國也,不淫意於法之外,不為惠於法之內也。動無非法者,所以禁過而外私也」,一切皆以法為準,不徇私謀利,「故百官之事,案之以法,則姦不生」(《明法解》),這裡特別強調對官吏要以法限制。「動無非法」的反面就是「私議」、「私說」勝。《任法》曰:「上舍公法而聽私說,故群臣百姓皆設私立方以教於國。群黨比周以立其私,請謁任舉以亂公法,人用其心以幸於上。上無度量以禁之,是以私說日益,而公法日損,國之不治,從此產矣。」《管子》對「私議」、「私說」持強烈反對態度,「私議」、「私說」勝則公法亂,最終導致國不治,「百官伏事者離法而治,則不祥。」

(4)嚴肅公正性。法的嚴肅公正性是指法一旦被制定,就應該完全「任法」,而不離法。法的嚴肅公正性源自於天道,這裡不多贅述。嚴肅公正性主要體現在執法上,《版法解》說:「凡法事者,操持不可以不正。操持不正,則聽治不公」,因此,一切事務必須「唯令是視」(《重令》),依法辦理。對虧令、益令、留令、不行令者嚴罰。法的重要性外在呈現就是賞罰功能,賞罰也最能體現法治的嚴肅公正性。《管子》強調要「以法誅罪」、「以法量功」、「行法而無私」(《明法解》)。對賞、罰要嚴格執行,《法法》提出這樣一特殊情形:「令未布而民或為之」,令還未發佈,民眾已先做好,這時如果給予獎賞,就是「妄予」;「令未布而罰及之」,令未發佈,民眾做了違法的事,給予處罰,就是「妄誅」;上述兩種特例都損害了法的嚴肅性。

對公正性最容易發生侵害的就是親、貴等的存在。《明法解》說:「雖富貴眾強,不為益長;雖貧賤卑辱,不為損短。公平而無所偏。」破壞公正性的有六害,「親也,貴也,貨也,色也,巧佞也,玩好也」,對於這六害,要「不為六者變更於號令,不為六者疑錯於斧鉞,不為六者益損於祿賞」(《重令》)。六害中,以親、貴為首,《管子》對這兩者都有論述。《立政》篇謂君有四慎,其中第三慎就是「罰避親貴」。《禁藏》篇以明王為例,「不為親戚故

貴易其法」，因此，君主要「視法嚴於親戚」。所有人在賞罰面前都是平等的，「罰有罪不獨及，賞有功不專予」（《立政》）。《七法》說：「論功計勞未嘗失法律也，便辟、左右、大族、尊貴大臣不得增其功焉，疏遠、卑賤、隱不知之人不忘其勞。故有罪者不怨上，受賞者無貪心。」不僅親、貴等，連君主本人也要守法，《權脩》說：「身者，治之本也」，「有身不治，奚待於人？」君主要以身作則，《法法》謂：「（君主）置法以自治，立儀以自正」，「禁勝於身則令行於民」，「行法修制，先民服。」

關於法的嚴肅公正性，《管子》中還有個特別的觀念：毋赦。「毋赦」法理不但是民本思想的體現，更是對法的嚴肅公正性的貫徹。我們知道《管子》在講法治的同時也講禮治，講道德教化，講仁愛，但如涉及到違法問題，則堅決反對赦免罪行。《七臣七主》篇提到明主有「四禁」，其中之一就是「秋毋赦過、釋罪、緩刑」。《法禁》篇謂：「刑殺毋赦，則民不偷於為善。」為何要如此，《法法》給予了分析：

> 民毋重罪，過不大也。民毋大過，上毋赦也。上赦小過則民多
> 重罪，積之所生也。故曰：赦出則民不敬，惠行則過日益。惠赦加
> 於民，而圄圉雖實，殺戮雖繁，姦不勝矣。故曰：邪莫如蚤禁之。
> 赦過遺善，則民不勵。有過不赦，有善不遺，勵民之道，於此乎用
> 之矣。

隨意赦免罪行，是對法的權威性的嚴重褻瀆，而且日積月累，小過變大過，最後構成重罪。從表面上看赦過是一種恩惠，但最終結果卻是監獄裏關的犯罪的人越來越多，刑罰越來越嚴酷，民眾依舊違法如舊。因此，對「過」和「善」要嚴肅公正地對待，哪怕有小過也不能赦。通觀《管子》，「赦免」可以說是「管法」堅決去除的。

5.4 至善──《管子》禮、法構建的核心

5.4.1 禮、法同源

在禮和法的問題上，我們習慣於將禮和法處於相對立的位置。孔子說：「道之以政，齊之以刑，民免而無恥，道之以德，齊之以禮，有恥且格」（《論語·為政》）。相反，商鞅則認為仁義禮智是「六虱」，「禮樂，淫佚之征也；慈仁，

過之母也」〔註54〕（《商君書‧說民》），要「任其力不任其德」（《商君書‧錯法》），「不貴義而貴法」（《商君書‧畫策》），韓非子在《顯學》篇中也提出：「不務德而務法。」禮治與法治由於儒、法兩家相反取捨造就了我們將它們判定爲兩種截然相反的治國思路。其實，這種認識是錯誤的。很明顯，孔子反對是「政」和「刑」，是強力和酷法，並非如我們在《管子》中看到的比較全面的「法」。商鞅從秦國當時具體情況出發，力主耕戰，認爲禮治已無法適應當時治國需要，但商鞅之法中依舊有禮的印記，如《商君書‧定分》篇將名分問題提到關係國家治亂存亡的高度，商鞅實是以法代禮。〔註55〕

　　具體到《管子》上，由於長期視其爲雜家著作，認爲是儒、道、法等不同學派的人物將各自的主張拼湊在一起而成，且這種拼湊更適用於現實的政治需要，比如說禮、法兼用。正是基於拼湊和現實功利的思維定勢，導致在論及《管子》治國方式上，表述混亂，如「禮法並重」、「德法並舉」、「道法合流」、「禮法並舉」、「義利兼重」等，道、德、禮、法、義、利之間毫無內在聯繫。這些都有損於《管子》作爲一本政治學著作的價值與意義。

　　上述幾個概念中，分歧集中表現在禮和法上，其實「禮」與「法」在《管子》中並非對立的，也不是因治國之需而強硬地拉在一起的，二者有著前後同源的關係。《心術上》篇說：「虛無無形謂之道，化育萬物謂之德，君臣父子人間之事謂之義，登降揖讓貴賤有等親疏之體謂之禮，簡物小未一道，殺僇禁誅謂之法」，這裡並非僅是對道、德、義、禮、法的定義，更重要的是表達了它們是同源一體的，《心術上》篇「解」的部分給予了具體的論證：

> 天之道，虛其無形。虛則不屈，無形則無所位迕，無所位迕，故徧流萬物而不變。德者，道之舍，物得以生生，知得以職道之精。故德者，得也。得也者，其謂所得以然也。以無爲之謂道，舍之之謂德。故道之與德無閒，故言之者不別也。閒之理者，謂其所以舍也。義者，謂各處其宜也。禮者，因人之情，緣義之理，而爲之節文者也，故禮者，謂有理也。理也者，明分以諭義之意也。故禮出乎義，義出乎理，理因乎宜者也。法者，所以同出不得不然者也。故殺僇禁誅以一之也。故事督乎法，法出乎權，權出乎道。

　　這段話的前半段論述「道」和「德」，「道」是天地萬物之依據，「德」是

〔註54〕高亨，商君書譯注〔M〕，北京：中華書局，1974：52。
〔註55〕陸建華，商鞅禮學思想研究〔J〕，孔子研究，2004（4）：64～71。

「道」在人間的流變，無須過多解釋。後半段牽涉到三個概念：義、禮和法。首先是義，「各處其宜」，通俗點說，就是各自處於自己最適宜的位置，離開了這個位置，就不符合道之自然了。《五輔》說義有七體：「孝悌慈惠以養親戚，恭敬忠信以事君上，中正比宜以行禮節，整齊撙詘以辟刑僇，纖嗇省用以備飢饉，敦懞純固以備禍亂，和協輯睦以備寇戎。」從孝悌慈惠、恭敬忠信、和協輯睦等這些語詞來看，似乎義就是道德，其實依舊不是。需注意的是七句話的主語人物被省略了：某某要孝悌慈惠以養親戚，某某要恭敬忠信以事君上……，也就是說要盡各自位置上的「義務」。「知義然後中正」（《五輔》），中正即不偏離位置。第二是禮，為維持各自能處其位，需要用禮來約束規範。《左傳・隱公十一年》言：「禮，經國家，定社稷，序民人，利後嗣者也。」〔註56〕楊向奎先生稱其為：「穩定階級秩序和加強統治的一種制度和手段。」〔註57〕第三是法，法在承繼了禮的約束規範內容外，新添了強制力的部分，「同出不得不然。」《管子》經常稱法為「舉錯」，現在一般以為「錯」通「措」，「舉錯」可能正是法與禮的區別所在。

周初周公制禮，禮就已形成，為治國的主要方法。至春秋戰國時期，伴隨著社會秩序的日益複雜混亂，光靠禮已難以滿足政治需要，「人之心悍，故為之法」（《樞言》）。戴濬說：「蓋春秋戰季，紛紜擾攘，齊之以禮，已不足以治國家，而安百姓」，「非禮法兼治不為功，正政治進步之明證。」〔註58〕由禮進化為法是歷史前進之必然，《管子》的可貴之處在於未「棄」禮而「唯」法，而是承禮而繼法，將禮融入到法中。《管子》能將禮融入到法中，在於其將法的概念內涵進行了擴展，不再僅指狹義上的刑法，廣義的法概念在前一節中已詳述。《樞言》：「法出於禮，禮出於治。治、禮，道也」，法與治、禮、道在「至善」目標上是一致的；《任法》：「仁義禮樂者皆出於法」，現實政治中仁義禮樂又以廣義的法為依據。

5.4.2 禮、法與秩序

「至善」是《管子》政治思想的核心理念，作為施政兩大原則的「禮」和「法」自然也被納入治國理念中。禮、法本身並不具有道德意義，但禮、

〔註56〕 李學勤主編，十三經注疏・春秋左傳正義（上中下）〔M〕，北京：北京大學出版社，1999：126。
〔註57〕 楊向奎，宗周社會與禮樂文明〔M〕，北京：人民出版社，1997：235。
〔註58〕 戴濬，管子學案〔M〕，上海：學林出版社，1994：79。

法在維護社會秩序中體現出來的公平可以說是最大的道德。

「秩序」是禮、法的首要關懷，禮、法制度規範的目的就是要維護人類社會的秩序。在《管子》中，人類社會的秩序模式源自於天道，人道仿傚天道。對於社會的秩序維護，《管子》雖也提出無治（因循自然）、人治（賢明君主），但最主要的還是依靠禮和法的制度規範。關於《管子》中禮和法在社會秩序中的功用，前面已論述頗多，不再重述。下面主要從君、臣、民三者在法治格局中的位置略作論述。《任法》篇曰：

> 聖君則不然，卿相不得翦其私，群臣不得辟其所親愛。聖君亦明其法而固守之，群臣修通輻湊，以事其主，百姓輯睦聽令，道法以從其事。故曰：有生法，有守法，有法於法。夫生法者，君也。守法者，臣也。法於法者，民也。君臣上下貴賤皆從法，此謂爲大治。

君生法，臣守法，民法於法，《管子》稱爲「大治」，即理想的法治格局。法與君主的關係，前面也已詳述，法雖出自君，但君也須守法。民與法的關係是「法於法」，「道法從事」，法提供民行爲做事的規範，從而引導成事。民與君各處法之兩端，君生法，民法法，並無什麼特別之處。《管子》法治格局的最核心環節是「臣守法」這一層面，這是法治能否得以施行的關鍵所在。臣在法治結構中的主要功用是「修通輻湊」：頒行法令、執行落實法令。君制定出的法令是良法，民眾也可能是守法的良民，但如果執法的環節不守法，法治的初衷就難以實現。《管子》清楚地意識到執法者是最有可能違法亂紀的，特別要求「卿相不得翦其私，群臣不得辟其所親愛」。守法即維護法律之意，不僅指官員執法、行法，更是指其本身要守法。《管子》特別強調君臣職分，要求「臣不害令」（《明法解》），其意就在於此。這也是禮、法能否實現維護秩序公平的關鍵所在，《君臣上》曰：「下有五橫以揆其官，則有司不敢離法而使矣。」尹知章注曰：「橫，謂糾察之官得入人罪者也」，也就是督「官」之官。

第六章 《管子》的經濟和財富分配思想

　　現存《管子》七十六篇，有三分之二篇幅涉及經濟，如《乘馬》、《治國》、《侈靡》、《度地》、《地員》、《輕重》諸篇等，近三分之一篇幅專論經濟。經濟學家胡寄窗先生說：「以量數來說，《管子》一書中涉及經濟問題的論述不下數萬言，可算是中國古代歷史上從來不曾出現過的經濟巨著。以質來說，除價值論及商業循環論外，對社會經濟活動領域中各個方面的問題差不多都曾接觸到，而且常出現獨特的觀點。即使我們將視野擴大到世界範圍，在前資本主義的一個漫長時期內，也罕有像《管子》這樣輝煌而豐富的經濟論著。」〔註1〕先秦諸子文獻中雖有一些卓越的經濟見解，但均似沙裏淘金，如《管子》般成系統、規模則罕見。經濟與政治有著本質必然的聯繫，經濟活動為政治活動提供物質基礎，經濟活動的收效程度又深受政治活動的影響，而經濟中的社會財富分配狀況是一個國家政治是否「至善」最現實、直接的反映，亞里士多德寫作《政治學》就是從經濟、財產開始，經濟活動是政治實踐的首要任務。《管子》成書以後的相當長時期內，其經濟思想並沒有受到後代政治家和學者的足夠重視，直至近代，伴隨著富國強兵的需要和西方經濟學理論的傳入，人們開始逐漸意識到《管子》中蘊涵的經濟思想的價值與意義所在，至於裏面的財富分配思想，關注的更少。

〔註1〕 胡寄窗，中國經濟思想史簡編〔M〕，北京：中國社會科學出版社，1981：167。

6.1 《管子》的政治經濟思想立論

6.1.1 心性與人情

  《管子》對國家治理思考的認識肇始，無外乎有兩個源頭：天道和人情。「因天道」凸顯了其理想主義致思，「順人情」則是現實主義的務實。要做到「順人情」，必須先認識人情，即現實社會中的人之性。中國古代的人性論思想是豐富多彩的。孟子說人性本善，荀子說「人之性惡，其善者偽也」（《荀子・性惡》），老子認為人的天性「素」、「樸」，告子說人性無善無惡，世碩認為人性有善有惡，韓非說人性好利惡害。人性論他們各自思想體系立論的基礎，《管子》也不例外。

  《管子》認為人性有兩個層面：心性和人情。《內業》篇說：「凡人之生也，天出其精，地出其形，合此以為人。和乃生，不和不生。」人是天地和合的產物，在人生成後，天道也存於人心之中，《樞言》篇說：「道之在天者，日也。其在人者，心也。」心不但是道之館舍，而且從心具有自充、自盈、自生、自成的屬性來看，心即是道。心是人之主體，因此人性即為心性，而心性又秉承了天道之性。「凡人之生也，必以平正」、「必以其歡」，因此心性本也是虛靜平和的，是至善的，但由於喜怒憂患欲利的原因，心之本性丟失，「憂則失紀，怒則失端。憂悲喜怒，道乃無處」（《內業》）。丟失了本性的心性稱之為心之情，也就是人情。要想使心之情恢復為心之性，必須去除憂樂喜怒欲利，「能去憂樂喜怒欲利，心乃反濟。彼心之情，利安以寧，勿煩勿亂，和乃自成」（《內業》）。通過身體的修養，摶氣、讀詩、聽音樂、守禮，做到內靜外敬而反其性。總之，在《管子》看來，心性是本真至善的，人情則含有憂樂喜怒欲利屬性。

  與先秦諸子相比，上述對人性的認識並無什麼高明之處，但《管子》可貴之處在於對人性的這兩個層面採取的態度：首先，雖然認為心性與人情有善與不善之分，但在現實中對它們並不作同一性取捨，而是從應然和實然的角度認為它們都是合理的；其次，「凡人之情，得所欲則樂，逢所惡則憂，此貴賤之所同有也」（《禁藏》），君、臣、民雖都具有憂樂喜怒欲利的人情屬性，但立足於現實君主體制的政治需要，對君、臣、民三者提出了不同的人性標準。

  《心術上》說：「心之在體，君之位也」，君主雖然同樣具有憂樂喜怒欲利，

但作爲一國之中最接近「天道」者，必須要用心性的標準來約束。《禁藏》：

　　故聖人之制事也，能節宮室、適車輿以實藏，則國必富，位必尊。能適衣服、去玩好以奉本，而用必贍，身必安矣。能移無益之事，無補之費，通幣行禮，而黨必多，交必親矣。夫眾人者，多營於物，而苦其力，勞其心，故困而不贍。大者以失其國，小者以危其身。凡人之情，得所欲則樂，逢所惡則憂，此貴賤之所同有也。近之不能勿欲，遠之不能勿忘，人情皆然，而好惡不同。各行所欲，而安危異焉，然後賢不肖之形見也。夫物有多寡，而情不能等。事有成敗，而意不能同。行有進退，而力不能兩也。故立身於中，養有節。宮室足以避燥濕，食飲足以和血氣，衣服足以適寒溫，禮儀足以別貴賤，遊虞足以發歡欣，棺槨足以朽骨，衣衾足以朽肉，墳墓足以道記。不作無補之功，不爲無益之事，故意定而不營氣情。氣情不營則耳目穀，衣食足。耳目穀，衣食足，則侵爭不生，怨怒無有，上下相親，兵刃不用矣。故適身行義，儉約恭敬，其唯無福，禍亦不來矣。驕傲侈泰，離度絕理，其唯無禍，福亦不至矣。是故君子上觀絕理者，以自恐也。下觀不及者，以自隱也。

這段話有這樣幾層意思：1、人不分貴賤，都有欲利人情，而且心中的欲利目標與現實中的實現存在距離；2、對欲利採取不同的態度，會出現治亂截然相反的狀況，如過度追逐欲利，會導致失國危身；3、作爲君主者要欲利有度，能通幣行禮，宮室、食飲、衣服、禮儀、遊虞、棺槨、衣衾、墳墓等能足即可，要經常上觀絕理者，下觀不及者，自我反省。人雖都好利惡害，但作爲君主要不爲情慾所困，虛心、靜心、定性，盡可能保持心之本性。

對於人臣，雖達不到心性的標準，但要不斷去靠近。《樞言》說：「日益之而患少者惟忠，日損之而患多者惟欲。多忠少欲，智也，爲人臣者之廣道也。」要每天不斷地減少欲利，增加有功於國的行爲。前面已述，《管子》中禮、法構建的主要約束對象其實是政府官吏。

對於一般民眾，從實際出發肯定其欲利人情，「倉廩實則知禮節，衣食足則知榮辱」（《牧民》），如離開欲利人情，光去空談高尚的心性，是不切實際的。因此，作爲執政者要從民所欲，「順人心，安情性，而發於眾心之所聚」（《君臣上》）。民情（民性）有「四欲」和「四惡」，要做到去其「四惡」：憂勞、貧賤、危墜、滅絕，順其「四欲」：佚樂、富貴、存安、生育。

正如上述引文中所說：「物有多寡，而情不能等」，君、臣、民皆有欲利，但由於各自在國家政治格局中處於不同的位置，因此在欲利上要「各行所欲」。一方面以心之性的高標準來約束君和臣，視道、德、禮、法爲其首要價值取向；另一方面要尊重民的趨利惡害的情性，要愛之、利之、益之、安之。基於對人情「自利」認可的觀念，《管子》將發展經濟擺在了務國之首，使「自利」成爲國強民富的內在動力，也使民情可得而御，《形勢解》說：「民，利之則來，害之則去。民之從利也，如水之走下，於四方無擇也」，利用「自利」，做到治國無爲。執政者雖有欲利但更要重視道德禮法，使財富的正義分配得以可能，《版法解》說：「凡人者，莫不欲利而惡害，是故與天下同利者，天下持之；擅天下之利者，天下謀之。天下所謀，雖立必隳；天下所持，雖高不危。故曰：『安高在乎同利。』」

至於《侈靡》篇說：「爲國者，反民性然後可以與民戚。民欲佚而教以勞，民欲生而教以死。勞教定而國富，死教定而威行」，有人認爲這反映了統治者的前後不一，玩弄「術」的把戲，這種理解是完全錯誤的。《管子》雖認可現實社會中的人性，但認爲心性和人情還是有善與不善之分，人情內部還存在欲多、欲少之分。雖尊重普通人的欲利之情，主張滿足，但也須有道德禮法的約束，只是不像君臣那樣的高標準。

由於《管子》對人情利欲的認可，人們常以「功利主義」予以標記，這是對其人性和治國理念的一種誤解。功利主義認爲：「贊成或非難任何一項行動」，以「增大或減小利益有關者之幸福的傾向」〔註 2〕爲標準，也就是說是否道德以是否幸福、快樂爲準。道德並非目的，而是謀取功利的工具，幸福、快樂的利欲是行爲的歸結。《管子》則不是，「倉廩實則知禮節，衣食足則知榮辱」只是客觀地、符合實際地指出了在實然狀態下道德禮法的受制，利欲人情與道德禮法之間存在著先後，因此從治國現實出發，《管子》都給予了足夠的重視。

6.1.2 「慎富」以立國

馬斯洛將人的需要分爲五個層次：生理需求、安全需求、社交需求、尊重需求、自我實現，而生理需求是最基本的，人首先需要吃飯、穿衣。生理需求的滿足使經濟活動成爲人類社會最早的活動之一。恩格斯說：「每一個社

〔註 2〕〔英〕邊沁，道德與立法原理〔M〕，北京：商務印書館，2006：58。

會的經濟關係首先是作爲利益表現出來的」〔註3〕，爭利是現實人類社會的基本人情。政治與經濟，作爲人類社會最早的兩大活動，很自然地發生著互動關係。「一個精英如果不能使自己與經濟繁榮聯繫在一起，他是要受到內部攻擊的。不斷上升的不安全感將會毫無理智地朝著現行制度的各種象徵及其實際措施發洩出來」〔註4〕，經濟是政治的基礎，是現實政治中最大的問題。

《管子》以「至善」的理想國爲政治追尋，並沒有僅停留在理論設計層面，而是以富國強兵作爲治國之首要目標。能否富國強兵，民眾的多和少是其重要因素。《法法》篇說：

> 凡大國之君尊，小國之君卑。大國之君所以尊者何也？曰：爲之用者眾也。小國之君所以卑者何也？曰：爲之用者寡也。然則爲之用者眾則尊，爲之用者寡則卑，則人主安能不欲民之眾爲己用也！

民眾多，開墾的田也就多，創造財富自然就多，兵源的數量也多，國家的軍事力量自然也強大。因此，「爭天下者必先爭人」（《霸言》），人是富國強兵的基礎。如何爭人？「國多財則遠者來，地辟舉則民留處」（《牧民》），只有發展經濟，大量開發土地，財富充裕，這樣不但本國的人安居樂業，不遷徙，而且別國的人在「利」的驅使下，也會從遠處來投奔。「倉廩實則知禮節，衣食足則知榮辱」（《牧民》），經濟的繁榮發展還直接決定了人們的道德水平和對禮法的遵守程度，影響著現實政治機制運行。因此，重視經濟既是對好利民情的順應，也是強國之必需，更是「至善」政治理想得以實現的重要環節。《樞言》篇說，治理國家有「三愼」：愼貴、愼民、愼富，「愼富」就是要致力於發展經濟，創造財富。《大匡》篇記載了管仲初政時齊桓公與管仲在治國是「修兵甲」爲先還是「修內政」爲先的一段爭議：齊桓公認爲要想諸侯之間無戰事，必須先「修兵甲」，爲修兵甲，內奪民用，士勸於勇，結果在戰事上屢屢受挫；管仲認爲要先「修內政」，解決百姓生活上的困難，減輕賦稅負擔，發展經濟，開發財源。在事實結果面前，這場爭議最終以管仲正確而告終。

《形勢解》曰：「主之所以爲功者，富強也。故國富兵強，則諸侯服其政，鄰敵畏其威。……主之所以爲罪者，貧弱也。故國貧兵弱，戰則不勝，守則

〔註3〕中共中央馬克思恩格斯列寧斯大林著作編譯局，馬克思恩格斯選集（第2卷）〔M〕，北京：人民出版社，1995：537。
〔註4〕〔美〕哈羅德‧D‧拉斯韋爾，政治學〔M〕，北京：商務印書館，2000：47。

不固。」定社稷，王霸天下首要在於「修內政」，國富才能兵強。《兵法》曰：「舉兵之日而境內貧，戰不必勝，勝則多死，得地而國敗」，國富不僅民眾多，提供大量兵源，而且還提供了大量的物資軍備，「彼民不足以守者，其城不固；民饑者，不可以使戰」（《八觀》）。

總之，在《管子》看來，經濟是否繁榮，財富是否豐富，對強兵、治國乃至「至善」政治有直接的影響。

6.2 《管子》的整體多元經濟理念

梁啟超先生在其《管子傳》中用「國民經濟之觀念」來評價《管子》的經濟思想，「管子之言經濟也，以一國為一經濟單位，合君民上下皆為此經濟單位中之一員，而各應其分歇其力，以助一國經濟之發達，而挾之以與他國競。管子一切政治之妙用，皆基於是。」〔註5〕梁先生用近代西方經濟學的理論與《管子》作類比，不免有牽強之意，但細究《管子》的經濟思想，確與今天經濟學有許多相通、暗合之處。傳統將《管子》中的經濟思想以「理財」或「輕重」理論稱之，都是對其的一曲之解。用現代經濟術語來說，《管子》經濟思想涉及農業、手工業、商業、市場、貨幣、價格、國際貿易、賦稅、消費、分配等諸多層面。

6.2.1 「重本」不「富本」

在我國古代經濟體系中，有著傳統的「重本抑末」思想，春秋時期開始逐步成型，後來逐步強化。「重本抑末」思想是符合中國古代社會發展實情的，但在後來有被僵硬教條理解的傾向，因此仔細檢閱接近這種思想源頭的《管子》時，可以發現對「重本」更準確的解讀，「重本」並非「富本」。

首先，「重本」是經濟能夠整體多元考慮的基礎。《揆度》篇說：「一農不耕，民有為之饑者。」在農業生產中，糧食生產又是重中之重，「凡五穀者，萬物之主也」（《國蓄》），「五穀者，民之司命也」（《揆度》）。糧食不僅是人類賴以生存的最基本條件，而且關係到國家實力的強與弱、民心的向與背，「粟也者，民之所歸也。粟也者，財之能歸也。粟也者，地之所歸也。粟多則天

〔註 5〕陳引弛，梁啟超學術論著集（傳記卷）〔M〕，上海：華東師範大學出版社，1998：
53。

下之物盡至矣」（《治國》）。不僅農業，《管子》還把關係人們生活必需的手工業生產提到了同樣重要的地位。「一女不織，民有爲之寒者」（《揆度》），「毋乏耕織之器」（《幼官》）。歐洲重農主義代表人物巴夫爾（Poivre）曾經說過：「中國農業的繁榮勝過世界各國，這不是由於進行各種特殊的勤勞，也不是由於耕作的方法或播種的方法，這是快樂國家必然會這樣的。這成爲特質，最重要的應推源於政府的做法，那不變的基礎根深蒂固地只放在理性的一邊。在同時代的人類之中，差不多歷史一開始，中國就第一個按著各種法則在自然的指導之下，且不可侵犯的維持著從一代傳到一代。銘刻在這偉大人民的集體的心裏，並不是那曖昧不明的法典，那姦謀詭計；在中國政府普遍情形是把全部的關心直接向著農業方面。」〔註6〕《管子》中對農業、糧食生產和生活必需的手工業生產的重視正是建立在對人類所處的自然環境、社會環境明智認識的前提下，對基礎經濟的政策性引導，是「快樂國家」實現的重要前提。在《小匡》篇，管子提出了「四民分處」的職業定居政策，「是故聖王之處士必於閒燕，處農必就田野，處工必就官府，處商必就市井。」很顯然，這樣的以職業屬性分居，互不雜處的政策可行性的首要前提就是農業、生活必需手工業的發達。因此爲了充分體現「重本」的思想，除在執政上貫穿這一理念以外，具體到官員設置上，專門設置了「大司田」之職，下屬「虞師」（主管林業）、「司空」（主管水利）、「司田」（主管農業），「鄉師」（主管勸農），「工師」（主管手工業）等屬官；在農業科技上也有研究，出現了類似今天的農學科技論文，如《地員》篇專門論述了關係農業生產的土壤科學研究，《五行》、《四時》篇闡述了對農時的認識，《度地》篇則詳盡論述了如何進行水利修建。

其次，反對「富本」，強調經濟生產的適度性。如在手工業方面，將關係國計民生的手工業與奇巧奢侈的手工業相區分，《七臣七主》說：「夫男不田，女不績，工技力於無用，而欲土地之毛，倉庫滿實，不可得也」，手工業生產的種類必須要於人們的基本生活相關，否則只會是「無用」；農業生產雖處於根本的地位，但也並非是盡「速」的發展，如《地數》篇記載：

> 桓公問於管子曰：「吾欲富本而豐五穀，可乎？」管子對曰：「不可。夫本富而財物眾，不能守則稅於天下；五穀興豐，巨錢而天下貴，則稅於天下，然則吾民常爲天下虜矣。夫善用本者，若以身濟

〔註6〕朱謙之，中國哲學對歐洲的影響〔M〕，上海：世紀出版集團，2006：307。

　　於大海，觀風之所起。天下高則高，天下下則下。天高我下，則財
　　利稅於天下矣。」

農業、糧食生產對一國經濟來說，的確很重要，這也是《管子》「重本」的原因所在，前面已有相關的引述，另外像《立政》篇的「君之所務者五：故曰山澤救於火，草木植成，國之富也；溝瀆遂於隘，障水安其藏，國之富也；桑麻植於野，五穀宜其地，國之富也；六畜育於家，瓜瓠葷菜百果備具，國之富也」，《治國》篇的「王天下者何也，必國富而粟多也；夫富國多粟生於農，故先王貴之」。這些都容易給後人產生一種經濟生產認識上的錯覺，就是糧食生產越多越好，農業生產應最大化，其實不然。仔細考辨上述引文，可以發現，《管子》是從兩個角度論述「農」這一「根本」的：一是人們生活基本之需，這一根本地位是任何物項無可代替的；二是富國之緊要，這裡要注意《管子》的著眼點在於「重本」而「富國」，而非「富本」與「富國」的同一。「重本」與「富本」在本質內涵和舉措結果上有根本的不同，「富本」的思想把整個經濟體系看得過於簡單，畢其功於一役，忽視了一國經濟體系中各個組成部分之間錯綜複雜的相互關係，其結果必然就是「稅於天下」、「吾民常為天下虜矣」。因此從「國富」的角度出發，從國家經濟安全的角度來看，從一國整個經濟體系加以思量，「重本」與「富本」之分的確甚是緊要。「重本」是在經濟整體思維模式下對基礎經濟的強調，「富本」則是一種單一經濟發展模式，經濟結構片面性強，對外依賴程度高，缺乏經濟整體的安全保護。《管子》中對「無用」手工業的反對也是基於這一經濟理論上的深邃認識。

6.2.2 市場、貨幣和輕重多元調控

　　基於對「本」業重要性和國家經濟體系整體多元性的認識，為實現經濟體系各組成部分協調、比例、全面的發展，《管子》中提到了市場、貨幣和輕重等多元的調控手段。

　　首先，市場基礎調控，並適度發揮商業流通的價值功用。《管子》時代雖不是現代意義上的商品經濟時代，但其對商業、市場、貨幣的職能和運行機理的認識卻是令今人也歎為觀止的。《小匡》篇說：「今夫商，群萃而州處，觀凶饑，審國變，察其四時，而監其鄉之貨，以知其市之賈。負任擔荷，服牛輅馬，以周四方，料多少，計貴賤，以其所有，易其所無，買賤鬻貴。是

以羽旄不求而至，竹筋有餘於國，奇怪時來，珍異物聚」；《乘馬》篇認爲「聚者有市，無市則民乏」，「市者，貨之準也」，「市者可以知治亂，可以知多寡，而不能爲多寡」；這些實是對商業、市場之調控功用十分準確的表述。市場不但是提供人們生產、生活資料的必需之地，而且在整個經濟體系中具備了「無形之手」的部門生產比例調節作用，通過市場反映，能誘發經濟生產的「自覺性」，因此，在《管子》來看，市場的上述兩個功用是主要的，應予以提倡的。同時，商業、市場本身又是產業的一種形式，其能讓一些人牟取暴利的功用則應是予以嚴格禁止的，「百貨賤則百利不得，百利不得則百事治，百事治則百用節矣」（《乘馬》），如同「本」業一樣，市場的發展也同樣存在個「度」的問題。總之，在《管子》來看，商業流通與農業、手工業同爲經濟體系中不可缺失的產業形式，故「士農工商四民者，國之石民也」（《小匡》），此四類階層，都是國之本，猶如柱之礎石。可見，「通齊國之魚鹽東萊，使關市幾而不正，壓而不稅」（《小匡》）這樣一系列的減少關稅、鼓勵商業流通的政策，實是在對市場調控功用精準認識下的舉措，並非簡單的求富和暴利。

其次，貨幣金融手段調控。《管子》中的貨幣有珠玉、黃金、刀布和穀物等實物貨幣幾種形式，在人們的經濟活動中起著「通施」和交換媒介的作用，「以均制財物，通交有無，使人之所求，各得其欲」。〔註7〕除此以外，《管子》中的貨幣還發揮著「以守財物，以御民事，而平天下」（《國蓄》）的屬於較高層面經濟調控和政治實踐的作用。「黃金者，用之量也。辨於黃金之理則知侈儉，知侈儉則百用節矣。故儉則傷事，侈則傷貨。儉則金賤，金賤則事不成，故傷事。侈則金貴，金貴則貨賤，故傷貨。貨盡而後知不足，是不知量也。事已而後知貨之有餘，是不知節也。不知量，不知節，不可謂之有道」（《乘馬》），這裡提到黃金這個「硬通貨」在侈和儉、事和貨之間謀尋平衡，用現代金融學來說，就是通過貨幣供應量的變化來刺激或壓制消費和生產，貨幣的供應量必須滿足社會經濟良性發展的實際需求，並最終對農、工、商三大產業的運行產生正面影響，也就是「知節」、「知量」，這裡的「節」並非節儉之意，而是要「中節」，不違背經濟運行的規律，以實現經濟發展的整體效用。兩千年後的現代宏觀經濟學的開創者凱恩斯，提出了類似的觀點，他認爲在社會總供給量無限的情況下，社會的生產發展取決於社會的總需求，因此，

〔註7〕〔唐〕杜佑，通典〔M〕，北京：中華書局，1988：149。

擴大貨幣供應量，增加消費可以刺激生產，相反，貨幣緊縮，減少消費則對生產發展不利。但凱恩斯主義是單向的，無限制地刺激消費最終將導致整體經濟的惡性運行。《管子》不僅看到了貨幣供應、刺激消費、促進生產的一面，還意識到相反的一面，即過多地刺激消費，不但不能刺激生產，反而造成浪費，並由於資源短缺，可能導致經濟生產的不可持續性。通過貨幣供應的變化，控制生產與消費，讓經濟運行整體「中節」。

第三，人爲政策的輕重調控。在經濟的發展過程中，人爲的政府干預是否必要，一直爭論很大。西方古典經濟學理論將市場視爲「一隻看不見的手」，強調經濟發展的自由放任性。比如以哈耶克和米塞斯爲代表的奧地利學派，強調市場至上。從長遠的角度看，市場、經濟規律的確有其本身的內在運行軌跡，但從某一時間段來看，完全的自由放任是不行的，市場、經濟規律有突然失靈的時候，爲避免或減少由於這種失靈對人類造成的災難，這就需要政府給予經濟運行以適當的人爲調控，這種觀點以凱恩斯主義爲代表。《管子》對上述兩種思想都是予以肯定的，並非偏居一隅。在人爲調控方面，雖不具有現代經濟學對這種宏觀調控的完備知識，但的確已具有政府干預的思想萌芽，比如通過賦稅制度、貨幣價值的變化（前面已有論述）來對經濟各部門的生產規模、速度產生影響。用現代經濟學術語來說，賦稅屬於財政制度層面，貨幣屬於金融工具，都是宏觀調控的重要手段。在《管子》裏，這些方法可統稱爲輕重之策。輕重理論並非始於《管子》，但《管子》是先秦古籍中闡述輕重理論最完備的一本書。對此的闡述主要集中於《輕重》諸篇中，其核心理念就是「以重射輕，以賤泄平」（《國蓄》），通過人爲的手段調節商品的數量以影響經濟產品的生產供求、貨幣流通、物價平抑等各個方面，是治理國家、管理經濟的重要武器。《國蓄》篇說：「散則輕，聚則重」、「民有餘，則輕之……民不足，則重之」，政府通過聚散、藏發、章與不張、守與不守、令之徐疾來掌控商品物資生產的大體平衡。《輕重甲》篇記載的「鵠鶴之謀」、「五吏之謀」，就是利用輕重之術，來引導弓弩製造業、漁業的發展。另外《地數》篇中之所以對「富本」予以否定，就是出於對國內經濟和國際貿易的宏觀考慮，這二者之間也有彼此「輕重」的問題，同屬於國家統一的經濟體系，此類案例《管子》中很多。總之，在整體多元思維模式的指導下，輕重之策與市場規律一起，追尋著經濟的良性發展。

6.2.3 對自然資源的可持續利用

　　自然資源不僅在當代高度發達的商品經濟中處於重要地位，同樣在自給自足的自然經濟中其地位也不容忽視。自然資源經濟學認為，伴隨著人類社會的發展，原來無限供給的自然之物稀缺性越來越明顯的時候，自然之物也就變成了自然資源，由於其稀缺性逐漸彰顯，必然對經濟運行產生約束作用，甚至由於對自然資源的不合理利用，最終毀滅國家。庫拉（Erhun Kula）在《環境經濟學思想史》中寫道：「儘管羅馬政府有充裕的自然資源可以支配，但羅馬皇帝沒能建立一個可行的經濟制度，這最終導致了羅馬帝國的滅亡。或許人們從這裡可以學到這樣的教訓——資源的充裕，未必能夠保證共同體的生存。」〔註8〕可見，自然資源的合理、可持續利用的重要性，而這種思想意識的形成，必然不是立足於歷史的某一點、某一段的時間中，而是站在代際的角度產生的環境倫理思考。自然資源、經濟生產、代際可持續，如果沒有整體性的思維意識，是不可能具備這樣的認識。

　　在《管子》的行文中，我們會發現有許多關於定量性的詞語，如「地數」、「量壤」、「地有量」、「定壤」，以及人口與土地的比例關係等等，這些都是對社會、經濟的發展與自然資源關係思考的結果，土地資源、礦產資源、森林資源、可耕地、土地生產力都是有一定的限度的，如果經濟社會的發展超過了自然資源的承受能力，必然會出現危機，從而影響整個經濟體系的運行。《五輔》篇提出了「下度之地宜」；《地員》篇則是專篇討論了土壤的分類、地宜的問題，強調挖掘土地生產潛力的適宜，不能過度地開發；《地數》篇針對「山之見榮者」，要求「謹封而為禁」，對礦產資源要有政府統一採伐，不許濫探私伐；《立政》、《幼官》等提出對生態資源要「以時禁發」，「禁」的目的是為了更好地、長期地開發利用，遵循生物的生長規律。當然，《管子》的這種可持續性思想與現代環境保護、經濟生態思想相比，只是零散的，淺顯的，它不可能認識到自然之物是如何變成經濟之物的，不可能意識到稀缺性的必然，不可能給予嚴格的生態經濟學解釋；只是憑藉著生產、生活的經驗教訓，以及簡單的經濟理論思索，意識到要保持國家在較長時期內經濟均衡的發展，必須要注意二者的關係；是中國傳統的整體性思維模式在探討「天道」與「人道」關係上的自覺運用。老子提出「道法自然」的思想，認為「天道」

〔註8〕〔英〕E・庫拉著，謝陽舉譯，環境經濟學思想史〔M〕，上海：世紀出版集團，2007：1。

與「人道」是聯成一體的，《管子》則把這種「天人合一」的整體性思維在社會、經濟的運行中給予了具體的運用。

綜上所言，正如梁啓超先生所說：「管子之理財，其所注全力以經營者，不在國家財政也，而在國民經濟。國民經濟發達，斯國家財政隨之。管子之所務在於是，故有以桑弘羊、孔僅、劉晏比管子者，非知管子者也。」〔註9〕所謂理財政策主要是為國家特別是為君主創造財富，重視君主的利益而非全體國民的利益，理財只是一國經濟整體之一部分；國民經濟，用現代的話語來說，就是指一國之各社會生產部門、流通部門和其他經濟部門在時間、空間上所構成的相互聯繫的總體，著眼點是國家經濟整體。這裡我們無需過度在意「國民經濟」一詞對《管子》所處時代是否適用。

當然，《管子》一書肯定具有時代和認識上的缺陷，猶如美國哈佛大學羅伯特·海爾羅布納提出的應如何看待《國富論》的問題，他認為《國富論》不應被當作教科書來閱讀，亞當·斯密是為他的時代寫的，是為治理國家寫的，所應關注的是亞當·斯密對經濟探討的思維方式和經濟運行的基本規律。《管子》中的經濟思想就是一本中國古代《國富論》，是對那個時代經濟現象思考與實踐成果的彙集，而對於後人來說，我們首先應該關注的就是其整體主義思維模式，如不能簡單地把各產業以「本」、「末」相待，經濟環境是複雜的、多維的和內聯的，「本」「末」之分只是在整個經濟運行環節中所處的位置之分，並非單向的先後之分，更非重要性的程度之分，農、工、商對於一國經濟之整體來說的，都是必要的，應各居其位，各盡其用，相互關聯。重「本」，反對「富本」，市場與貨幣調控，注意經濟的可持續性，輕重之術，既強調遵循經濟運行的內在規律，又重視特殊情況下的調控，始終注意經濟的整體性發展，以實現經濟領域的秩序、正義和和諧。

整體主義的宇宙觀、自然觀和治國的綜合需要，決定了《管子》更多地考慮的是宏觀經濟問題。它對某一經濟問題的見解、分析、主張和政策，基本上都是圍繞「至善」國家的實踐而加以宏觀把握，很少就社會經濟活動中的個體，進行論述、分析。就是有，也是論述宏觀經濟和個體生產之間的關係，而不是專門從個體的角度論述個體，如它對個人欲求的討論，其最終還是為了論證「國富」與「民富」的統一。

〔註 9〕陳引弛，梁啓超學術論著集（傳記卷）〔M〕，上海：華東師範大學出版社，1998：52～53。

6.3 《管子》財富分配思想

6.3.1 欲富國、先富民

「至善」是《管子》的政治理想。人是政治領域中唯一處於主體地位的角色，不管將政治理解為權力意志的表達，還是國家事務的管理，它所包含的一系列要素都將圍繞人展開。人人有德行，人人有幸福是「至善」政治關於「人」的價值的終極落實，「道洽政治，澤潤生民」（《尚書・畢命》）。幸福的實現包括物質和精神兩個層面的滿足，其中財富是物質層面不可或缺的重要因子，社會財富的分配也就成了「至善」政治實現的關鍵所在。西周末年邵穆公、芮良夫對周厲王的專利政策的批評，提出「王人」應該要「導利而布之上下」，實際已經開始關注社會財富分配問題。先秦諸子也大都提到財富分配的問題，比如孔子的「均而安」、晏子的「均貧富」、荀子的「下富則上富」、墨子的「交利」、韓非子的「欲富而家，先富而國」思想，但他們對財富分配問題的複雜性均認識不夠，有的甚至只是提出了一個理念。相較而言，《管子》的財富分配有財富的豐富前提保障，更重要的是明確提出了國富民富並重的分配理念和切實可行的分配措施。

「富國」是《管子》的治國的第一緊要，《治國》篇有對「國富」意義的明確闡述：「昔者七十九代之君，法制不一，號令不同，然俱王天下者，何也？必國富而粟多也」，也就是說，要想「王天下」，必先「國富」「粟多」。同時《管子》中還有大量「富民」言論，《治國》篇有這樣一段話：「凡治國之道，必先富民。民富則易治也，民貧則難治也。奚以知其然也？民富則安鄉重家，安鄉重家則敬上畏罪，敬上畏罪則易治也。民貧則危鄉輕家，危鄉輕家則敢凌上犯禁，凌上犯禁則難治也。故治國常富，而亂國常貧。是以善為國者，必先富民，然後治之」，這裡討論了「民富」與「治國」的關係。我們知道在人性的各個層面中，「經濟人」是處於基礎地位的，然後才可能是「社會人」、「政治人」、「法律人」和「道德人」等，「富民」就是滿足「經濟人」的財富需求，只有「民富」，國民才能「安鄉重家」、「敬上畏罪」，實現人性的其他層面，達到個體人性的完滿，並最終完成「至善」國家的構建。《權脩》篇中的「府不積貨，藏於民也」被學界認為是我國歷史上第一次提出了「藏富於民」的觀點；《五輔》篇還提出了一些具體「富民」舉措：通過「闢田疇，利壇宅，修樹藝，勸士民，勉稼穡，修牆屋」以「厚其生」，「發伏利，輸墆積，

修道途，便關市，慎將宿」來「輸之以財」，「導水潦，利陂溝，決潘渚，潰泥滯，通鬱閉，慎津梁」實現「遺之以利」等。

《山至數》篇通過桓公與管子的一段對話，明確地提出「民富」、「君富」（也就是國富）和「王者」三者的相互依賴的關係：「民富，君無與貧；民貧，君無與富。故賦無錢布，府無藏財，貲藏於民」，可見，在社會財富分配方面，《管子》是將富國、建立在富民的基礎上的。

《牧民》篇說：「天下不患無財，患無人以分之。」創造財富重要，財富如何合理的分配更重要。國富抑或民富，實際上就是社會財富如何在國家與民眾二者之間分配的問題，從建設「至善」國家的立場來看，富國、富民都是實現這一社會理想的環節之一，因為國家由民眾組成，二者是部分與整體之關係。

6.3.2《管子》社會財富分配的具體措施

現代社會，在財富被創造出來以後，從分配的層次上來看，大致要經歷三個階段：市場的原始分配、政府的制度分配、社會的倫理分配。〔註10〕《管子》的時代，由於還處於自然經濟的時代，雖對商業、市場的地位已很重視，但畢竟與今天的高度發達的商品經濟和自由的市場相去甚遠。因此，相應上述分配的三個層次來說，市場和政府的制度分配在整個體系只能劃入原始分配的範圍。《管子》中社會財富分配的具體措施大致如下。

第一、行業、市場和賦稅制度層面上社會財富初分配

首先是行業、市場。《治國》篇有這樣一段話：「常山之東，河、汝之間，蚤生而晚殺，五穀之所蓄孰也。四種而五獲，中年畝二石，一夫為粟二百石。今也倉廩虛而民無積，農夫以粥子者，上無術以均之也。故先王使農士商工四民交能易作，終歲之利，無道相過也，是以民作一而得均」，雖然「蚤生晚殺」，「五穀蓄孰」，收入很好，但依舊貧困，「倉廩虛」、「農夫粥子」，只有不同行業「交能易作」，才能讓財富達到「均」的狀態。也就是說行業的職能本身就是一種財富分配機制。比如商業和市場，商人是社會成員的一部分，商人對「利」的追求，既將社會財富的一部分劃歸自己的名下，也同時將社會財富在士、農、工三者之間進行了初次分配。

〔註10〕鄧志平，社會財富分配的三個層次及其邏輯統一〔J〕，理論與現代化，2010（1）：27。

　　其次相地而衰徵的原則。這是社會財富在國與民之間的分配原則。《管子》中賦稅徵收一方面主張要貫徹「寬其政」、「薄徵斂，輕徵賦」（《五輔》）的理念，另一方面在制度規範上提出了「相地而衰徵」原則。《乘馬數》篇說：「郡縣上輿之壤守之若干，間壤守之若干，下壤守之若干。故相壤定籍而民不移，振貧補不足，下樂上。故以上壤之滿，補下壤之眾，章四時，守諸開闔，民之不移也」，所謂「相壤定籍」，就是根據土地肥瘠和產量徵收租稅。《乘馬》篇則從技術層面上解決了「相壤定籍」中的如何「相壤」問題和賦稅徵收的標準問題，「地之不可食者，山之無木者，百而當一。涸澤，百而當一。地之無草木者，百而當一。樊棘雜處，民不得入焉，百而當一。藪，鐮纏得入焉，九而當一。蔓山，其木可以爲材，可以爲軸，斤斧得入焉，九而當一。泛山，其木可以爲棺，可以爲車，斤斧得入焉，十而當一。流水，網罟得入焉，五而當一。林，其木可以爲棺，可以爲車，斤斧得入焉，五而當一。澤，網罟得入焉，五而當一。命之曰地均，以實數」。所謂「地均，以實數」，就是依土地的實際生產能力來衡量土地的大小。

　　第二、輕重理論，實現社會財富的再分配

　　在經歷了行業、市場和政府的賦稅制度分配以後，離「至善」的社會財富分配還很遠。這是商品經濟不發達和國家制度性建設不足的必然結果，不過《管子》意識到了這種不足，在政府層面上，採取了非制度性的調控措施，這就是輕重之術。《國蓄》篇認爲：「歲有凶穰，故穀有貴賤。令有緩急，故物有輕重。然而人君不能治，故使蓄賈遊市，乘民之不給，百倍其本。分地若一，強者能守。分財若一，智者能收。智者有什倍人之功，愚者有不賡本之事。然而人君不能調，故民有相百倍之生也」，這就導致了「民有飢餓不食者」、「人事不及、用不足者」，其原因除自然災異、政令緩急、能力大小外，「穀有所藏」、「利有所藏」也是重要的因素，因此人君（即政府）雖能「強本趣耕，而自爲鑄幣而無已」，但若「非能散積聚，鈞羨不足，分併財利而調民事」，依舊不能成爲「治」國。那麼如何加以調控呢？《輕重甲》記載了賞賜「死事之後」的辦法：「君章之以物則物重，不章以物則物輕，守之以物則物重，不守以物則物輕。故遷封食邑，富商蓄賈，積餘藏羨跱蓄之家，此吾國之豪也。故君請縞素而就士室，朝功臣世家，遷封食邑，積餘藏羨跱蓄之家曰：『城脆致衝，無委致圍。天下有慮，齊獨不與其謀？子大夫有五穀菽粟者，勿敢左右，請以平賈取之子。』與之定其券契之齒。釜鏂之數，不得爲侈弇焉。困窮之民，聞而糴之，釜鏂無

止，遠通不推。國粟之賈坐長而四十倍。君出四十倍之粟以振孤寡，牧貧病，視獨老窮而無子者，靡得相鬻而養之，勿使赴於溝澮之中」，也就是說借助政府的權威，逼迫「遷封食邑，富商蓄賈，積餘藏羨跱蓄」這些富豪之家，以平價交出糧食，然後政府進行商業買賣，致粟價上漲，用獲得的利差去「振孤寡，牧貧病，視獨老窮而無子者，靡得相鬻而養之」，實現社會財富的再分配。《管子》中類似的做法很多，不一枚舉。總之，在制度性分配措施尚不力的情況下，《管子》充分發揮了政府的權威，利用市場機制，將政府轉化成商人，實現了社會財富的「正義」轉移。

第三、節儉爲主，不排斥奢侈的社會財富分配觀

西周之初，伴隨著「敬德保民」思想的提出，開始出現反對「專利」和「恭儉惟德」等德性主義經濟倫理考量，《管子》在分配觀上繼承了這種思想，並作了進一步發展，雖然社會財富的倫理分配在實際效果上並不如市場機制、制度規範和輕重之術的分配功用顯著，但必須要肯定其在分配中深遠的道德性價值和意義。

《管子》是十分重視個體和全社會的道德品質的，它將禮、義、廉、恥看作國之「四維」，如果「四維不張」，將「國乃滅亡」，它還論述了德、仁、義、禮、信、恭遜敬愛、勤儉節約、尊師重教、自責節制、九惠之教等諸多美德。在「至善」政治觀的指引下，這些德性觀念自然也就成爲支配其社會財富分配的重要原則依據。《五輔》篇就提出了「養長老，慈幼孤，恤鰥寡，問疾病，弔禍喪，此謂匡其急。衣凍寒，食饑渴，匡貧窶，振罷露，資乏絕，此謂振其窮」，這十分類似於今天的福利慈善。

在社會財富的倫理再分配上，我們一般更多地是關注具有正面效應的舉措，如前面的「匡其急」、「振其窮」以及節儉的消費理念。《管子》中有很多提倡節儉消費的言論，如《八觀》篇就說：「夫國城大而田野淺狹者，其野不足以養其民；城域大而人民寡者，其民不足以守其城；宮營大而室屋寡者，其室不足以實其宮；室屋眾而人徒寡者，其人不足以處其室；囷倉寡而臺榭繁者，其藏不足以共其費。……故曰，審度量，節衣服，儉財用，禁侈泰，爲國之急也。」可見，節儉的消費理念實際制約著財富的不合理分配，是「至善」國家得以實現的一個重要道德前提。

不過，《管子》在提倡節儉的同時，卻令很多人費解地出現了一個相悖的《侈靡》篇，即提倡奢侈消費。《侈靡》篇由於篇幅過長，內容複雜，加上可

能有大量的錯簡、漏簡，全篇奧義晦澀難懂，很難把握。日本學者室町三郎在
《〈管子・侈靡〉篇研究》中認為其主旨實際是提倡一種侈靡之法，這種侈靡
之法可以使國內經濟得以活性化。〔註11〕也就是說它並非是在消費倫理上主張
奢侈，而是一種促進經濟發展、尤其是對社會財富重新再分配的辦法，「巨瘞
培，所以使貧民也。美壟墓，所以文明也。巨棺槨，所以起木工也。多衣衾，
所以起女工也。猶不盡，故有次浮也，有差樊，有瘞藏。作此相食，然後民相
利」，通過「賤有實，敬無用」，提倡侈靡，讓高貴者重視無用之物，貧賤者擁
有實用之物，這樣鰥寡獨老的弱者就可以生活下去，而且「富有靡之，貧者為
之」，通過富人的高度消費，給貧者創造了就業的機會，使經濟繁榮、活躍起
來，富人的財富就有可能進入貧者的口袋裏。這是在特殊的政治、社會背景下，
通過政策引導的一種社會再分配的辦法。

6.3.3 《管子》財富分配思想的現代意義

探索《管子》的財富及其分配思想，其意義：一是在學術上還原、澄清
《管子》主旨；二是於現實層面得一二鞭策作用。當然，今天人們對財富及
其分配的認識已遠遠超出《管子》的水平，但認知上的發達並不意味著實踐
上的理性徹底，人們常常在理論上有完備的認知，卻在實踐上丟缺、不徹底。
思想史研究的意義就在於給現代人以歷史的提醒。當前我國政府已經意識到
分配領域的問題，提出不僅要通過發展經濟，把社會財富這個「蛋糕」做大，
也要通過合理的收入分配製度把「蛋糕」分好，這是關係到廣大人民根本利
益的大事，是「公平正義」社會構建的重要一步。因此，對《管子》的「至
善」政治理念下的財富分配思想研究其時代價值就更鮮明了。

（一）財富的生產和財富的分配是互為彼此，有時甚至同一的。在西周
初年，就已經有了「勞則富」（《大戴禮記・武王踐阼》）的觀念，將「勞」視
為生活富裕的重要前提。當然，後人進一步認識到這並非唯一的前提，還必
須要將財富進行合理的分配。威廉・湯普遜說：「分配財富的目的和用勞動來
生產財富的目的一樣，就是藉此盡可能地給那個生產財富的社會以最大量的
幸福」，〔註12〕二者都是彼此不可或缺的，否則就難以幸福，不是「至善」。

〔註11〕 〔日〕室町三郎著，鄧紅譯，周桂鈿校，《管子・侈靡》篇研究〔J〕，管子學
刊，1993（1）：25～28。
〔註12〕 〔英〕威廉・湯普遜，最能促進人類幸福的財富分配原理的研究〔M〕，北京：
商務印書館，1997：39。

之所以說二者有時是同一的，是指有些生產條件的滿足與否實際上就已經決定了財富在不同個體之間分配的情況。我們習慣於關注財富產生出來以後在不同主體之間的分配，而忽視了創造財富時的生產條件和權利的分配，羅爾斯「正義理論」的第二個原則之一就是「依繫於在機會公平平等的條件下職務和地位向所有人開放」，〔註13〕也就是說機會和條件的公平平等是分配能否正義的重要前提。《管子》中對保農時、修繕農具、興修水利、「四民分處」的職業教育都是當時生產的必需條件。因此，在財富分配上，我們首先必須要有豐富的財富來提供給分配之需，否則「均貧富」就絲毫沒有了價值；另外「分配正義」的首要前提應是機會、權利、條件的平等。

（二）在分配中要「利」、「義」兼顧。《管子》認爲自利是人的本性，是社會財富創造的動力，人們可以借其去尋求適合自己的最有效的致富方式，因此，對商人通過市場謀取利益，成爲財富分配的形式之一是認可的。同時《管子》也認爲要注意其對「至善」國家的危害，「民多私利者其國貧」，「夫眾人者，多營於物，而苦其力，勞其心，故困而不贍。大者以失其國，小者以危其身」（《禁藏》），要對私利加以控制。對「義」，《管子》將其列爲「國之四維」之一，提出了「匡其急」、「振其窮」等福利慈善之舉，重要性不言自明。因此，《管子》中「利」、「義」是同樣重要的。「效率」（或「利」）與「公平」（或「義」）一直是分配中對立的觀念，因此，分配問題就不可能是單純的經濟效益和道德倫理問題，而必須在「至善」的政治理想下統一考慮。

（三）「富國」與「富民」的關係。當代關於「分配正義」的理論很多，但大部分只關注不同個體之間的財富分配，而忽視了「國」與「民」之間的財富分配。其實，「國」與「民」之間的分配在我國歷史上一直處於財富分配格局中的第一位，其次才是「民」與「民」之間的分配。近些年來，「國富民不富」現象有點凸顯，於是「富國」、「富民」之辯成爲政治、經濟生活中的熱門話題。《管子》在充分考慮了「至善」國家的眾多利害關係後，提出了「凡治國之道，必先富民」、欲「王天下」需「富國」（《治國》）的富國富民並重思想，而且是「富民」在先，「富國」實現在「富民」中。在國家政治生活中，「富國」的重要性更大些，但其重要性必須經由「富民」來實現，所謂並重應指的是「富國」之國際意義和「富民」之優先的並重。當然，這並非是對

〔註13〕〔美〕約翰・羅爾斯著，何懷宏等譯，正義論〔M〕，北京：中國社會科學出版社，2005：302。

個體的內在價值的否定，而是由於在不同領域，「國」與「民」的角色不樣，在整體並重的同時，也應有所側重，畢竟，如只強調「富民」而「國貧」，在國際政治中，國家的安全性將大爲消弱。

當今的財富分配理論更多地強調的是「正義」的分配，有程序正義、糾正正義等多種觀點。《管子》時代沒有「正義」一詞，「禮義廉恥」中的「義」更多的還屬於道德倫理層面，只有「正義」概念的部分含義。但《管子》追求「至善」國家的理想是明確的，在這種政治觀的指引下，將多種措施結合，實現了對財富的合理分配。這種崇美的理想，務實的態度，複雜的法式，整體的思維具有很強的現實借鑒意義。

第七章　《管子》政治思想餘論

　　作爲一本關於治國的「百科全書」式的著作，《管子》七十六篇，其核心主題是如何構建「至善」的理想國度。在《管子》看來，一個理想的社會主要是這個樣子：人口衆多、經濟繁榮、軍事強大、百姓豐衣足食、道德禮法張行、君臣民各得其宜。爲此，它提出要以國家爲本位，視民衆爲國之本，在賢明君主制的體制下，通過禮、法來維護社會秩序，將經濟生產、創造財富放在務國之首，主張財富在國家與民衆之間的正義分配，因天道、循人情等一系列「善政」理念。中國傳統政治思想中的無治、人治（德治）、禮治、法治、經世濟民等觀念於其中無一不體現。政治學意義上的「至善」是一個複雜和廣泛的概念，《管子》在有機整體思維的導引下，用「一體之治」將上述看似對立的政治思想統歸於「善政」。「一體之治」不僅是「合一」思維的凸現，更是對構成整體的各個部分的承認和強調。《管子》對國家治理的論述是全面的，除上述外，行政、外交、軍事、科技、人才選拔、道德教化等均涉及，爲行文方便，本章將　併論述，稱爲「餘論」，與它們在政治思想中的重要性無關。

7.1 《管子》的行政區劃和官制思想

7.1.1 「國」、「鄙」分治和四民分居的行政區劃組織體系

　　行政區劃是一種政治行爲，是國家從便於組織管理的角度出發，在「既定的政治目的與行政管理需要的指導下」〔註1〕，對國土和各種權力進行的分

〔註 1〕周振鶴，中國行政區劃通史（總論 先秦卷）〔M〕，上海：復旦大學出版社，
　　　　2009：8。

級劃分，是國土和權力的一種再分配。《左傳‧襄公二十五年》記載子大叔向子產問政，子產回答說：「政如農功，日夜思之，思其始而成其終。朝夕而行之。行無越思，如農之有畔。」〔註2〕畔就是界，政治運作在領域和權力方面有界限限制，不可隨意超出範圍界限。

行政區劃雖是現代政治學中的一個術語，但行政區劃行爲在我國古代至遲於春秋戰國時的各諸侯國中就已經存在。行政區劃主要涉及兩個方面，一是國土區域劃分，一是行政組織劃分，這兩個方面經常聯結在一起的，合理科學的行政區劃對於國家、社會的治理具有重要的促進意義。《管子》涉及到行政區劃的論述主要集中於《立政》和《小匡》兩篇。

《立政》篇將行政區劃作爲出令布憲的組織依託，「分國以爲五鄉，鄉爲之師。分鄉以爲五州，州爲之長。分州以爲十里，里爲之尉。分里以爲十遊，遊爲之宗。十家爲什，五家爲伍，什伍皆有長焉。《小匡》篇記載管仲向齊桓公建議採用聖王「參其國而伍其鄙」的行政區劃編制來「定民之居」，士農工商四民分居來「成民之事」：

> 參其國：制國以爲二十一鄉，商工之鄉六，士農之鄉十五。公帥十一鄉，高子帥五鄉，國子帥五鄉，參國故爲三軍。公立三官之臣，市立三鄉，工立三族，澤立三虞，山立三衡。制五家爲軌，軌有長。十軌爲里，里有司。四里爲連，連有長。十連爲鄉，鄉有良人。三鄉一帥。

> 伍其鄙：制五家爲軌，軌有長。六軌爲邑，邑有司。十邑爲率，率有長。十率爲鄉，鄉有良人。三鄉爲屬，屬有帥。五屬一大夫。武政聽屬，文政聽鄉，各保而聽，毋有淫佚者。

> 四民分居：處士必於閒燕，處農必就田野，處工必就官府，處商必就市井。

《國語‧齊語》對管桓時期的行政區劃形式也有記載，總體來看與《小匡》篇在基本框架是一致的，其相出入的地方，可能只因表達方式不同而起。如《小匡》篇記「公帥十一鄉」，《國語‧齊語》中記爲「公帥五鄉」，有以爲《小匡》篇爲誤記，其實不然。《小匡》篇記爲「十一鄉」當是將士農之鄉五和商工之鄉六加在了一起，這說明作爲活躍國家經濟的商業和手工業是牢牢掌控

〔註2〕楊伯峻，春秋左傳注〔M〕，北京：中華書局，1995：1108。

在君主手中的。對於《立政》與《小匡》篇中的不樣，有人認為《立政》中記述的理想的行政區劃，《小匡》篇才是歷史事實，其實也不對，《立政》所記應是「參其國」中每一國內的行政區劃形式。當然《小匡》所記也只是管仲向齊桓公所提的方案，事實是否如此，《管子》中並沒有明確記載，目前也難以準確地歷史復原。上述行政區劃對於國家社會治理的意義大致如下。

首先，這是真正政治學意義上的行政區劃組織管理形式的開始。在這之前，只是靠原始的血緣宗法的組織形式進行一種比較模糊的國家社會管理，自此之後，國家社會的管理由宗族體系逐步轉向行政體系。自上而下，統系明確，組織嚴密，層層設官，對於民情的掌握，政教法令的實施，均具有實際效果。

其次，「參其國而伍其鄙」和四民分業定居的形式，從地域和行業兩個層面進行行政區域劃分，並具有一種樸素的「自治」韻味。「參其國」、「伍其鄙」和士鄉、農鄉、工鄉、商鄉是如何具體對應，解釋頗多，這裡不論。「參其國」、「伍其鄙」是按照地域進行行政區劃，士鄉、農鄉、工鄉、商鄉是依據行業進行行政區劃。以行業分居有利於行業傳承，區域內處於同一行業氛圍內，言傳身教，耳濡目染，「士之子常為士」、「農之子常為農」、「工之子常為工」、「商之子常為商。」這種行業分居既有利於本行業的發達，同時在管理上自然也容易形成符合行業特色的管理模式。「國」與「鄙」由於地域環境的不同，在行政組織設置上也不同，「鄙」的組織形式明顯要簡於「國」。《侈靡》篇說：「不同法，則民不困」，地域、行業不同，相應的管理模式也應不同，「一刀切」的統一模式不利於地方發展。《權脩》篇說：「野與市爭民」、「鄉於朝爭治」，在各地管理上，主張「朝不合眾，鄉之治也」，君主無為，地方自治。當然，其自治不能與今天的民主自治權利相等同，但確有將管理權下放於區域行政單位之意。

7.1.2 「朝有經臣」的官制

前面已提及，《管子》中現實層面的政治格局共有三塊：君、臣、民。其中君無為於上，修身治心，德行高尚，立禮法以治國，民從事農、工、商諸業。在君民之間的是臣，其職責是「修通輻湊以事其主，百姓輯睦聽令道法以從其事」（《任法》）。

《立政》篇提到了相、虞師、司空、由田、鄉師、工師幾種中央級官職，《小匡》篇有大諫、將、理、田、行、鄉師幾種中央級官職。地方官職，於

上述各級行政區劃組織中均有設立，如五鄉大夫、五屬大夫、軌長、邑有司、遊宗、里尉等。在這些官職中，相的地位最高，《君臣上》說：「主畫之，相守之。相畫之，官守之。官畫之，民役之」，「制令傳於相，事業程於官。」《小匡》篇記管仲所言：「陞降揖讓，進退閒習，辨辭之剛柔，臣不如隰朋，請立為大行。墾草入邑，闢土聚粟多眾，盡地之利，臣不如寧戚，請立為大司田。平原廣牧，車不結轍，士不旋踵，鼓之而三軍之士視死如歸，臣不如王子城父，請立為大司馬。決獄折中，不殺不辜，不誣無罪，臣不如賓胥無，請立為大司理。犯君顏色，進諫必忠，不辟死亡，不撓富貴，臣不如東郭牙，請立以為大諫之官。此五子者，夷吾一不如；然而以易夷吾，夷吾不為也。君若欲治國強兵，則五子者存矣；若欲霸王，夷吾在此。」大諫、將、理、田、行等這些官職均為分職而任，唯相（管仲任相職）能總攬各種政事。

《管子》深知各級行政官吏於國家政治的重要性，不但如上設有明確的行政官制，更重視對官吏的管理。《君臣》上下提及君臣要有明確的職責之分。《重令》認為要「朝有經臣」，所謂「經臣」，應是臣之楷模，「察身能而受官，不誣於上，謹於法令以治，不阿黨，竭能盡力而不尚得，犯難離患而不辭死，受祿不過其功，服位不侈其能，不以毋實虛受者」，根據自己才能的大小任職，遵行法令，不結私黨，盡職盡責，不受無功虛祿。如何做到朝有經臣，《君臣上》曰：「選賢論材，而待之以法。」首先是選賢論材。《小匡》篇記載了一套由鄉里、各級官長、君主多個層次選拔，反覆參驗的「三選」人才制度。人才選拔不以貧賤，以德義、功力、信用為標準。農人雖「樸野而不慝」，但正因此質樸，反而「其秀才」可「能為士」（《小匡》）；「德義未明於朝者，則不可加於尊位。功力未見於國者，則不可授以重祿。臨事不信於民者，則不可使任大官」（《立政》），「舉德以就列，不類無德。舉能以就官，不類無能」。在德與勞之間，以德為先，「以德弇勞，不以傷年」（《君臣下》），也不以年紀大小為標準。其次是以禮法綜覈名實。這在前面已有論述，禮法的主要管理對象是各級官吏。

《管子》中的官制，梁啟超先生曾以「官僚政治」名之。他說：「官僚政治者，謂社會中有一小部分人焉，他無職業，而以服官為其專職。此種政治，最易醞腐敗之習。然使有嚴密之法制以維持之，又有賢君相以綜覈名實於其上，則以整齊一國之政，為效至捷。」〔註3〕《牧民》篇說：「天下不患無臣，

─────────────────

〔註 3〕陳引弛，梁啟超學術論著集（傳記卷）〔M〕，上海：華東師範大學出版社，1998：40。

患無君以使之。」官吏於一國政治重要，對官吏的管理更為重要。

《管子》在官吏的管理上還承繼古禮，規定了「七十致政」官吏退休制度，《戒》篇說：「仁故不代王，義故七十而致政。」《禮記·王制》和《禮記·內則》兩篇均有「七十致政」的規定，鄭玄注：「致政，還君事」〔註4〕，即七十退休於政事。

7.2 《管子》的外交、軍事思想

《小匡》篇記載齊桓公時期總共有「兵車之會六，乘車之會三，九合諸侯」，據有人考證〔註5〕，「九合」為約數，實際至少有十三次，足見這一階段外交和軍事活動的頻繁豐富程度。由此，《管子》中就國與國之間的外交政治論述，以及國家的軍事國防建設和戰爭理念也是相當精邃深刻。

7.2.1 天子之臣，諸侯之長的霸王外交立場

談《管子》的外交思想，首先必須明確其外交思想的基本立場：天子之臣，諸侯之長的霸王外交。

這一立場首先可以從《管子》所列舉的一些具體歷史事件中反映出來。《小匡》篇記載的齊國會盟諸侯時對周之禮儀的尊重，「甲不解壘，兵不解翳，弢無弓，服無矢，寢武事，行文道，以朝天子」，葵丘之會上齊桓公以諸侯身份拜見周天子使者宰孔，並不受天子的致胙。《小匡》還記載了「諸侯多沈亂，不服於天子」，齊國於是「東救徐州，分吳半，存魯蔡陵，割越地。南據宋、鄭，征伐楚，濟汝水，踰方地，望文山，使貢絲於周室」、「率天下定周室。」《輕重丁》篇記載周天子供養不足，但如果以號令賦於天下，各地諸侯卻可能出現不服從的情形，於是管仲以「菁茅之謀」為之解決。上述事例足以說明一點，《管子》中的外交立場並不以吞併天下為目的。

其次，在《大匡》、《霸形》、《霸言》等篇明確提出了霸王天下的外交立場。《大匡》篇記載桓公初踐位，只欲定社稷，不欲稱霸王，管仲告訴他：「君霸王，社稷定；君不霸王，社稷不定」，要想定社稷必須稱霸王，否則社稷難定，並以辭職相請，最後齊桓公答應可勉強稱霸。《霸形》篇管仲明言「九合

〔註4〕阮元，十三經注疏附校勘記〔M〕，北京：中華書局，1980：1346。

〔註5〕張玉書，「九合諸侯」淺釋〔J〕，管子學刊，1989（3）。

諸侯，反位已霸。修鍾磬而復樂」是其所樂。《霸言》篇則將其如何霸王天下的外交思想和盤托出：「霸王之形，象天則地，化人易代，創制天下，等列諸侯，賓屬四海，時匡天下。大國小之，曲國正之，強國弱之，重國輕之，亂國並之，暴王殘之。僇其罪，卑其列，維其民，然後王之。夫豐國之謂霸，兼正之國之謂王。」

這裡對《管子》是主張「王道」還是「霸道」作一說明。孟子曾否定管仲的霸道政治理念，孟子反對的是歷史事實上的管仲「霸道」政治。為什麼這麼說呢？從上述《大匡》、《霸形》、《霸言》幾篇的言論來看，《管子》對「霸道」和「王道」都是持肯定態度，而且從「豐國之謂霸，兼正之國之謂王」來看，「王道」要高於「霸道」，更近於「至善」的政治理想。也就是說，在理論上，在理想方面，「霸道」和「王道」都是其政治追求，二者並不對立，只是在「至善」程度上有差異。但回歸到歷史事實本身，一開始齊桓公只欲定社稷，不欲稱霸王，管仲以霸王強請，齊桓公才勉強答應以「霸道」為目標。而且齊桓公認為欲稱霸王，只需像管仲等羽翼之臣輔佐既可，管仲明確告訴他：「君若將欲霸王舉大事乎？則必從其本事矣」（《霸形》）。伴隨著桓管事業的成功，齊桓公看到霸業已成，於是有施行「王道」的想法，這在《小問》中有記載：

> 桓公問管仲曰：「寡人欲霸，以二三子之功，既得霸矣。今吾有欲王，其可乎？」管仲對曰：「公嘗召叔牙而問焉。」鮑叔至，公又問焉。鮑叔對曰：「公當召賓胥無而問焉。」賓胥無趨而進，公又問焉。賓胥無對曰：「古之王者，其君豐，其臣教。今君之臣豐。」公遵遁繆然遠，二三子遂徐行而進。公曰：「昔者大王賢，王季賢，文王賢，武王賢。武王伐殷，克之，七年而崩，周公旦輔成王而治天下，僅能制於四海之內矣。今寡人之子不若寡人，寡人不若二三子。以此觀之，則吾不王必矣。」

管仲初雖以霸王請之，但其時依據實際情形在管仲、鮑叔、賓胥無看來稱「王道」是不現實的。

當然不管是「王道」抑或「霸道」，都要尊周天子，輔佐周王室，統率諸侯，正定天下，這一政治理念就決定了《管子》的外交政策基調，「尊王攘夷」也成為其外交策略中最有價值的利用工具。

7.2.2 以德爲本，以親爲體，整體多元的外交策略

1、「視天下之形，知動靜之時」的外交總策略原則

《管子》認爲，在與他國交往時，首先要注意審視天下之大勢，知曉利害關係，然後才能對以政策，強調要相機應變，把握時機。如上面所提是「王道」還是「霸道」大的方向選擇上，《霸言》曰：

> 弱國眾，合彊以攻弱，以圖霸。彊國少，合小以攻大，以圖王。
> 彊國眾而言王勢者，愚人之智也。彊國少而施霸道者，敗事之謀也。
> 夫神聖視天下之形，知動靜之時，視先後之稱，知禍福之門。彊國
> 眾，先舉者危，後舉者利。彊國少，先舉者王，後舉者亡。戰國眾，
> 後舉可以霸。戰國少，先舉可以王。

這段關於在「強國眾」和「強國少」兩種不同背景形勢下所應採取的或王或霸的策略之變，相當精妙。

2、外交活動要以綜合國力為基礎

《大匡》說：「內政不修，外舉事不濟」，用現代外交辭令來說，外交活動要以綜合國力爲基礎。《樞言》篇分析了三種國力不同之國在與他國交往中所處之形勢。

> 有制人者，有爲人之所制者，有不能制人、人亦不能制者。何
> 以知其然？德盛義尊而不好加名於人，人眾兵強而不以其國造難生
> 患，天下有大事而好以其國後，如此者，制人者也。德不盛，義不
> 尊，而好加名於人；人不眾，兵不強，而好以其國造難生患；恃與
> 國，幸名利，如此者，人之所制也。人進亦進，人退亦退，人勞亦
> 勞，人佚亦佚，進退勞佚，與人相胥。如此者，不能制人，人亦不
> 能制也。

依據綜合國力的不同，將在外交活動中的國家分爲：制人者、爲人所制者和不能制人人也不能制者，而這一劃分標準包括道德、禮義、人口、兵力等。桓公初政時，屢次想征伐他國，管仲始終阻擋反對，原因就在於當時國力不強。

3、交遊他國，知彼以定外交對策

《小匡》篇記載管仲建議齊桓公任命隰朋爲「行」，即外交官。

> 隰朋爲行，曹孫宿處楚，商容處宋，季勞處魯，徐開封處衛，

> 匡尚處燕，審友處晉。又遊士八千人，奉之以車馬衣裘，多其資糧，
> 財幣足之，使出周遊於四方，以號召收求天下之賢士。飾玩好，使
> 出周遊於四方，鬻之諸侯，以觀其上下之所貴好。

派曹孫宿、商容、季勞、徐開封、匡尚、審友等處諸侯各國，如同今天的住國使節，另派八千遊士帶足物資財物，周遊各國，贈送各種禮品於各諸侯君主。這一切的目的，皆爲瞭解他國國情，以此來定對他國的策略。

4、反對武力外交，主張以德爲本，以親爲體，輕重之術並用

《樞言》曰：「先王不以勇猛爲邊竟則邊竟安，邊竟安則鄰國親，鄰國親則舉當矣」，「先王取天下，遠者以禮，近者以體。」所謂「體」，爲親近之意。《管子》認爲在與他國交往中，首選是德、禮、親、威、信，如使用武力征伐的辦法，不但不能臣服諸侯，霸王之道也難以實現。

《霸言》曰：「夫欲用天下之權者，必先布德諸侯。」以德結交諸侯，諸侯才會心悅誠服，稱其仁義。何以行德？一個主要的辦法即存亡繼絕，以親示意。《大匡》篇記載，宋伐杞、狄人伐邢、狄人伐衛，管仲建議齊桓公分別以緣陵、夷儀、虛地封之，並給予車、甲，隰朋、賓胥無不解，反對這種做法，認爲這會讓齊國變爲弱小，管仲則認爲「君有行之名，安得有其實」，只有行德義，才會霸王天下之實，果然不久狄人伐齊，齊國召集諸侯救伐，諸侯皆許諾出兵。

除存亡繼絕外，還將侵佔周邊領國的土地歸還。《小匡》篇記載管仲之言：「審吾疆場，反其侵地，正其封界，毋受其貨財，而美爲皮弊，以極聘覜於諸侯。以安四鄰，則鄰國親我矣。」將周邊的魯、衛、燕國的失地歸還，結果是四鄰大親。《戒》篇記載了一段齊桓公與中婦諸子的對話，可以說揭示了外交策略「親」之真諦：

> 公曰：「吾欲致諸侯而不至，爲之奈何？」中婦諸子曰：「自妾
> 之身之不爲人持接也，未嘗得人之布織也，意者更容不審耶？」

國與國之間交往猶如人與人之間一樣，你不以德、禮親近別人，別人自然也不會與你爲交。

外交以親爲體，是建立在德義的基礎上，自然親近，而非強制性的捆綁在一起。這一點《樞言》篇說的很清楚，「先王不約束，不結紐。約束則解，結紐則絕。故親不在約束結紐。先王不貨交，不列地，以爲天下。天下不可改也，而可以鞭箠使也。」強硬地捆綁，功利地交易，都難以真正與各國交好。

　　《管子》在強調以德爲本，以親爲體的主要外交政策基調的同時，針對具體的情形，從實用的有效性角度出發，兼以輕重之術、女色珠玉賄賂手段爲之。如《地數》篇提出用鹽來控制諸侯國，《揆度》篇提出以糧食控制諸侯國，《輕重甲》對商湯用女色滅夏桀的讚頌，以及《小匡》篇記載八千遊士攜飾玩好送禮於各諸侯等。

　　總之，霸王天下，整體多元的外交思想是《管子》政治思想不可或缺的重要組成部分，這一外交理念在桓管霸業中扮演著重要的角色。《中匡》記載管仲核算財政費用時，發現三分之二的財力皆用於招待外來賓客，只有三分之一用於內政，於是非常恐懼把這一情況告訴齊桓公，而其時已深感親近外交政策好處的齊桓公則認爲：「四鄰賓客，入者說，出者譽，光名滿天下。入者不說，出者不譽，污名滿天下。壤可以爲粟，木可以爲貨。粟盡則有生，貨散則有聚。君人者，名之爲貴，財安可有？」財富散盡可以通過再生產得來，相對於結好諸侯，霸王天下來說，並沒有什麼不值得。

7.2.3 「至善」的軍事戰爭觀

　　在國際政治中以霸王天下爲目標的《管子》認爲「霸王之形」有五種，也就是五種實現方法，「德義勝之，智謀勝之，兵戰勝之，地形勝之，動作勝之」（《霸言》）。在這五種方法中，兵戰即通過軍事戰爭的方法排在第三位。前面已述，《管子》反對在與他國交往中採用武力征伐的方式，但這並不意味著其不重視軍事。《法法》篇說：「黃帝唐虞，帝之隆也，資有天下，制在一人。當此之時也，兵不廢。今德不及三帝，天下不順，而求廢兵，不亦難乎？」當時一些迂闊之人，提出「廢兵」之議，《管子》認爲連黃帝、唐虞那麼德行高隆先聖，即使在天下已大順，統治很穩固的情況下都不會廢兵而重兵，何況今天下並不安定，故在《立政》篇將「寢兵之說」列爲「九敗」之首。《參患》說：「君之所以卑尊，國之所以安危者，莫要於兵」，「兵者尊主安國之經也，不可廢也。」《重令》說：「凡國之重也，必待兵之勝也。」

　　《管子》重兵，《兵法》、《七法》、《幼官》、《地圖》、《勢》、《九變》、《制分》、《參患》等都集中論述了其軍事戰爭思想，《小匡》、《重令》、《問》、《立政》、《乘馬》、《輕重》諸篇等也都有涉及。《漢書·藝文志》將兵家分爲四類：兵權謀、兵形勢、兵陰陽、兵技巧，並將《管子》歸爲水平最高兵權謀家類中，「權謀者，以正守國，以奇用兵，先計而後戰，兼形勢，包陰陽，用技巧

者也。」〔註6〕

　　《管子》反戰。德國軍事史家卡爾・馮・克勞塞維茨認爲「戰爭無非是政治通過另一種手段的繼續」，軍事戰爭屬於政治的一部分，其本身就是「一種政治行爲，而且是一種眞正的政治工具」〔註7〕，政治需要戰爭，政治也決定了戰爭，政治是「孕育戰爭的母體，戰爭的輪廓在政治中就已經隱隱形成」〔註8〕。有什麼樣的政治理念也就有什麼樣的軍事戰爭觀，《管子》的「至善」政治理念和霸王天下的國際政治觀也就決定了其軍事戰爭觀「至善」屬性，而最能體現出這一「至善」理念的是其將軍事戰爭置於隱寓的位置。比如說其將「兵戰」置於「霸王之形」的第三位置，毫不顯眼，再比如《管子》中經常將「兵法」和治國之法混同論述。這一隱寓設置即凸出了其「至善」的政治理念，又增強了戰爭的計謀性，並大大提高了戰之必勝的可能性。

1、「作內政而寓軍令」的軍政體制

　　《管子》在上述「參其國而伍其鄙」的行政區劃組織基礎上，提出「作內政而寓軍令」的軍政體制思想。《小匡》篇記載齊桓公踐位後想立即通過修甲兵、武力征伐來獲得在諸侯國中的霸王地位，管仲則提醒他說：「君若欲正卒伍，修甲兵，則大國亦將正卒伍，修甲兵。君有征戰之事，則小國諸侯之臣有守圉之備矣。然則難以速得意於天下」，如果大張旗鼓地擴軍備戰，強大之國看到後，會積極修練軍事以對抗，弱小之國也會積極進行軍事防禦，這樣就難以實現得意於天下的目標。管仲認爲軍事建設，其要在於有所隱寓，於無意中成事，讓諸侯難以預知，化軍政建設於無形。具體方法就是在已有的軌、里、連、鄉的行政組織框架內，建立伍、小戎、卒、旅、師、軍的軍政組織，「爲高子之里，爲國子之里，爲公里，三分齊國，以爲三軍。擇其賢民，使爲里君。鄉有行伍，卒長則其制令，且以田獵，因以賞罰」，參國實爲三軍，分由齊桓公、高子、國子統率管理。這一體制充分體現了軍政合一原則，比傳統的以宗族組織體系爲主繩的軍事編制要嚴密的多，而且將軍政巧妙地隱寓到行政中。

〔註6〕　〔漢〕班固，漢書〔M〕，北京：中華書局，1964：1758。
〔註7〕　〔德〕克勞塞維茨著，中國人民解放軍軍事科學院譯，戰爭論（第一卷）〔M〕，北京：商務印書館，1982：43。
〔註8〕　〔德〕克勞塞維茨著，中國人民解放軍軍事科學院譯，戰爭論（第一卷）〔M〕，北京：商務印書館，1982：135。

這種軍政合一體制的另一優點在於大大提高軍隊的戰鬥能力。「百姓通於軍事」（《小匡》），解決兵源的問題。「春以田，曰蒐，振旅。秋以田，曰獮，治兵」（《小匡》），春天通過「蒐」的田獵辦法訓練回兵，秋天通過「獮」的田獵辦法訓練出兵。軍士長期生活居住在一起，逐漸形成親近互愛之心，「卒伍之人，人與人相保，家與家相愛，少相居，長相遊，祭祀相福，死喪相恤，禍福相憂，居處相樂，行作相和，哭泣相哀。是故夜戰其聲相聞，足以無亂。畫戰其目相見，足以相識。歡欣足以相死，是故以守則固，以戰則勝」（《小匡》），由於親近互愛，彼此熟悉，作戰時既利於相互配合協作，更能激發團結互難、冒死不辭的精神。這裡提出了以親愛治軍的原則，相比於以高尚的道德說教治軍和以低俗的利益追逐治軍，更為實際和道德。近代歷史上曾國藩練湘軍，李鴻章練淮軍皆深諳這一治軍原則。

2、甲兵等軍備物資隱寓而成

對具體某一場戰鬥來說，武器等軍備物資是否先進完善是致勝的重要因素，大部分情形下甚至是決定性因素，因此，《管子》對軍備問題持重視且切實的態度。《兵法》云：「利適，器之至也」，「不能致器者，不能利適」，「不能致器者困。」要想取得戰鬥勝利，要有利器作保障。如何獲得利器？《管子》並不主張大張旗鼓地單純搞軍備生產，而是將軍備生產化於無形之中。

《管子》強調富國才能強兵，這就是一條最好的隱寓軍備策略。《侈靡》篇說：「甲兵之本，必先於田宅。」這裡的「甲兵」包含了武器軍備，國富、民富，自然就會有好的武器。《禁藏》篇說的更明白：「繕農具當器械，耕農當攻戰，推引銚耨以當劍戟，被蓑以當鎧鑐，菹笠以當盾櫓。故耕器具則戰器備。」農具、物資與軍備武器合而為一。《權脩》篇說：「城之守在兵，兵之守在人，人之守在粟。」糧食是制約戰爭勝負的重要物資，其也取決於國力。

《乘馬》篇記載基於各種組織形式的建立，將生產軍備的「器制」與「官制」（行政組織）、「邑制」（居民組織）、「事制」（生產組織）三種體系混編在一起，「方六里為一乘之地也。一乘者，四馬也。一馬，其甲七，其蔽五。四乘，其甲二十有八，其蔽二十，白徒三十人奉車兩，器制也」，「方六里」要出兵車一乘，一馬要有甲士七人和盾手五人的配備，一兵車要有二十個「白徒」侍奉。《管子》中還提出以甲兵贖刑的辦法。《中匡》：「死罪不殺，刑罪不罰，使以甲兵贖。死罪以犀甲一戟，刑罰以脅盾一戟，過罰以金，軍無所計而訟者，成以束矢。」這一方法在《小匡》中也有記述：

桓公曰：「卒伍定矣，事已成矣，吾欲從事於諸侯，其可乎？」
管子對曰：「未可。若軍令則吾既寄諸內政矣。夫齊國寡甲兵，吾欲
輕重罪而移之於甲兵。」公曰：「為之奈何？」管子對曰：「制：重
罪入以兵甲犀脅二戟，輕罪入蘭盾鞈革二戟，小罪入以金鈞，分宥
薄罪入以半鈞，無坐抑而訟獄者，正三禁之而不直，則入一束矢以
罰之。美金以鑄戈劍矛戟，試諸狗馬。惡金以鑄斤斧鉏夷鋸欘，試
諸木土。」

3、將戰爭之惡隱寓於天下政理中

不管什麼性質的戰爭，就其本身來說，都是惡的，因此，《管子》對戰爭
是持反對態度。《問》篇說：「夫兵事者，危物也。不時而勝，不義而得，未
為福也。」國與國之間的交往，首先以德為本，以親為體，以德、義、禮、
威、信取天下諸侯。其次可採用輕重、女色、賄賂等術，如《輕重甲》所說：
「請戰衡，戰準，戰流，戰權，戰勢」，在經濟方面、權謀方面、形勢方面展
開爭奪。上述都無用時，迫不得已，必須一戰時，才選擇兵戰，即所謂「五
戰而至於兵」（《輕重甲》）。

戰爭是為政治服務的一特殊工具，在不得不用時，必須符合天下政理。《重
令》曰：「兵雖強，不輕侮諸侯，動眾用兵，必為天下政理。」這一理念始終貫
徹在《管子》記敘的桓管功業的諸多戰爭案例中，順乎禮義，匡正天下。《幼官》
曰：「至善之為兵也，非地是求也，罰人是君也。」《重令》曰：「非以併兼攘奪
也，以為天下政治也。」用兵作戰，土地財富並非其目的，其目的在於天下「政
治」。如果強制用兵，不合政理，則會「兵強而無義者，殘」（《侈靡》）。

將戰爭之惡隱寓於天下政理中的好處有二。一是對自己至善、正義理念
的宣揚。「舉之必義」、「勝敵有理」（《侈靡》），利於在國際政治中獲得天下之
人的擁戴。二是正、奇互用，易取戰爭傚果。兵法常云：以奇為正，以正為
奇。《小問》記載齊桓公問管仲：「野戰必勝若何？」管仲回答說：「以奇。」
奇、正互為，變化莫測，但最大的正和奇恐怕就是正義與戰爭。

4、「兵未出境而無敵」的理想戰爭境界

在重兵、反戰的思想指導下，《管子》形成了「兵未出境而無敵」的理想
戰爭境界。《兵法》篇說：「至善不戰，其次一之。」在迫不得已必戰的情形
下，要做到一戰必勝，而最理想的境界是「兵未出境而無敵」。這一理想境界

是建立在雄厚國力和完善的軍事準備基礎之上。《七法》篇共列舉了達到這一境界的八項條件：

> 爲兵之數，存乎聚財而財無敵，存乎論工而工無敵，存乎制器而器無敵，存乎選士而士無敵，存乎政教而政教無敵，存乎服習而服習無敵，存乎徧知天下而徧知天下無敵，存乎明於機數而明於機數無敵。故兵未出境，而無敵者八。

這八項涉及到國家財力、手工業水平、武器的精良、軍士的素質、軍隊政治教化、軍事訓練水平、軍事情報工作和戰略戰術能力。能做到這八項，戰爭的勝負基本毫無懸念。與其相反，不理想的用兵境界如是：「舉兵之日而境內貧，戰不必勝，勝則多死，得地而國敗」（《兵法》），即沒有雄厚的國力卻隨意發動戰爭、軍備不充分導致戰卻不一定勝、即使取得勝利卻自身傷亡眾多、雖佔領了別人的土地卻因損耗嚴重而致國敗。

《管子》中對軍事建設的討論也基本圍繞上述八項而展開。如《兵法》篇的提高軍士素質的「五教」：教其目以形色旗幟、教其身以號令、教其足以進退、教其手以武器、教其心以賞罰；如《七法》提到的要明於敵人之政、之情、之將；《九變》篇列舉了民眾之所以能至死作戰九種民情，這九種情形皆出自於自身利益的考慮而非爲上而戰，民情自利，於軍事作戰動機來說是一樣的，知其民情，在平時政教方面就要切實出發；《霸言》提出「釋實而攻虛，釋堅而攻膬，釋難而攻易」的戰術原則；《地圖》認爲「凡兵主者，必先審知地圖」，通過「察圖」來作軍事決策等等；論述很多，不一枚舉。

石一參說：「世之談兵者，輒言孫吳。所言皆臨敵用兵之事，非其本已。管氏探本立言。於平昔養兵、練士、錯儀、定制、明分、通德、聚財、備器、利敵、用敵，以求全勝之方，研之極周，而行之至斷。」﹝註9﹞其言確當，《管子》重兵，但不競於兵，隱寓的軍事理念與其「至善」政治理想是一致的。

7.3 《管子》的科技思想與治國實踐

7.3.1 科技與治國

作爲一部治國寶典，《管子》中含有大量科學技術思想，如月令物候、天

﹝註9﹞石一參，管子今詮〔M〕，北京：中國書店，1988：371。

文曆法、數學、地學、醫學養生、水的屬性等。英國近代著名科學史家李約瑟博士，撰有《中國科學技術史》宏篇巨著。他對中國古代科學技術的研究就是從《管子》開始，《中國科學技術史》第二卷《科學思想史》中就介紹了《水地》、《內業》、《九守》、《度地》、《四時》、《五行》等涉及自然科學方面的篇章。在《中國科學技術史》第一卷中，李約瑟回憶了最初研讀《管子》時的一驚奇發現。他說《水地》篇中記有一些關於海洋動物的、似乎是「荒誕無稽的傳說」，但在通過仔細研究後，他認為這段文字實際是在談某些海洋動物的大小在伴隨著月亮的盈虧的周期變化而變化，而這一自然現象，亞里士多德曾經也類似的發現。〔註10〕

亞里士多德有「百科全書式」人物之稱，精通政治學和各種自然科學等，曾身為亞歷山大大帝的老師，擁有過成功的政治實踐。作為中國古代「百科全書式」的《管子》同樣將自然科學和治國連接在了一起。治國不僅要解決人與人之間的社會關係，也要解決人與自然之間的社會關係。《七法》曰：「錯儀畫制，不知則不可。」「知則」就是指要對天地日月，寒暑氣候，水土鳥獸草木等要有科學的認識。

「《管子》的科技思想較多與社會的實際需要聯繫在一起，表現為明顯的實用性特徵，而這一特徵與整個中國古代科技的基本特徵是完全一致的」〔註11〕，有些內容在前面章節中已述及，如天在《管子》中已去除了神秘的人格意志，僅是自然的認知對象，如因陰陽規律制訂曆法，如通過對不同地域水之屬性的認知來掌握民之習性以制定適宜的法令，如對自然生態環境的認知，制定可持續的經濟生產政策等；如以精氣養生理論喻治國之「心術」等。

7.3.2 十月太陽曆

在以農為本的中國古代，對天文曆法特別重視。二十四節氣是我國習用至今的傳統節氣體系，《輕重己》篇中已有其中的八個節氣名稱：春始、春至、夏始、夏至、秋始、秋至、冬始、冬至，而且具體日期與今天陽曆已基本對應。《管子》中除去《輕重己》篇的與後來二十四節氣體系同屬的八節氣曆法外，在《幼官圖》篇（包含《幼官》篇）還存有非常獨特的三十節氣體系。

〔註10〕〔英〕李約瑟，中國科學技術史（第一卷 導論）〔M〕，上海：上海古籍出版社，1990：150。

〔註11〕樂愛國，管子的科技思想〔M〕，北京：科學出版社，2004：186。

　　《幼官圖》篇以東、西、南、北、中五方布圖，每方向正、副兩分，總共計有十幅圖。這十幅圖分別是：中方本（副）圖、東方本（副）圖、南方本（副）圖、西方本（副）圖、北方本（副）圖。在曆法上，分一年為五個時節：五和時節、八舉時節（包括地氣發等八個小節氣）、七舉時節（包括小郢等七個小節氣）、九和時節（包括期風至等八個小節氣）、六行時節（包括始寒等七個小節氣），每個小節氣 12 天，共三十個小節氣，總天數 360 天，其中八舉時節、七舉時節、九和時節、六行時節分別對應春、夏、秋、冬。對於這一曆法，後人用《禮記‧月令》中的十二月曆法試解，不能對應，一直難以解通。有人更以為這是《幼官》篇以陰陽五行說肆意附會，毫無科學道理。劉堯漢等民族學者以彝族的十月太陽曆予以解釋，始窺其真諦。

　　劉堯漢等認為三十節氣法實是我國上古時最古老的十月太陽曆，這一曆法在《夏小正》、《管子‧幼官》及今天彝族人中得以保存。其將二十八宿分為五方星，以表示在一年中太陽所行經的路程；十圖代表一年有十個月；一年共三十個節氣，則一個月為三個節氣，合計三十六天；每個小節氣為十二天與十二屬相配；最後五至六日為過年日，加在一起共三百六十五（六）日，「由於十月曆的一月為三十六天，便正好是三個節氣，月份和節氣是完全固定的，沒有絲毫的錯亂。給各個節氣以符合氣候變化特徵和該季節人們生產活動內容的名稱，這對於指導人們的生產實踐是很有利的，甚至比二十四節氣的分法更為方便和實用。」〔註 12〕劉堯漢等還在《毛詩‧豳風‧七月》中找到證明，《七月》中有「一之日」、「二之日」、「三之日」、「四之日」的說法，「《毛傳》認為：『一之日，十之餘也。』一年為三百六十五月，十個月計三百六十日，十月之後尚餘五至六天，這就是『十之餘也』的意義」〔註 13〕，在這最後幾天安排的是一些宗教祭祀活動，「第一天為狩獵祭；第二天為武備祭；第三天為農具祭；第四天為農事祭，『獻羔祭韭』，代表畜牧和農業。」〔註 14〕

　　對於齊國來說，三十節氣體系相比二十四節氣體系更為適應經濟生產，其「與齊國位於山東半島，三面環海，受海洋調節，冬夏寒暑程度比遠海各地為

〔註 12〕陳久金，盧央（彝），劉堯漢（彝），彝族天文學史〔M〕，昆明：雲南人民出版社，1984：229。
〔註 13〕陳久金，盧央（彝），劉堯漢（彝），彝族天文學史〔M〕，昆明：雲南人民出版社，1984：200。
〔註 14〕陳久金，盧央（彝），劉堯漢（彝），彝族天文學史〔M〕，昆明：雲南人民出版社，1984：225。

和緩有關。」〔註15〕因地制宜使用曆法，反映了《管子》治國的科學精神。

7.3.3 土壤科學分類

以農為本，不僅要關注天文曆法，還要對水地資源給予科學的認知。對水的屬性的認知，前面已論。《地員》篇則可以說充分反映了我國古代高度發達農業科技水平，這是一篇關於土壤分類和利用的專論。

全篇從地形地勢和質地等級兩個角度分別將土壤分為二十五種和九十種。1、按地形地勢進行區域性分類。平原（即瀆田）分為五大類：息土、赤壚、黃唐、斥埴、黑埴；丘陵分為六大類：墳延、陜之旁、厄陜、杜陵、延陵、環陵；山地分為九大類：蔓山、付山、付山白土、中陵、青山、赤壤礒山、徙山、高陵土山；高山之上分為五類：縣泉、復呂、泉英、山之材、山之側。以地形為主線，同一地形中又以地勢分別，由低至高，由平原至丘陵至山地至高山之上。2、按質地等級分，以土壤的肥力、植被、顏色、質地、水文和酸鹼度為分類準則。上等土共六大類：粟土、沃土、位土、隱土、壤土、浮土；中等土共六大類：㤅土、纑土、壏土、剽土、沙土、塥土；下等土共六大類：猶土、壯土、殖土、穀土、鳧土、桀土；以上每種又分為五小類。這種分類已與今天的土壤分類相同。上述兩種分類，都緊密聯繫水文和植被等因素，對土壤綜合考察。如將水位作為土壤分類的一個依據，息土「五七三十五尺而至於泉」、赤壚「四七二十八尺而至於泉」等；認識到水位與鹽鹼地形成的關係，如「黃唐」、「斥埴」就是水位較淺而造成的；土壤蓄水性的差異，「五位之土……無高下，葆澤以處」；水循環致使土壤中的物質遷移等。再如對土壤的物理性質像孔隙性、黏結性、可塑性、結構性也都有認識。《中國地理學史》曾對此高度評價：「從我國古代土壤分類的發展情況來看，2000 多年前能認識到這些方面，達到如此高的成就，是非常值得珍視的。」〔註16〕

在充分認知土壤屬性的基礎上，提出要因地制宜進行生產。「凡草土之道，各有穀造，或高或下，各有草土」，「每土有常，而物有次。」文中對不同類型的土壤適宜什麼樣的物種，闡述詳細，如「瀆田息土，五種無不宜……

〔註15〕中國科學院自然科學史研究所地學史組，中國古代地理學史〔M〕，北京：科學出版社，1984：89。

〔註16〕中國科學院自然科學史研究所地學史組，中國古代地理學史〔M〕，北京：科學出版社，1984：213。

其木宜蚖、蓄與杜、松，其草宜楚棘」，是說河川沃土，五穀無不相宜，那裏種樹宜於蚖、蓄、杜梨和松樹，種草宜於壯荊和商棘。

如《水地》篇以水來認識各地民眾習性一樣，《地員》篇注意到土壤類型也對民眾習性有影響，如「五粟之土……五臭所校，寡疾難老，士女皆好，其民工巧」，「五沃之土……其泉白青，其人堅勁，寡有疥騷，終無痟醒」，「五位之土，其泉青黑，其人輕直，省事少食。」

對於《地員》篇的思想屬性，學者常將其歸屬為先秦農家的作品。清代陳澧說：「其《地員》則農家者流。《藝文志》農家之書無存者，於此可見其大略。」〔註17〕近代張佩綸也認為其與《呂氏春秋》中的《上農》、《任地》、《辨土》、《審時》幾篇最近於農家，可能出自古農稷之官之手，並與經義曉合。清代禮學家惠士奇、莊存與等還經常以此篇證說《周禮》。先秦農家，主要是倡導一種君民同耕的理念，是否能將與農業生產有關的作品都歸屬於其，有待進一步考證。《管子》承繼周禮，作為規範和制度的「禮」自然將當時的科學成果包括了進來。《地員》篇中所論，涉及農作物種植、地質、動物、植物等知識，可以說是將農業生產中多年積累的各方面知識總結成文，然後頒行全國，以指導能科學地進行農業生產。

7.3.4 重視計數、算術、度量衡知識

出於經濟、軍事、政治等領域的需要，與數學相關的知識在《管子》中已被廣泛運用，數學已成為國家管理的常用工具。

《七法》說：「不明於計數，而欲舉大事，猶無舟楫而欲經於水險也。」所謂「計數」主要指剛柔、輕重、大小、實虛、遠近、多少。科技史專家戴吾三對這六個方面給予詳細解釋：剛柔指「變化的可度量的『數』」；輕重指「兩物相關的變化」；大小指「面積、體積的廣狹、高低、厚薄，兼指規模、範圍、力量大小」；實虛指「容量大小」；遠近指「距離大小，歷時長短」；多少指「數量、數目」。〔註18〕《乘馬》篇之所以稱為「乘馬」，「乘」當為計算之意，「馬」是籌碼，「乘馬」就是計算籌劃的意思。《山國軌》的「軌」一般以為通「會」：

〔註17〕〔清〕陳澧，東塾讀書記〔M〕，北京：生活‧讀書‧新知三聯書店，1998：235。

〔註18〕戴吾三，《管子》「計數」新探〔J〕，管子學刊，2000（3）。

桓公曰：「行軌數奈何？」對曰：「某鄉田若干？人事之準若干？
穀重若干？曰：某縣之人若干？田若干？幣若干而中用？穀重若干
而中幣？終歲度人食，其餘若干？曰：某鄉女勝事者終歲績，其功
業若干？以功業直時而櫎之，終歲，人己衣被之後，餘衣若干？」
這裡明顯是統計之意。《兵法》云：「舉兵之日而境內不貧者，計數得也」，這
裡將「計數」之法運用到軍事戰爭中。

據樂愛國研究，《管子》中還有下述用於治國的數學知識：1、分數表達。
如「什去一」、「什去二」、「什去半」、「什而去七」、「十分去一」、「百取二」、
「五十而取一」、「什一」、「三之一」、「佰伍」、「三之一」、「千之十」、「三分
之一」等皆是分數表達。2、數學運算。已經有整數加減法，九九乘法口訣，
整數、分數乘法及乘方，如《地員》中的「四開以合九九」即爲乘方運算。3、
比例問題。如《輕重甲》中「粟重黃金輕，黃金重而粟輕」即是一種反比例。
4、度量衡方面。長度單位有里、步、丈、尺、寸、制、匹、兩、尋、仞、施
等，面積單位有步、畝、頃、方里等，容量單位有斗、升、釜、鍾等，重量
爲有鼓、石、斤、鈞、淄、鎰等。〔註19〕

7.4 《管子》的社會教化思想

7.4.1 「德以合人」的治國理念

《管子》強調禮、法秩序的遵守，強調君主權力的至高無上，強調因天
道自然而治，強調順應民之自利本性。在《管子》整體多元的治國原則和方
式中，德與上述各個方面是融合共存的。《幼官》說治國要「立威行德」，「威」
指權力和法制，「德」就是指道德。《八觀》篇將道德人倫作爲衡量一國興衰
的標準，「倍人倫而禽獸行，十年而滅。」《樞言》說治國要「德以合人」，如
「不合」則「無親矣」。《正》篇說：「愛之、生之、養之、成之，利民不德，
天下親之，曰德」。德是其賢明君主理論得以立的核心範疇，君主必須重視自
身的德性修養，這一方面，前面已作詳論。

《管子》認爲德是人的主要內在品質，人主要通過德來起作用，「天以時
使，地以材使，人以德使，鬼神以祥使，禽獸以力使」（《樞言》），這可能就

〔註19〕樂愛國，管子的科技思想〔M〕，北京：科學出版社，2004：65～88。

是我們習慣將人治稱爲德治的原因。《五輔》篇謂「德有六興」，即「德」的一些主要概念內容，「闢田疇，利壇宅，修樹藝，勸士民，勉稼穡，修牆屋，此謂厚其生。發伏利，輸墆積，修道途，便關市，愼將宿，此謂輸之以財。導水潦，利陂溝，決潘渚，潰泥滯，通鬱閉，愼津梁，此謂遺之以利。薄徵斂，輕徵賦，弛刑罰，赦罪戾，宥小過，此謂寬其政。養長老，慈幼孤，恤鰥寡，問疾病，弔禍喪，此謂匡其急。衣凍寒，食饑渴，匡貧窶，振罷露，資乏絕，此謂振其窮。」很明顯，「德」的內涵在這裡是全面的、實在的，而非空洞的說教，在「厚其生」、「輸之以財」、「遺之以利」等措施下「德」義自顯。《管子》還認爲「德者，先之之謂也。故德莫如先」（《樞言》），「先」是對是否「德」一主要規定。

《水地》篇提到「玉有九德」，「溫潤以澤，仁也。鄰以理者，知也。堅而不蹙，義也。廉而不劌，行也。鮮而不垢，潔也。折而不撓，勇也。瑕適皆見，精也。茂華光澤並通而不相陵，容也。叩之，其音清搏徹遠，純而不殺，辭也。」仁、知、義、行、潔、勇、精、容、辭是「德」的九個顯現。

《小問》篇用「粟」和「苗」對君子之德進行了一個形象化的比喻：

> 桓公曰：「何物可比於君子之德乎？」隰朋對曰：「夫粟，內甲以處，中有卷城，外有兵刃，未敢自恃，自命曰粟，此其可比於君子之德乎！」管仲曰：「苗，始其少也，眴眴乎，何其孺子也！至其壯也，莊莊乎何其士也！至其成也，由由乎茲免，何其君子也！天下得之則安，不得則危，故命之曰禾。此其可比於君子之德矣。」

關於「仁」，《戒》篇認爲「仁從中出」並以「不以天下爲利」、「不代王」來解釋「仁」。《小稱》篇認爲「不以不善歸人者」爲仁，《小問》篇說：「誅暴禁非，存亡繼絕，而赦無罪，則仁廣而義大矣。」《小問》篇通過引「語曰」指出「澤命不渝」爲「信」。「信」的本意爲誠實不欺，恪守信用，是治民、交友、用人的重要原則。《樞言》曰：「先王貴誠信。誠信者，天下之結也」。《小稱》篇謂「修恭遜敬愛辭讓，除怨無爭，以相逆也，則不失於人矣。嘗試多怨爭利，相爲不遜，則不得其身。大哉！恭遜敬愛之道。」《入國》篇提治國以「九惠」：老老，慈幼，恤孤，養疾，合獨，問疾，通窮，振困，接絕。

7.4.2 《管子》的社會教化構建

君主道德是一個人的道德，比較單純，其主要功用在於對「至善」政治

的導引，通過一個人自身的修養就能做到；社會道德水平高下則是整體全域性的，構成因素複雜，且很難要求每個社會道德個體都能達到很高的道德修養水平，故《管子》對社會道德教化持綜合構建態度。

1、社會道德應放到社會「人文」的整體下構建

《周易・賁卦・象辭》曰：「剛柔交錯，天文也。文明以止，人文也。觀乎天文，以察時變。觀乎人文，以化成天下。」〔註20〕「天文」以陰、陽構成，剛柔交錯，混沌迭運，雖無序而成文，形成自己的屬性品質。「人文」的特點則是文明以止。「文明」包括人類為自己生存的需要而發明創造的經濟活動、社會制度、道德教化等，「文明以止」意味著通過上述發明和創造使人類在進行行為活動時有所制約，用禮、法來秩序規範，用仁愛道德來親近，將上下未別、婚姻秩序混亂、如動物式的生活方式、以暴力互相征服、以詭智互相欺詐、弱者老幼孤獨者不得愛護等予以去除。通俗地說，人文就是指人類文明式的生活狀態，包括物質文明、制度文明和道德文明，這三個方面俱全，人類才能說與動物徹底相區別，天下才始「化」而成。物質財富的生產活動提供衣食住行的必需品，禮、法制度規範讓社會有秩序運行，道德教化活動昇華人的行為自覺。物質生產、制度規範、道德教化三者共振而終成人文。

可以說，自文明以來，人類的一切活動，都以人文的構建為目的，其中尤以致力於國家社會管理的政治活動最典型。而且，在中國傳統文化的歷史長河中，「人文」的道德方面為後來所重點凸出，物質和制度層面的含義則逐漸消退。張岱之先生在《中華人文精神》裏指出：「在中國歷史的演變過程中，被人們讚頌的人文精神實質上是道德的人文精神。」〔註21〕

但是，人文的三個層面並非隨意就能割離開的。《管子》在這一方面有著正確的理解，不但對人文的三個層面都給予了足夠的重視，而且深知這三個層面彼此關聯。「倉廩實則知禮節，衣食足則知榮辱」（《牧民》），「倉廩實」、「衣食足」屬物質層面，「禮節」屬制度規範，「榮辱」則歸於道德層面，道德人文是立足於物質和制度人文共建的基礎上的。

《牧民》篇還提出了著名的「國有四維」的理論，「國有四維。一維絕則傾，二維絕則危，三維絕則覆，四維絕則滅。傾可正也，危可安也，覆可起也，滅不可復錯也。何謂四維？一曰禮，二曰義，三曰廉，四曰恥。禮不逾

〔註20〕高亨，周易大傳今注〔M〕，濟南：齊魯書社，1998：172。
〔註21〕張岱之，中華人文精神〔M〕，西安：陝西人民出版社，2007：105。

節，義不自進，廉不蔽惡，恥不從枉。故不逾節則上位安，不自進則民無巧詐，不蔽惡則行自全，不從枉則邪事不生。」這裡作一說明。長期以來，只要提到《管子》對道德的強調，一般都舉以「四維「論而作例證。其實，這是對《管子》中禮、義、廉、恥這四個概念的誤解。前面曾作論述，在《管子》中，「禮」指秩序，「義」指位置，二者本身不是道德，而是對道德的維護。「廉」則實屬法的層面，當然也是對道德的維護。真正本身就是道德的是「恥」，即榮辱，通過長期恥辱教化而做到不心生邪念，行枉事。

當然，社會道德人文水平是在物質水平、禮法制度和道德教化的共同作用下形成的。

2、化民成俗

之所以將道德和教化連在一起，正說明了道德構建自身特色性，道德重在感化，《八觀》說：『教訓習俗者重，則君民化變而不自知也。」「化」是道德構建的最主要、最有效的方式，《七法》曰：「不明於化而欲變俗易教，猶朝揉輪而夕欲乘車」，道德難以強制而來。《權脩》篇：

> 厚愛利足以親之，明智禮足以教之。上身服以先之，審度量以
> 閒之，鄉置師以說道之，然後申之以憲令，勸之以慶賞，振之以刑
> 罰，故百姓皆說爲善，則暴亂之行無由至矣。

「厚愛利」、「明智禮」、「上身服」、「審度量」、「鄉置師」都是教化的方式，教化爲先，憲令、賞罰置後。

首先，厚愛利，這裡不再多論。

其次，明智禮，主要也就是「四維論」。禮可以讓人與人之間做到「修恭敬、敬愛、辭讓、除怨、無爭，以相逆也」（《小稱》），友善相對，不惡意相傷，故「禮也者，民美之」（《小問》）；義要求對兄弟父母要「孝悌慈惠」，家庭和睦，在消費方面「纖嗇省用」，勤儉節約，待人接物要「恭敬忠厚」、「和協輯睦」、「中正比宜」；廉要求不違法，不損人利己，光明正大；恥要求有榮辱意識。

第三，上身服，即君主榜樣。君主的道德修養水平是對民眾道德的一種示範，《君臣上》說：「人有常禮……義禮成形於上，而善下通於民」；《君臣下》篇說「君人者制仁，臣人者守信。此言上下之禮也。君之在國都也，若心之在身體也。道德定於上，則百姓化於下矣。戒心形於內，則容貌動於外矣，正也者，所以明其德。知得諸己，知得諸民，從其理也。知失諸民，退

而修諸己，反其本也。所求於己者多，故德行立。所求於人者少，故民輕給之。故君人者上注，臣人者下注。」

第四，審度量，主要指日常的非嚴刑酷法的制度規範。《權脩》篇提到要「修小禮、行小義、飾小廉、謹小恥、禁微邪」，度量雖小，但防微杜漸。

第五，鄉置師，主要指道德教育。首先重視學校的道德教育，比如《弟子職》篇，就是用來規範學生的道德和日常行為規範。其次強調一般民眾的教育，「審居處之教」（《君臣下》）。《小匡》篇提到要「鄉建賢士，使教於國」，進行德育教育，還「合群叟，比校民之有道者，設象以為民紀」，樹立典型的德行模範。《權脩》謂：「士無邪行，教也。女無淫事，訓也。教訓成俗而刑罰省。」

除這些外，《管子》還特別重視環境對教化的影響，其表現也就是《小匡》篇提到的士農工商四民分居。

3、「和合偕習」社會道德理想

《侈靡》篇曰：

> 均之始也。「政與教孰急？」管子曰：「夫政教相似而殊方。若夫教者，標然若秋雲之遠，動人心之悲。藹然若夏之靜雲，乃及人之體。鵬然若誚之靜，動人意以怨。蕩蕩若流水，使人思之。人所生往，教之始也，身必備之。辟之若秋雲之始見，賢者、不肖者化焉。敬而待之，愛而使之，若樊神山祭之。賢者少，不肖者多，使其賢，不肖惡得不化？今夫政則少則，若夫成形之徵者也。去則少，可使人乎？」

在政與教之間，誰先誰後？管子認為政與教目標是一致的，只是方法上不同而已，教在於從內在感化，政在於外在成形。這裡提到「教」之感化的最高境界：像秋雲一樣高遠而令人心悲、像夏雲一樣安靜而沁入心扉、像浩月一樣寂靜而激起怨愁、像流水一樣平緩而令人神往。通過君主的以身備「教」做模範，通過重「教」，賢者增多，不肖者自然減少，政、教是彼此的，教多自然政就少。

通過道德教化，《管子》提出了「和合偕習」的社會道德理想境界。《幼官》說：「畜之以道，養之以德。畜之以道，則民和；養之以德，則民合。和合故能習，習故能偕，偕習以悉，莫之能傷也」；《兵法》說：「畜之以道則民和。養之以德則民合。和合故能諧，諧故能輯，諧輯以悉，莫之能傷。」

　　「和合」是中國傳統文化中一核心價值理念。《論語・子路》說：「君子和而不同，小人同而不和」；《老子》說：「萬物負陰而抱陽，沖氣以為和」；《國語・鄭語》記述了史伯關於和同的論述：「夫和實生物，同則不繼。以他平他謂之和，故能豐長而物歸之，若以同裨同，盡乃棄矣。」〔註 22〕「和合」連用，見於《國語・鄭語》：「商契能和合五教，以保於百姓者也」，其下韋昭注曰：「五教：父義，母慈，兄友，弟恭，子孝。」〔註 23〕「和」是天道之屬性，將差異不同的個體統一；合是德之屬性，「德以合人」（《樞言》）。

〔註22〕徐元誥，國語集解〔M〕，北京：中華書局，2006：470。
〔註23〕徐元誥，國語集解〔M〕，北京：中華書局，2006：466。

結　語

　　《管子》是「管仲學派」的作品，是從春秋初年直至漢初的幾百年時間內，包括管仲本人在內的一批政治家和學者，通過對政治時勢、治國理念的不斷反思和積澱，最終形成的一經邦治國百科全書式的著作。《管子》中有些作品可能會晚至秦漢時期，但依據文本內容來看其主要時代背景應定爲春秋戰國時期。從「心術」無爲、君主權力的大小和對「周禮」古制的繼承程度來看，還可進一步將其基本部分推定至春秋時期，其時中央集權的色彩尚不濃重，各諸侯國之間的兼併態勢也不劇烈。同時古本《管子》雖並非一時形成，也非某一二人或家派所爲，但並不能因此視其沒有思想宗旨。與後來經常同被視爲雜家作品的《呂氏春秋》和《淮南子》相比，呂不韋和劉安是作爲編撰組織者的身份出現的，管仲則是一思想代表者，後學的推崇者。如單從道家、法家、儒家、陰陽家等角度出發，《管子》中所論似乎沒有一個徹底的。但如立足於治國的角度，上述諸種思想實際是內在統一的，萬源齊發，終彙集於「至善」政治的考量。不偏一執，形似無緒，但宗旨唯一，思想自由開放，自然關聯。正如劉向所言，《管子》主旨在於「務富國安民」。立足於現實環境諸種因素，設計構建一理想國家模式，是《管子》的內在追求。

　　本文以爲從整體的視角去解讀可以作爲《管子》研究的思維方式之一。分類研究利於對《管子》各個篇章追根溯源，深究義理；整體研究則益於明晰主旨，糾錯正誤。《管子》思想義理的最終解決須以分篇斷代爲基礎，而這一目標的實現還有很長的路要走。在整體研究的思維方式指導下，本文將《管子》的思想主旨定爲「至善」政治理想的構建。政治上的「至善」關注的是社會整體治理的綜合效益，不再僅是個人的、道德的、動機等層面的考慮，

其在《管子》中大致有如下體現：

1、《管子》首先將自己政治構思建立在「道」這一中國特有的哲學範疇基石上。「道」這一哲學範疇爲老子所提，是其對以往社會治理的方法和歷代經驗教訓深刻反思，對中國古代各地文化傳統吸收，對自然、社會觀察思考，對人體自身反觀內照的基礎上提出來的。由「道」出發，老子建立了包括宇宙論、本體論、認識論、樸素辯證法、政治哲學、人生哲學在內的一整套哲學理論。「道」的蘊涵豐富徹底，自然也就成爲《管子》政治思考的最根本理論宗源，如道的生成萬物德性，通運無窮，遍流萬物，主靜貴因，虛無無形，公正無私，周密、寬舒、堅固的屬性。「道」在這裡是完美和至善的代名詞，是社會實踐的理論依據和終極目的。由「道」出發，《管子》認爲精氣爲道之具象，而心爲精舍，且心中藏心，發明了「心術」理論，將治心、治身、治國三者聯結起來，以治心喻治國，心安則國安。心術非後人所謂的心計，而是蘊涵有實、誠、厚、施、度、恕等德性，心術要求君處其道、臣循其理、虛靜無爲、無始無法、無私無覆、和以反中。

2、百科全書的特點是《管子》整體思維方式的外在表象，而對社會整體的考慮正是「至善」政治主要特徵之一。「陰陽五行」是中國傳統思維方式的主幹──系統思維──的一典型範式，內涵有整體、結構、反饋、調節、平衡、傳輸等屬性，而這些思維理論都是治國考慮中不可少的。陰陽五行思想在《管子》的諸多篇中都有存在，尤其是《幼官》、《幼官圖》、《四時》、《五行》、《輕重己》、《立政》、《水地》幾篇中。《幼官》篇有被稱爲《管子》「腦神經中樞」、理論策源之稱。陰陽五行在《管子》中扮演了國家管理中組織管理系統的角色。行政、經濟、軍事、禮法、教化、科技、宗法等都是這一體系鏈條中的一個環節，彼此之間關聯、互動、制約、共進，形成整體式的運動。這一理論思維方式在治國實踐中直接導致了「一體之治」說的出現，「一體之治」說不但便於尋找到國家各種政事因果鏈條中最根本的一環節，而且也便於全面完整地思考事務所必須的因素和條件，提高正確性。

3、對天道與人情的綜合考慮，是《管子》政治實踐的出發點。老子的「道」爲「先天地生」，有與天地割裂之感。《管子》出於治國實踐考慮，認爲「道」在天地之間，將「道」拉入現實的人間。《管子》中更多討論的是天道、地道和人道，將天道用於人情，就形成了人道。由天地之道的認識得出治國要遵循自然規律，不亂爲。自然天道至眞至純，現實人情卻好利惡害，這一對矛

盾在《管子》這裡得到務實的區別處理。人性有兩個層面：心性和人情。心性秉承了天道之性，而人情則是丟失了天道之性。《管子》崇尚天道、心性，但也認可人情的現實存在，認爲君主要以天道爲標準來約束自己，做一個賢明的君主，人臣要以天道爲自己的目標，不斷去追求，對一般民衆要順其人情利欲，並利用這種人情利欲的動力功能，實現富國強兵安民。這一綜合考慮，即反映了治國思想的全面務實性，實也表明了其對本眞至善的追求，利欲人情和美德在《管子》那裏是有先後之分的。

4、在《管子》的政治思想中，國家是處於本位地位的，君、臣、民三者均是國家整體構成中不可或缺的部分。《管子》認爲「民體以爲國」、「賞罰以爲君」，民是國家構成中最主要的實體，國無民，也就不成爲國，而君則是國家、社會能秩序運行的權力掌控者，臣是組織管理的具體執行者。國家要以民爲本，「本理則國固，本亂則國危」，要與民爲一體，以實現以國守國、以民守民。不可否認，《管子》談論民本地位也是出於君、國統治的需要，但也要注意到《管子》在這一理論思考上懷有一種將君民視爲同一的「人」的觀念，提出人之和同。君主作爲國家治理之樞要，猶如心之在體，處於政本的地位。《管子》中的君主制是一種賢明君主制，專制、集權色彩不濃重，君主雖握有立法、軍政、賞罰、任免等大權，但這些權力在《管子》對政體的設置來看，是君主這一職位在國家構成的體系中本該具有的職能權，其目的是國家、社會的秩序發展。君、臣之間，君處其道，臣循其理，各就其位，各盡其責。在《管子》看來，國家才是它思考關注的對象，君、臣、民三者在它的理論體系中都具有重要地位。故《管了》中「社稷」說、「任公」說流行，不以君主享樂而以國家強盛爲目標，並提出「令尊於君」以及用朝議、神權、二守和諫諍來限制君權。《管子》中的國家本位思想還體現在其「天下」的關懷中，以國家、天下的利益爲念，君主要有「爲天下」的政治自覺。

5、與時變、與俗化，在治國方式、方法上持一種開放的社會歷史觀。《管子》「不慕古，不留今」，傳統的東西，只要是好的，依舊保持，達不到的目標，不可冒進，這尤其反映在禮、法合流上。對於古禮中有用的東西，《管子》都充分加以了繼承，這在文本中有多處表現。當隨著時代的發展，禮已不足以維護社會秩序時，開始將法提到治國措施中不二的地位，「任法不任智」，以法治國。《管子》認爲禮、法同源於道，禮、法在本質上沒有區別，只是時代與針對性使用上不樣。侯外廬先生在《中國古代社會史論》中認爲古代氏

族國家是「親貴合一」，是一種貴族政治，「統治者永遠是統治者，被統治者永遠是被統治者」。〔註1〕這一現象，伴隨著社會的劇烈變革，尤其是土地的私有化，逐漸被打破，努力耕戰也可以得貴。不過，「春秋時代的生產資料所有形態，基本上還是繼承『周公之藉』，處於一種「過渡的狀態」。〔註2〕《管子》對任人情自利以繁榮經濟，「相地而衰徵」，「功必當其祿，能必當其官」（《立政》），「貴其爵服，重其祿上賞」（《權脩》），均是這一過渡狀態的體現。《小問》篇記載管仲欲徵召寧戚，寧戚回以「浩浩乎」，管仲不解，「至中食而慮之」，年少的婢女問其緣故，管仲認爲她年少卑賤，不可能知，婢子以百里溪等爲例，曰：「公其毋少少，毋賤賤」，並準確地理解出寧戚之意。這一趣味逸聞，正體現了對恒爲貴賤傳統的破除。

6、道德教化與制度建設共存。在國家的治理思路上，《管子》認爲要道德、禮法綜合運用。《管子》重德，認爲治國要「德以合人」，要愛之、利之、生之、養之。將德（主要體現在恥上）視爲維持國家興亡的「四維」之一，追求一種「和合偕習」的社會理想。同時《管子》更重國家的制度建設，主要體現在禮、法構建上。《管子》中的禮，主要是維護社會秩序的制度、儀式，道德的意含不濃。在法上，提出因天道、循人情，制定善（完備）法，一切法於法，最終實現法無法。君立法、尊法，臣守法，已有分權制衡之意。道德是內在心性修養，禮法是外在制度規範，二者共同致力於社會秩序的維護和穩定。在道德和禮法之間，以道德爲禮法終始，禮法爲治國的首選。在禮與法之間，認爲禮、法同源於道，法是禮的進一步發展，重法但不棄禮。

7、審度時勢，以諸侯國爲本，準確定位，實行霸王外交。西周時期，周王室爲穩固統治，分封建國，「以藩屏周」。周天子的勢力範圍，雖只限於王畿範圍內，對各諸侯國的內政並不直接干預、支配，但各諸侯國必須聽命於周天子，拱衛周王室，故周天子在形式和實質上都是最高統治者。天子建國，諸侯立家，國、家格局逐漸形成。到春秋時期，伴隨著王綱解紐，篡弒頻發，兼併盛起，夷狄橫行，幾個大的諸侯國乘機大力開疆闢土，壯大自己的實力，原來的封建組織遭到破壞，「天子國」地位逐漸衰落，「諸侯國」的地位不斷上升。對這一時勢變化，《管子》準確定位，高舉尊王旗號，著力於諸侯國的發展，並由此形成了王霸天下的思想。在王道和霸道之間，《管子》崇奉王道，

〔註1〕侯外廬，中國古代社會史論〔M〕，石家莊：河北教育出版社，2000：335。
〔註2〕侯外廬，中國古代社會史論〔M〕，石家莊：河北教育出版社，2000：85。

但事實所限，只能實施霸道。

8、「至善」之國標準。在《管子》書中，理想之國並非無章可尋的，其從不同側面明確地描述了一個好的國家是什麼樣子。《牧民》篇作如是描述：國多財、地辟舉、倉廩實、衣食足、上服度、四維張、遠者來、民留處、知禮節、知榮辱、六親固、君令行。《八觀》篇從反面提出八種治理不好的國家：饑國、貧國、侈國、虛國、亂國、弱國、滅國、亡國。《重令》篇認爲一個治理好的國家應是：朝有經臣、國有經俗、民有經產。上述這些都是《管子》心目中的「至善」之國。爲實現這一目標，《管子》認爲要關注民生，以國爲本，重視宗法，發展經濟，要德、義、禮、法、權五術並用。《管子》認識到財富對國家強大的重要意義，因此，它將發展經濟擺在了國家治理諸多層面的首要位置。充分利用人情的自利性，來促使國家經濟整體多元的發展。經濟的繁榮，爲《管子》「至善」政治提供了堅實的物質基礎，使民眾和國家共同富裕得以可能。

趙汀陽認爲「天下」的基本意義大概有三個：1、地理學意義上的「天底下所有的土地」；2、心理學意義上的「民心」；3、倫理學、政治學意義上的「世界制度」和「世界政府」，這三個層面是三位一體的。〔註 3〕「天下」實是《管子》的終極關懷，開疆闢土、獲取民心、制度規範正體現了其將物理世界（大地）、心理世界（民心）、政治世界（制度規範）統爲一體的「至善」理念。所謂理念，「不僅表達了某種東西所以是這種東西的性質，而且表達了這種東西所可能達到的最好狀態。」〔註 4〕《管子》正是在追尋一種國家治理的應然狀態，而這種應然狀態是現實可能達到的。

〔註 3〕趙汀陽，天下體系：世界制度哲學導論〔M〕，南京：江蘇教育出版社，2005：41～42。

〔註 4〕趙汀陽，天下體系：世界制度哲學導論〔M〕，南京：江蘇教育出版社，2005：40。

參考文獻

一、古籍

1. 〔漢〕司馬遷，史記〔M〕，北京：中華書局，1959。
2. 〔漢〕劉向集錄，范祥雍箋證，戰國策箋證〔M〕，上海：上海古籍出版社，2006。
3. 〔漢〕劉向撰，向宗魯校證，說苑校證〔M〕，北京：中華書局，1987。
4. 〔漢〕班固，漢書〔M〕，北京：中華書局，1962。
5. 〔漢〕宋衷注，〔清〕秦嘉謨等輯，世本八種〔M〕，北京：中華書局，2008。
6. 〔西晉〕陳壽，三國志〔M〕，北京：中華書局，1959。
7. 〔西晉〕杜預，春秋釋例十五卷附校勘記二卷〔M〕，臺北：新文豐出版公司，1985。
8. 〔南朝〕范曄，後漢書〔M〕，北京：中華書局，1965。
9. 〔漢〕鄭玄注，〔唐〕賈公彥疏，彭林整理，周禮注疏〔M〕，上海：上海古籍出版社，2010。
10. 〔唐〕徐堅，初學記〔M〕，北京：中華書局，1962。
11. 〔唐〕魏徵，群書治要（六）〔M〕，上海：商務印書館，1937。
12. 〔唐〕魏徵，隋書〔M〕，北京：中華書局，1973。
13. 〔唐〕杜佑，通典〔M〕，北京：中華書局，1988。
14. 〔唐〕林寶，元和姓纂〔M〕，北京：中華書局，1994。
15. 〔五代〕劉昫，後唐書〔M〕，北京：中華書局，1975。
16. 〔宋〕宋祁，歐陽修等撰，新唐書〔M〕，北京：中華書局，1975。
17. 〔宋〕鄭樵，通志〔M〕，北京：中華書局，1995。

18. 〔宋〕鄭樵撰，王樹民點校，通志二十略〔M〕，北京：中華書局，1992。

19. 〔宋〕馬端臨，文獻通考〔M〕，北京：中華書局，1986。

20. 〔宋〕晁公武撰，孫猛校注，郡齋讀書志校證〔M〕，上海：上海古籍出版社，1990。

21. 〔宋〕劉恕，資治通鑒外紀〔M〕，四部叢刊初編（35），上海：商務印書館景印本，1919。

22. 〔宋〕李昉等編纂，夏劍欽等點校，太平御覽（五）〔M〕，石家莊：河北人民教育出版社，1994。

23. 〔宋〕樂史撰，王文楚等點校，太平寰宇記〔M〕，北京：中華書局，2007。

24. 〔宋〕王安石，王安石全集〔M〕，上海：上海大眾書局，1935。

25. 〔宋〕朱熹，四書集注〔M〕，北京：中華書局，1983。

26. 〔宋〕黎靖德，朱子語類（第八冊）〔M〕，北京：中華書局，1986。

27. 〔宋〕葉適，習學記言序目〔M〕，北京：中華書局，1977。

28. 〔宋〕鄧名世，古今姓氏書辯證〔M〕，南昌：江西人民出版社，2006。

29. 〔宋〕韓元吉，南澗甲乙稿附拾遺〔M〕，上海：商務印書館，1986。

30. 〔宋〕黃震，黃氏日抄〔M〕，文津閣四庫全書本（卷55），北京：商務印書館，2006。

31. 〔明〕宋濂著，顧頡剛標點，諸子辨〔M〕，北京：樸社出版，1927。

32. 〔明〕朱長春，管子榷〔M〕，續修四庫全書本，上海：上海古籍出版社，2002。

33. 〔清〕方苞，方望溪全集〔M〕，四部叢刊本，上海：上海書店，1985。

34. 〔清〕惠士奇，禮說〔M〕，文津閣四庫全書本，北京：商務印書館，2006。

35. 〔清〕顧棟高，春秋大事表〔M〕，北京：中華書局，1993。

36. 〔清〕章學誠，文史通義〔M〕，北京：中華書局，1985。

37. 〔清〕阮元，十三經注疏附校勘記〔M〕，北京：中華書局，1980：741。

38. 〔清〕阮元，清經解（第二冊）253卷〔M〕，上海：上海書店，1998。

39. 〔清〕永瑢等撰，四庫全書總目提要〔M〕，北京：中華書局，1965。

40. 〔清〕朱駿聲，說文通訓定聲〔M〕，武漢：武漢市古籍書店影印，1983。

41. 〔清〕陳澧，東塾讀書記〔M〕，北京：生活·新知·三聯書店，1998。

42. 〔唐〕尹志章注，〔清〕戴望撰，管子校正〔M〕，北京：中華書局，1954。

43. 〔清〕焦循，孟子正義〔M〕，北京：中華書局，1987。

44. 〔清〕王先謙，荀子集解〔M〕，北京：中華書局，1988。

45. 〔清〕王先慎撰，鍾哲點校，韓非子集解〔M〕，北京：中華書局，1998。

46. 〔清〕姚繼恒，古今偽書考及其他一種〔M〕，北京：中華書局，1985：27。

47. 〔清〕蘇與撰，鍾哲點校，春秋繁露義證〔M〕，北京：中華書局，1992。

二、中國近現代著作

1. 黎翔鳳撰，梁運華整理，管子校注〔M〕，北京：中華書局，2004。

2. 馬非百，管子輕重篇新詮〔M〕，北京：中華書局，1979。

3. 陳鼓應，管子四篇詮釋〔M〕，北京：商務印書館，2006。

4. 劉柯，李克和，管子譯注〔M〕，黑龍江：黑龍江人民出版社，2004。

5. 胡家聰，管子新探〔M〕，北京：中國社會科學出版社，2003。

6. 羅根澤，管子探源〔M〕，長沙：嶽麓書社，2010。

7. 戴濬，管子學案〔M〕，上海：學林出版社，1994。

8. 石一參，管子今詮〔M〕，北京：中國書店，1988。

9. 胡新生，管子志（附晏子志）〔M〕，濟南：山東人民出版社，2009。

10. 喬長路，管子傳〔M〕，濟南：齊魯書社，1982。

11. 戰化軍，管仲評傳〔M〕，濟南：齊魯書社，2001。

12. 池萬興，《管子》研究〔M〕，北京：高等教育出版社，2004。

13. 張固也，《管子》研究〔M〕，濟南：齊魯書社，2006。

14. 司馬琪，十家論管〔M〕，上海：上海人民出版社，2008。

15. 樂愛國，管子的科技思想〔M〕，北京：科學出版社，2004。

16. 邵先鋒，《管子》與《晏子春秋》治國思想比較研究〔M〕，濟南：齊魯書社，2008。

17. 王德敏等，管子十日談〔M〕，合肥：安徽文藝出版社，1997。

18. 《管子學刊》編輯部，管子和齊文化〔M〕，北京：北京經濟學院出版社，1990。

19. 周俊敏，《管子》經濟倫理思想研究〔M〕，長沙：嶽麓書社，2003。

20. 蘇暢，《管子》城市思想研究〔M〕，北京：中國建築工業出版社，2010。

21. 郭麗，《管子》文獻學研究〔M〕，青島：中國海洋大學出版社，2007。

22. 郭因，龔武，管學論集（上）〔M〕，安徽：黃山書社，2010。

23. 袁柯，山海經校注〔M〕，上海：上海古籍出版社，1980。

24. 徐元誥撰，王樹民，沈長玉點校，國語集解〔M〕，北京：中華書局，2002。

25. 吳則虞，晏子春秋集釋〔M〕，北京：中華書局，1962。

26. 黃懷信等，逸周書匯校集注〔M〕，上海：上海古籍出版社，2007。

27. 程樹德，論語集釋〔M〕，北京：中華書局，1990。

28. 楊伯峻，論語譯注〔M〕，北京：中華書局，1980。

29. 楊伯峻，春秋左傳注〔M〕，北京：中華書局，1990。

30. 楊伯峻，孟子譯注〔M〕，北京：中華書局，1960。

31. 高亨，周易大傳今注〔M〕，濟南：齊魯書社，1998。

32. 高亨，商君書譯注〔M〕，北京：中華書局，1974。

33. 曹勝高，安娜譯注，六韜・鬼谷子〔M〕，北京：中華書局，2007。

34. 慎到，慎子〔M〕，上海：華東師範大學出版社，2010。

35. 周尹文撰，錢熙祚校，諸子集成・尹文子〔M〕，北京：中華書局，1954。

36. 許維遹，呂氏春秋集釋〔M〕，北京：中華書局，2009。

37. 陳鼓應，黃帝四經今注今譯〔M〕，北京：商務印書館，2007。

38. 閻振益，鍾夏，新書校注〔M〕，北京：中華書局，2000：349。

39. 何寧，淮南子集釋〔M〕，北京：中華書局，1998。

40. 楊伯峻，列子集釋〔M〕，北京：中華書局，1979。

41. 王利器，鹽鐵論校注〔M〕，北京：中華書局，1992。

42. 李學勤主編，十三經注疏・禮記正義（上中下）〔M〕，北京：北京大學出版社，1999。

43. 李學勤主編，十三經注疏・春秋左傳正義（上中下）〔M〕，北京：北京大學出版社，1999。

44. 梁啓超，飲冰室合集〔M〕，北京：中華書局，1989。

45. 王國維，觀堂集林〔M〕，北京：中華書局，1959。

46. 羅振玉，鳴沙石室佚書正續編〔M〕，北京：北京圖書館出版社，2004。

47. 顧頡剛，古史辨（第五冊）〔M〕，上海：上海古籍出版社，1982。

48. 蒙文通，古學甄微〔M〕，成都：巴蜀書社，1987。

49. 傅斯年，中國古代思想與學術十論〔M〕，桂林：廣西師大出版社，2006。

50. 張舜徽，周秦道論發微〔M〕，北京：中華書局，1982。

51. 張琦翔，秦漢雜家學術〔M〕，北京：京華印書局，1948。

52. 錢穆，中國文化史導論〔M〕，北京：商務印書館，1994。

53. 呂思勉，先秦學術概論〔M〕，北京：中國大百科全書出版社，1985。

54. 侯外廬，中國思想通史〔M〕，北京：人民出版社，1957。

55. 侯外廬，中國古代社會史論〔M〕，石家莊：河北教育出版社，2000。

56. 趙汀陽，天下體系：世界制度哲學導論〔M〕，南京：江蘇教育出版社，2005。

57. 郭沫若，郭沫若全集〔M〕，北京：人民出版社，1984。

58. 劉節，劉節文集〔M〕，廣州：中山大學出版社，2004。

59. 胡適，中國中古思想史長編〔M〕，合肥：安徽教育出版社，2006。

60. 胡適，中國哲學史大綱〔M〕，石家莊：河北教育出版社，2001。

61. 馮友蘭，中國哲學史〔M〕，北京：中華書局，1947。

62. 馮友蘭，中國哲學史新編（上）〔M〕，北京：人民出版社，1998。

63. 朱謙之，中國哲學對歐洲的影響〔M〕，上海：世紀出版集團，2006。

64. 張岱年，中國哲學史史料學〔M〕，北京：生活・讀書・新知三聯書店，1982。

65. 任繼愈，中國哲學發展史（先秦）〔M〕，北京：人民出版社，1983。

66. 張豈之，中國思想史〔M〕，西安：西北大學出版社，1993。

67. 張豈之，儒學・理學・實學・新學〔M〕，西安：陝西人民出版社，1991。

68. 張豈之，中華人文精神〔M〕，西安：陝西人民出版社，2007。

69. 北京大學哲學系，外國哲學教研室編譯，古希臘羅馬哲學〔M〕，北京：生活・讀書・新知三聯書店，1957。

70. 周輔成，西方倫理學名著選輯（上卷）〔M〕，北京：商務印書館，1964。

71. 中共中央馬克思恩格斯列寧斯大林著作編譯局，馬克思恩格斯選集（第2卷）〔M〕，北京：人民出版社，1995。

72. 胡寄窗，中國經濟思想史（上）〔M〕，上海：上海財經大學出版社，1998。

73. 胡寄窗，中國經濟思想史簡編〔M〕，北京：中國社會科學出版社，1981。

74. 呂振羽，中國政治思想史〔M〕，北京：人民出版社，2010。

75. 蕭公權，中國政治思想史〔M〕，瀋陽：遼寧教育出版社，1998。

76. 楊幼炯，中國政治思想史〔M〕，上海：上海書店，1984。

77. 孫關宏，胡雨春，任軍鋒，政治學概論〔M〕，上海：復旦大學出版社，2005。

78. 燕繼榮，政治學十五講〔M〕，北京：北京大學出版社，2004。

79. 周桂鈿等，中國傳統政治哲學〔M〕，石家莊：河北人民出版社，2007。

80. 潘俊傑，先秦雜家研究〔M〕，西安：陝西人民出版社，2011。

81. 白奚，稷下學研究——中國古代的思想自由與百家爭鳴〔M〕，北京：生活・讀書・新知三聯書店，1998。

82. 劉蔚華，苗潤田，稷下學史〔M〕，北京：中國廣播電視出版社，1992。

83. 劉長林，中國系統思維〔M〕，北京：中國社會科學出版社，1990。

84. 劉澤華，中國傳統政治思維〔M〕，長春：吉林教育出版社，1991。

85. 艾蘭，汪濤，范毓周，中國古代思維模式與陰陽五行說探源〔M〕，南京：江蘇古籍出版社，1998。

86. 楊志剛，中國禮儀制度研究〔M〕，上海：華東師範大學出版社，2001。

87. 楊向奎，宗周社會與禮樂文明〔M〕，北京：人民出版社，1997。

88. 俞榮根，中國傳統法學述論——基於國學視角〔M〕，北京：北京大學出版社，2005。

89. 楊樹達，積微居小學述林〔M〕，北京：中華書局，1983。

90. 馮天瑜，新語探源——中西日文化互動與近代漢字術語生成〔M〕，北京：中華書局，2004。

91. 童書業，春秋左傳研究〔M〕，北京：中華書局，1980。

92. 童書業，中國古代地理考證論文集〔M〕，中華書局，1962。

93. 關鋒，林聿時，春秋哲學史論集〔M〕，北京：人民出版社，1963。

94. 謝揚舉，道家哲學之研究〔M〕，西安：陝西人民出版社，2003。

95. 祝瑞開，先秦社會和諸子思想新探〔M〕，福州：福建人民出版社，1981。

96. 丁原明，黃老學論綱〔M〕，濟南：山東大學出版社，1997。

97. 余嘉錫，四庫提要辯證〔M〕，昆明：雲南人民出版社，2004。

98. 陳引弛，梁啟超學術論著集（傳記卷）〔M〕，上海：華東師範大學出版社，1998。

99. 中國社科院近代史研究所，孫中山全集（第九卷）〔M〕，北京：中華書局，1986。

100. 王閣森，唐致卿，齊國史〔M〕，濟南：山東人民出版社，1992。

101. 王獻唐，山東古國考〔M〕，濟南：齊魯書社，1983。

102. 安作璋，山東通史（先秦卷）〔M〕，北京：人民出版社，2009。

103. 徐旭生，中國古史的傳說時代〔M〕，北京：文物出版社，1985。

104. 何光岳，東夷源流史〔M〕，南昌：江西教育出版社，1990。

105. 屈萬里，先秦文史資料考辨〔M〕，臺北：臺北聯經出版事業公司，1983。

106. 王迅，東夷文化與淮夷文化研究〔M〕，北京：北京大學出版社，1994。

107. 宣兆琦，齊文化發展史〔M〕，蘭州：蘭州大學出版社，2002。

108. 孟祥才，胡新生，齊魯思想文化史——從地域文化到主流文化〔M〕，濟南：山東大學出版社，2002。

109. 余英時，士與中國文化〔M〕，上海：上海人民出版社，2003。

110. 龐樸，中國文化十一講〔M〕，北京：中華書局，2008。

111. 潭其驤，長水集（上）〔M〕，北京：人民出版社，1987。

112. 曾棗莊，舒大剛主編，三蘇全書（第 4 冊）〔M〕，北京：語文出版社，2001：150。

113. 高澤生，穎上風物紀〔M〕，合肥：黃山書社，2009。

114. 李平心，李平心史論集〔M〕，北京：人民出版社，1983。

115. 陳鼓應主編，道家文化研究（第十、十五輯）〔M〕，上海：上海古籍出版社，1996。

116. 余敦康，中國哲學論集〔M〕，瀋陽：遼寧大學出版社，1998。

117. 周振鶴，中國行政區劃通史（總論 先秦卷）〔M〕，上海：復旦大學出版社，2009。

118. 陳久金，盧央（彝），劉堯漢（彝），彝族天文學史〔M〕，昆明：雲南人民出版社，1984。

119. 中國科學院自然科學史研究所地學史組，中國古代地理學史〔M〕，北京：科學出版社，1988。

三、西方著作

1. 〔古希臘〕柏拉圖著，郭斌和、張竹明譯，理想國〔M〕，北京：商務印書館，1986。

2. 〔古希臘〕亞里士多德著，吳壽彭譯，政治學〔M〕，北京：中國人民大學出版社，1994。

3. 〔古希臘〕亞里士多德著，苗力田等譯，亞里士多德全集（第 8 卷）〔M〕，北京：中國人民大學出版社，1994。

4. 〔荷〕斯賓諾莎著，賀麟譯，倫理學〔M〕，北京：商務印書館，1958。

5. 〔法〕盧梭著，何兆武譯，社會契約論〔M〕，北京：商務印刷館，2003。

6. 〔德〕恩格斯著，中共中央馬克思恩格斯列寧斯大林著作編譯局譯，家庭、私有制和國家的起源〔M〕，北京：人民出版社，1972。

7. 〔法〕文德爾班，歷史與自然科學〔M〕，北京：商務印書館，1964。

8. 〔法〕弗朗索瓦・於連，聖人無意——或哲學的他者〔M〕，北京：商務印書館，2004。

9. 〔英〕邊沁，道德與立法原理〔M〕，北京：商務印書館，2006。

10. 〔英〕戴維・米勒，韋農・波格丹諾編，鄧正來主編譯，布萊克維爾政治學百科全書〔M〕，北京：中國政法大學出版社，2002。

11. 〔英〕喬治・摩爾，倫理學原理〔M〕，上海：世紀出版集團，2005。

12. 〔英〕葛瑞漢，論道者〔M〕，北京：中國社會科學出版社，2003。

13. 〔英〕安德魯・海伍德，政治學核心概念〔M〕，天津：天津人民出版社，2008。

14. 〔英〕布倫達・拉爾夫・劉易斯著，榮予，方力維譯，君主制的歷史〔M〕，北京：生活・讀書・新知三聯書店。

15. 〔英〕E・庫拉著，謝陽舉譯，環境經濟學思想史〔M〕，上海：世紀出版集團，2007。

16. 〔英〕威廉・湯普遜，最能促進人類幸福的財富分配原理的研究〔M〕，北京：商務印書館，1997。

17. 〔美〕約翰・羅爾斯著，何懷宏等譯，正義論〔M〕，北京：中國社會科學出版社，2005。

18. 〔美〕哈羅德・D・拉斯韋爾，政治學〔M〕，北京：商務印書館，2000。

19. 〔美〕弗蘭克・J・古德諾，政治與行政〔M〕，北京：華夏出版社，1987：12。

20. 〔美〕大衛・格里芬著，馬季方譯，後現代科學——科學魅力的再現〔M〕，北京：中央編譯出版社，1995。

21. 〔法〕勒內・達維德，當代主要法律體系〔M〕，上海：上海譯文出版社，1984。

22. 〔日〕武內義雄，中國哲學思想史〔M〕，上海：商務印書館，1939。

23. 〔德〕克勞塞維茨，中國人民解放軍軍事科學院譯，戰爭論（第一卷），北京：商務印書館，1982。

24. 〔英〕李約瑟，中國科學技術史（第一卷 導論）〔M〕，上海：上海古籍出版社，1990。

25. 〔英〕Andrew Heywood. Politics〔M〕. New York: Palgrave, 2002: 5～12。

四、論文集

1. 中國孔子基金會，新加坡東亞哲學研究所編，儒學國際學術討論會論文集〔C〕，濟南：齊魯書社，1989。

五、學位論文

1. 湯曾，《管子》經濟倫理思想〔D〕，南京：東南大學，2006。

2. 王海成，《管子》四篇研究〔D〕，西安：陝西師範大學，2007。

3. 萬英敏，《管子》管理哲學思想研究〔D〕，上海：華東師範大學，2008。

4. 尹清忠，《管子》研究〔D〕，曲阜：曲阜師範大學，2009。

5. 汲廣林，《管子》道法思想研究〔D〕，上海：復旦大學，2011。

六、期刊

1. 黃漢，《管子》爲戰國時代作品考〔J〕，安徽大學月刊第二卷（6），1935。

2. 顧頡剛，「周公制禮」的傳說和《周官》一書的出現〔J〕，文史（第六輯），

北京：中華書局，1979。

3. 孫以楷，稷下學宮考述〔J〕，文史（第二十三輯），北京：中華書局，1984。

4. 馮禹，試論《管子》中關於「天」的思想〔J〕，管子研究（第一輯），濟南：山東人民出版社，1987。

5. 劉敦願，西周時期齊魯兩國的地位及其互相轉化〔J〕，東夷古國史研究（第一輯），西安：三秦出版社，1988。

6. 楊向奎，周禮在齊論——讀惠士奇「禮說」〔J〕，管子學刊，1988（3）。

7. 趙儷生，《管子》與齊國歷史的關係〔J〕，歷史研究，1988（4）。

8. 馬非百，《管子內業》篇之精神學說及其他〔J〕，管子學刊，1988（4）。

9. 尹占群，趙明奇，淮夷文化初探〔J〕，徐州師範學院學報（哲學社會科學版），1990（2）。

10. 李克，管子研究在西方〔J〕，管子學刊，1989（2）。

11. 張玉書，「九合諸侯」淺釋〔J〕，管子學刊，1989（3）。

12. 張岱年，齊學的歷史價值〔J〕，文史知識，1989（3）。

13. 金谷治，稷下學與管子〔J〕，管子學刊，1989（3）。

14. 李曦，《形勢》爲管仲遺著考證〔J〕，管子學刊，1991（4）。

15. 〔日〕室町三郎著，鄧紅譯，周桂鈿校，《管子·侈靡》篇研究〔J〕，管子學刊，1993（1）。

16. 楊適，孔子的人論兼評徐復觀先生的孔孟研究〔J〕，北京大學學報（哲學社會科學版），1994（3）。

17. 王澤民，春秋時代士階層的崛起及其社會文化性格〔J〕，西北民族學院學報（哲學社會科學版），1995（4）。

18. 吳慶洲，象天法地意匠與中國古都規劃〔J〕，華中建築，1996（2）。

19. 李永平，桑圖騰文化的變遷〔J〕，文史知識，1997（12）。

20. 張玉書，王偉，管仲事蹟繫年簡編〔J〕，管子學刊，1999（2）。

21. 孟天運，《呂氏春秋》的思想主旨是「王治」〔J〕，暨南學報（哲學社會科學版），1999（6）。

22. 戴吾三，《管子》「計數」新探〔J〕，管子學刊，2000（3）。

23. 劉明芷，管子家世淺說〔J〕，管子學刊，2002（3）。

24. 徐基，大辛莊遺址及其出土刻辭甲骨的研究價值〔J〕，文史哲，2003（4）。

25. 陸建華，商鞅禮學思想研究〔J〕，孔子研究，2004（4）。

26. 任劍濤，中西政治思想比較的正當性問題〔J〕，中山大學學報（社會科學版），2004（6）。

27. 陳慶照，陳書儀等，管仲生年考〔J〕，管子學刊，2006（2）。

28. 鄒華享，使用家譜資料應注意的幾個問題（上）〔J〕，圖書館，2006（5）。

29. 龔武，論管仲生於公元前 723 年〔J〕，管子學刊，2007（1）。

30. 邵先鋒，王京龍，青溪《管氏族譜》的發現與價值〔J〕，社會科學論壇，2009（2）。

31. 鄧志平，社會財富分配的三個層次及其邏輯統一〔J〕，理論與現代化，2010（1）。

七、報刊

1. 古丁，管子和管子書〔N〕，解放日報，1961-3-7。

八、竹簡

1. 銀雀山漢墓竹簡整理小組，銀雀山漢墓竹簡（一）〔M〕，北京：文物出版社，1985。

九、工具書

1. 〔漢〕許慎撰，〔清〕段玉裁注，說文解字注〔K〕，上海：上海書店，1992。

2. 謝壽昌等，中國古今地名大辭典〔K〕，上海：商務印書館，1936。

3. 商務印書館編輯部，辭源〔K〕，北京：商務印書館，1979。

4. 陳明遠，汪宗虎，中國姓氏辭典〔K〕，北京：北京出版社，1995。

5. 馮契，哲學大辭典〔K〕，上海：上海辭書出版社，2007。

後　記

　　2006 年 9 月，作爲一名已有十年中等師範教齡的我，轉而進入西北大學中國思想文化研究所從事思想史的學習和研究。本來只是想通過考研，改變一下偏僻的生活和工作環境，未及始料的是在學習和研究中越「陷」越深。這一人生轉變，是幸運的也是艱苦的；幸運的是我從此成爲一名「侯派」弟子，能親聆張豈之先生的諄諄教誨，言傳身教，在思想所嚴謹、開放的學術氛圍中自由地暢遊；艱苦的是思想史對我來說是一個完全陌生的學科，加上年齡偏大，身體、記憶力大不如前，又資質駑鈍，性復疏懶，常有辱沒師門之感。走完六年的研究生生涯，除去自我的堅持外，更要感謝的是這六年中無私地幫助和支持過我的老師、同學、朋友和家人。

　　感謝張豈之先生。張先生是著名的人文學者，學識淵博，思想深邃，治學嚴謹，品行高潔，有人家風範。時今 85 歲高齡，還經常爲全所師生講學授課，在生活和學業上指點迷津，不辭辛苦。本文選題時，張先生親自把關指導，指出我在認識上的不足，在後來的寫作過程中，深感張先生建議的正確。

　　感謝我的導師謝陽舉教授和潘玲玲師娘。由於我思想史的底子薄，從入所開始，謝老師就要求我從最基礎的地方起步，逐步拓寬視野，多讀書多練筆。碩士階段，就將研究方向定在《管子》上。除去正常的教學時段外，在平常閑暇中，哪怕一小段時間，都會和我談論他對《管子》研究的一些觀點和看法，以啓發、誘導、鼓勵。可惜自己學識淺薄，只能領會一二，深感歉意。謝老師不但在學習上精心指導我，而且在做人、做事方面也對我嚴格要求，並不斷地鍛鍊和培養，使我逐漸褪去以前的一些不好習氣。一人棄家離鄉、異地求學六年，內心中常有一種悽楚、孤獨、愧疚之感，謝老師和師娘

在生活中給予了我強有力的支持，經常詢問我家裏的情況，消除思想上的困惑，在這裡，特別致以誠摯的感謝。

感謝思想所的方光華教授、張茂澤教授、劉薇老師、陳戰峰老師、宋玉波老師、鄭熊老師、李江輝老師、夏紹熙老師，他們在日常的生活和學習中給予了我指導和關心。碩、博階段的諸多同學和朋友，如朱曉紅、石力波、韓國慶、王云云、李旭然、路傳頌、趙標、臧明、李長海等，經常互相鼓勵、幫助、學習。這裡也一併表示感謝，祝願大家幸福安康。

最後感謝我的父母、妻女及姐弟，在這六年求學期間給予全力支持，謝謝他們為我的付出！

2012 年 6 月於西安西北大學太白校區

又　記

　　博士畢業參加工作以來，一直未有將學位論文出版面世之心。主要緣由係自覺不足之處甚眾，十分不滿。且隨著閱讀面的不斷涉獵，思考維度的不斷加深，修訂之心愈濃。無奈有心無力，多次面臨無從下手之尷尬。今幸花木蘭文化事業有限公司及楊嘉樂女士之抬愛，遂放棄修訂計劃，以原貌出版，也算記錄下自己的一段思路歷程。略舉今日想法一二，聊補修訂之意。1、借用生物學意義上的有機系統論來處理政治人文領域的「人性」問題並不適合，容易造成社會形跡之「可能性」被人為加以計劃成「必然性」，後人視《管子》為「雜」可能就是出於這一思考。2、作為中國古代國家治理思想的「百科全書」，其「百科」鏈接之處的「裂隙」的一切「意義」當是《管子》書最有學術研討價值的所在，也是《管子》書秘密所在，應是後面研究的重點。3、論文仕闡述《管子》治理思想時對「天下」這一中國式「觀念」關注不夠，《管子》的國家治理思想是立足於「天下」之理念上的。

　　謹以此書獻給辛勤勞作一生的父母，祠堂張梅，宗親仁義，占卜敦艮；獻給可愛聰穎的女兒書月，祝她健康、快樂、有成！感謝趙紅梅同學為本書的校訂付出的辛勞！感謝花木蘭文化事業有限公司！

2017 年 4 月於蚌埠安徽財經大學